Мартин Селигман

# Ребенок-оптимист

*Проверенная программа формирования характера*

*Программа разработана совместно с Карен Рейвич, Лайзой Джейкокс и Джейн Гилхэм*

Martin E. P. Seligman

# The Optimistic Child

## *A Proven Program to Safeguard Children Against Depression and Build Lifelong Resilience*

*with Karen Reivich, M.A., Lisa Jaycox, Ph.D., and Jane Gillham, Ph.D.*

Houghton Mifflin Company
Boston · New York

Мартин Селигман

# Ребенок-оптимист

## *Проверенная программа формирования характера*

*Программа разработана совместно с Карен Рейвич, Лайзой Джейкокс и Джейн Гилхэм*

Перевод с английского
Анны Богдановой

2-е издание

Москва
«Манн, Иванов и Фербер»
2015

УДК 159.9.01
ББК 88.3
С55

*На русском языке публикуется впервые*
Напечатано с разрешения Arthur Pine Associates c/o InkWell Management LLC and Synopsis Literary Agency
Иллюстрации *Евгении Жирковой*
Иллюстрация на обложке *Гоши Винокурова*

**Селигман, Мартин**
С55 Ребенок-оптимист. Проверенная программа формирования характера / Мартин Селигман совместно с Карен Рейвич, Лайзой Джейкокс, Джейн Гилхэм ; пер. с англ. А. Богдановой. — 2-е изд. — М. : Манн, Иванов и Фербер, 2015. — 352 с. : ил.

ISBN 978-5-00057-399-0

На протяжении тридцати лет основоположник позитивной психологии Мартин Селигман и его коллеги изучали связь между пессимизмом и депрессией и доказали, что хорошее самочувствие и работоспособность — это следствия оптимистичного восприятия действительности и пережитых приятных эмоций.

Автор называет депрессию эпидемией, прививку от которой лучше всего сделать в детстве. Такой «прививкой» и стала программа воспитания оптимизма у детей, подробно описанная в этой книге. Тесты, упражнения-комиксы и подробные рекомендации помогут вам понять вашего ребенка и изменить его взгляд на мир.

Книга заинтересует родителей, педагогов, детских психологов, воспитателей и учителей.

УДК 159.9.01
ББК 88.3



ISBN 978-5-00057-399-0

# Оглавление

Посвящается моим детям

*Дэррилу Селигману (1993)*

*Николь Селигман (1991)*

*Ларе Селигман (1989)*

*Дэвиду Селигману (1973)*

*Аманде Селигман (1969)*

Он над гитарою своей,
Склонен, портняжка летних дней.
Все говорят: «Мир стал другим
От струн гитары голубой».
А он: «Не быть ему таким,
Как до гитары голубой».

*Уоллес Стивенс*
*Человек с голубой гитарой (1937)**

---

* Перевод Б. Ривкина. «Человек с голубой гитарой / The Man with the Blue Guitar». Уоллес Стивенс, Нью-Йорк, 2003 г.

# ЧАСТЬ I

# Почему детям нужен оптимизм

# Глава 1

# Долговая расписка

Я играл в бейсбольной команде Лейк-Лузерна Dodgers. И благоговел перед Дэнни и Тедди. Они были игроки от бога: отбивали самые сложные мячи, бегали по игровому полю с изяществом газели. Мне — десятилетнему мальчишке, который сам играет «на троечку», — они казались воплощением совершенства и здоровья. Укладываясь спать, я часто мысленно представлял Дэнни, который летит в метре над землей, чтобы отбить мяч, или неуловимого Тедди, неудержимо несущегося на базу.

Однажды промозглым августовским утром отец разбудил меня и сказал: «У Дэнни полиомиелит». Через неделю заболел Тедди. Родители не выпускали меня из дома. Игры Юношеской лиги отменили, сезон так и не закрыли. После болезни я встретил Дэнни: его «рабочая» рука иссохла, он не мог пошевелить левой ногой. Тедди я больше не видел — он умер в начале осени.

Следующим летом, в 1954 году, появилась вакцина Солка. Всем детям сделали прививки. Матчи Юношеской лиги возобновились. Страх, державший нас дома, улетучился, мы снова стали общаться, как раньше. Эпидемия закончилась. С тех пор я больше не сталкивался со случаями заболевания полиомиелитом.

Джонас Солк был моим кумиром в школьные годы и долго оставался им, уже когда я работал психологом. Его принцип «знание не ради знания, а ради исцеления» я взял за образец. Вводя в организм детей крошечные дозы вируса, Солк тренировал иммунные системы на сопротивляемость полиомиелиту. Он опирался на иммунологию — направление в науке, быстрыми темпами набиравшее популярность, — победив с ее помощью опаснейшую эпидемию нашего времени.

Я встретился с Джонасом Солком в 1984 году, и эта встреча изменила мою жизнь. Случай познакомиться представился нам в ходе пылких дискуссий между авторитетными психологами и иммунологами по вопросу перспектив очередной молодой дисциплины с неуклюжим названием «психонейроиммунология». Меня пригласили на эту конференцию потому, что в 1960-е годы я помог сформулировать концепцию «выученной беспомощности».

Приступая в 1964 году в Пенсильванском университете к диссертации по экспериментальной психологии, я был охвачен дерзкими мечтами. Мне хотелось понять тайны психологии, которые держат человека в силках и множат человеческие несчастья. Я выбрал экспериментальную психологию, поскольку был уверен, что эксперимент — лучший способ найти корни психологической боли, «препарировав» ее в лаборатории, а затем определить средства ее лечения и предотвращения. Я решил работать в лаборатории Ричарда Соломона, одного из ведущих мировых специалистов в области теории научения. С животными я стал экспериментировать потому, что считал неэтичным исследовать причины психологической боли на людях.

Придя в лабораторию, я застал там странную картину: в комнате царила суматоха, люди бегали, суетились; животные же, напротив, буквально застыли на месте. Аспиранты Соломона, как я узнал, пытались выяснить, каким образом страх вызывает адаптивное поведение. Они ставили над собаками опыт по системе Павлова, посылая им определенный сигнал, который одновременно сочетался с электрическим разрядом. «Выключить» разряд собака могла бы, пробежав в противоположный угол камеры, в которую ее поместили. К досаде аспирантов, собаки не старались избежать разряда — они сидели и не шевелились. Эксперимент застопорился, поскольку животные не поступали так, как от них ожидали, т. е. не убегали от шока.

Для меня же пассивность животных была не помехой, а феноменом, который предстояло изучить. Именно в ней таилась суть человеческой реакции на бесчисленные неконтролируемые события, которые с нами происходят, — сдаться без единой попытки противодействия. Если бы психология могла пояснить данное явление, то человеческую беспомощность можно было бы излечивать или даже предотвращать.

Вместе с коллегами Стивом Мейером и Брюсом Оувермиром я провел последующие пять лет, изучая беспомощность и разрабатывая средства для ее преодоления. Мы обнаружили, что вовсе не сам шок, а невозможность реагировать на него вызывала симптомы поведения, наблюдавшиеся у собак. Мы можем лечить беспомощность, если доведем до сознания животных, что их поступки приводят к результату, и предотвращать беспомощность, если у них будет опыт контроля над ситуацией.

Концепция выученной беспомощности произвела фурор. Психологи, придерживавшиеся теории научения, расстроились. Будучи бихевиористами, они считали животных и людей машинами, действующими по схеме «стимул — реакция», неспособными научиться абстрактному мышлению. Выученная же беспомощность предполагала знание о том, что «от моих действий ничего не зависит» — абстракцию слишком умозрительную (когнитивную) для теории научения по модели «стимул — реакция». У клинических психологов выученная беспомощность вызвала интерес своим сходством с депрессией. В лаборатории беспомощные животные и люди — пассивные, вялые, грустные, потерявшие аппетит, неспособные разозлиться — казались такими же, как и пациенты с депрессией*. Я исходил из того, что выученная беспомощность является моделью депрессии и что любое средство, помогающее преодолеть беспомощность, которое мы откроем в лабораторных условиях, будет излечивать от настоящей депрессии[1].

Рассматривая в конце 1970-х годов выученную беспомощность как разновидность депрессии, мы обнаружили, что пессимисты более склонны к беспомощности. У данной группы больше и вероятность впасть в депрессию. Оптимисты, наоборот, сопротивляются беспомощности и не пасуют перед неразрешимыми проблемами и неизбежными неприятностями. Этот проект — выявление людей с особой склонностью к пораженчеству и депрессии и обучение их сопротивляться беспомощности — занимал меня и день и ночь. Я находился в его власти до самого знакомства с Джонасом Солком.

Уже на следующий день после знакомства он пригласил меня пообщаться. Спросил о моих исследованиях и планах. Я изложил ему концепцию выученной беспомощности. Объяснил, как пессимизм лишает человека сил противостоять депрессии и даже снижает степень сопротивляемости физическим заболеваниям. Так совпало, что именно в тот день исполнилось тридцать лет первому испытанию вакцины против полиомиелита, и доктор Солк был в приподнятом

---

* Отношение общества, да и мое собственное, к опытам над животными изменилось по сравнению с 1960-ми годами. Причинять боль животному недопустимо, и оправданны подобные действия только в том случае, если эксперимент помогает облегчить впоследствии гораздо бóльшие страдания людей (или животных). Задокументировав основные факты, мы прекратили наши опыты над животными. *Прим. автора.*

настроении. «Если бы я сейчас был начинающим ученым, я бы все равно занимался иммунизацией! — воскликнул он с широкой улыбкой. — Только вместо прививок детям я бы выбрал ваш подход. Я бы делал психологические прививки. И проверял бы, могут ли эти психологически вакцинированные ребята успешнее сопротивляться душевным, да и физическим болезням!»

Психологическая иммунизация! Во мне все встрепенулось. Первые же опыты показали, что наши «психологические прививки» имеют поразительный успех. Чтобы научить животных владеть ситуацией, мы создавали для них условия, позволяющие контролировать шок. Разряд отключался, когда собака проявляла активность. Постепенно собаки, как молодые, так и взрослые, осознавали, что могут управлять разрядом. «Привитые» таким образом животные никогда больше не впадали в состояние беспомощности: даже получив разряд, который невозможно было отключить, они не бездействовали[2]. Соригинальничав, мы назвали данный феномен иммунизацией — не без оглядки на вакцину доктора Солка. Это стало своеобразной долговой распиской, обязательство по которой я так и не выполнил. Я почувствовал, что круг замкнулся. Может ли опыт контроля над ситуацией или приобретение такой черты характера, как оптимизм, защитить детей от психических заболеваний? От физических недугов?

Разгоревшаяся в те годы эпидемия по масштабам была сопоставима с полиомиелитом. По сравнению с 1950-ми годами число людей, страдавших депрессией, возросло в десять раз. В состоянии депрессии человек чувствует себя несчастным. Но симптомы этим не ограничиваются: депрессия заметно снижает работоспособность и подрывает физическое здоровье. Крупномасштабная эпидемия депрессии угрожает будущему нации. Доктор Солк был прав: помочь людям выработать иммунитет к депрессии еще в детском возрасте — прямая обязанность и дело чести психологов.

## Эпидемия пессимизма

Мы хотим, чтобы наши дети были не только здоровыми. Мы хотим, чтобы их жизнь была наполнена дружелюбием, любовью и достойными делами. Мы хотим, чтобы они с интересом учились и легко справлялись с трудностями. Мы хотим, чтобы они гордились своими достижениями, росли справедливыми, смелыми, уверенными в завтрашнем дне. Чтобы они справились с поражениями, неудачами, которыми сопровождается взросление, и сами стали хорошими мамами и папами. Наша самая большая мечта — чтобы их жизнь была лучше нашей, а наше самое сокровенное желание — чтобы они переняли все наши достоинства и как можно меньше недостатков.

Нам по силам достичь желаемого. Родители могут научить детей уверенности в себе, инициативности, усердию, доброте и самоуважению. Наука и медицина продолжают делать серьезные открытия, массовые коммуникации делают доступными империи книг, музыки, развивающих игр со всего света. Таким образом, у ответственных родителей есть все основания рассчитывать, что жизнь детей превзойдет их собственную жизнь во всех отношениях.

Имеется, однако, серьезное препятствие, которое может помешать осуществиться нашим мечтам. Из-за него люди лишаются природной активности и оптимизма. Оно называется «пессимизм» и сводится к мыслям о самом катастрофичном развитии событий. Пессимизм стремительно распространяется среди детей, и главная задача родителей — не дать ребенку «подхватить» это новомодное мировоззрение. Данная книга призвана способствовать воспитанию в детях оптимизма, который будет сопровождать их всю жизнь.

Возможно, некоторые считают пессимизм всего лишь позой, маской, которую можно снять по желанию. Если бы пессимизм был всего лишь приемом, помогающим казаться всезнайкой на вечеринках, или оружием скептика, защищающим от разочарований, я бы не стал писать данную книгу. К сожалению, пессимизм — явление гораздо более серьезное. Он представляет собой привычку, укоренившуюся в сознании, которая приводит к радикальным и губительным последствиям: угнетенному состоянию, пассивности, низкой успеваемости и даже неожиданному ухудшению физического самочувствия. Пессимизм не «рассасывается» в ходе естественного течения жизни с ее взлетами и падениями. Наоборот, он только усиливается с каждой неудачей, начинает самовоспроизводиться. Америка увязла в эпидемии пессимизма и страдает от самого серьезного его последствия — депрессии.

Когда доктор Солк заговорил о психологической иммунизации, я подумал об эпидемии депрессии среди молодежи. Мне было известно, что недавно разработанные когнитивные и бихевиористские техники помогают ощутимо ослабить депрессию и пессимизм у депрессивных взрослых. А способны ли такие же приемы, если им обучить здоровых детей, помочь им сопротивляться возникновению депрессии в дальнейшей жизни? Сможет ли подобная иммунизация победить эпидемию, способствовать успехам в учебе и спорте? Может быть, «вакцинированные» дети будут реже болеть? Может, на наше счастье, окажется, что беды американских подростков — наркотики, ранние беременности, самоубийства, чувство отчаяния и потери смысла жизни — удастся предотвращать психологическими «прививками» в детстве? Все эти вопросы вертелись у меня в голове после встречи с доктором Солком.

В этой книге рассказывается о программе иммунизации школьников, которая в итоге была разработана. Она позволяет научить родителей, воспитателей, учителей и школьную систему в целом прививать детям оптимизм и чувство контроля над ситуацией. Я расскажу вам об исследованиях, посвященных оптимизму и беспомощности, которые мы вместе с коллегами проводили в течение последних тридцати лет. Мы рассмотрим и источники пессимизма, и его подспудные последствия. Я объясню, как следует действовать, если у вашего ребенка появились тревожные симптомы, и как заменить его пессимизм на оптимизм, а беспомощность — на уверенность в себе. Помните: дети должны смотреть на жизнь незамутненными глазами и чувствовать, что им все по силам.

# Глава 2

# От первых шагов до первого свидания

В первые два года жизни у человека происходит преодоление беспомощности. Новорожденный почти ничего не умеет, он — производная рефлексов. Когда он плачет, подходит мама, но он не *контролирует* появление мамы. Его плач — это рефлекторная реакция на боль или дискомфорт, у него нет выбора, плакать или не плакать. Новорожденный по своей воле может управлять только мускулами, связанными с сосанием и вращением глаз. В первые три месяца жизни он учится двигать своими ручками и ножками, но подобные телодвижения малосодержательны. Потом из махания ручонками вырастает хватательный жест. Затем малыш начинает плакать осмысленно, поскольку уже понимает, что мама всегда приходит на его рев. Первый и второй годы сопровождаются двумя величайшими достижениями в ходе становления самостоятельной личности: умением ходить и говорить. В эти два года прилагаются титанические усилия для обретения навыков контроля над ситуацией и достижения поставленной цели. Малыши бунтуют против препятствий и упрямятся, встретив отказ. К счастью, их не так легко превратить в безвольные создания.

Роберту полтора года, и он первый ребенок Джессики и Джо. Они трясутся над сыночком, изумляются всему, что он делает и лопочет. За обедом, пока Роберт разукрашивает свое лицо яблочным пюре и набивает рот гигантскими клецками, Джессика рассказывает Джо, что недавно произошло.

Роберт облюбовал пыльный уголок за диваном, где расположены электрические розетки. Ради удовольствия там постоять он попытался перелезть через журнальный столик, чуть не свалив себе на голову лампу. Почему его туда тянет, Джессика совершенно не понимает. Каждый раз, когда Роберт норовит забраться за диван, она пытается его отвлечь. Сначала Джессика напевает песенку из его любимого мультфильма: «Я люблю тебя, ты любишь меня...» Безрезультатно. Затем Джессика дурачится с его любимой куклой, но и на это Роберт не покупается. Она даже разрешает ему раскидать диванные подушки. Но Роберт все равно стремится за диван.

Ему все нипочем, и маме приходится проявлять изобретательность. Она загораживает нишу за диваном коляской. Но и это срабатывает только на пару минут. Как только она усаживается на свое место, Роберт семенит к краю дивана, плюхается на живот, ползет в желанный уголок, поднимается в нем и с улыбкой до ушей победно хлопает в ладошки. Очевидно, что он гордится собой.

В последний раз, пытаясь остановить Роберта, Джессика ставит перед коляской коробку с книгами. Роберт терпеливо ждет, пока она закончит, а потом совершенно спокойно подходит к этой баррикаде. Сначала он пробует поставить ногу на коробку, чтобы на нее взобраться, но коробка слишком велика для него. Затем он пытается отпихнуть коробку, но не может ее сдвинуть. С решительным лицом Роберт вскарабкивается на коробку и приземляется попой в коляску. Потом он из нее вылезает

> и оказывается за диваном с торжествующим криком: «Бобби молодец! Бобби молодец!»
>
> Джессика понимает: Роберту доставляет удовольствие покорение коробки. По-прежнему опасаясь, что он покалечится на задворках дивана, она решает соорудить крепость из старых коробок и подушек. Прячет за ней куклу Элмо и предлагает Роберту найти ее. Каждый раз, одолевая гору коробок и подушек, он протягивает Элмо маме со словами: «Бобби молодец! Ура! Бобби молодец!»

Как и большинство родителей маленьких детей, Джессика сканирует окружающий мир, определяя опасности, которые он несет для Роберта. Она не хотела, чтобы сынишка играл за диваном, потому что там чересчур много проводов, и пыталась помешать ему. Роберт же расценил ее усилия как вызов и целеустремленно искал способы справиться с преградами. Джессика могла отругать Роберта за то, что он все время лезет за диван, — в конце концов, ее задача заключается в том, чтобы уберечь его от игр в опасных местах. Однако она поняла, что препятствия только подстегивают сына, и решила поучаствовать в его приключениях и победе. Она похвалила его успехи и воспроизвела для него препятствие в более безопасной обстановке. Тем самым Джессика помогла своему сынишке почувствовать уверенность в себе и осталась верна принципу постоянно создавать ему условия для проявления независимости.

Оптимизм сызмальства закаляется в горниле самостоятельных *поступков*. Задача вашего ребенка — под опекой внимательных родителей получить привычку без страха смотреть в лицо трудностям и преодолевать их. С наступлением школьного возраста тактика воспитания оптимизма смещается с самостоятельных действий к образу *мышления*. В школе дети уже задумываются о причинно-следственных связях. Они находят объяснение своим успехам и неудачам.

Рассуждают, что именно им нужно, чтобы превратить неудачу в успех. Такие мысли и есть корень их оптимизма или пессимизма.

Иэну шесть лет, и он уже оценивает себя с пессимистичной точки зрения. Папа постоянно стремится повысить самооценку мальчика, но в итоге делает только хуже. Вернувшись домой, отец зовет: «Ребята, сюда! У меня тут огромная коробка, которую надо немедленно вскрыть!» Иэн и его девятилетняя сестра Рейчел бросаются к двери и выхватывают сверток у папы. Они с восторгом обнаруживают в нем самый большой набор «Лего», который им доводилось видеть.

Дети шлепаются на пол и начинают возиться с деталями конструктора. Рейчел быстро собирает космический корабль. Она последовательно сооружает различные части — сначала основной корпус, затем крылья. Одновременно она в лицах изображает членов экипажа, которые обсуждают свою задачу: «Мы летим на Луну, чтобы забрать оттуда астронавтов. Потом мы последим за марсианами, но так, чтобы они нас не поймали».

Иэн подражает сестре. Рейчел берет синий кубик — и Иэн хватает синий кубик. Если Рейчел соединяет его с желтым кирпичиком, то и Иэн делает то же самое. Но корабль у него не получается. Рейчел собирает слишком быстро, и Иэн за ней не поспевает. Чем ближе к космическому полету Рейчел, тем больше переживает Иэн. Он злится каждый раз, когда части конструкции разваливаются. Наконец он начинает швырять детали в сестру.

Папа видит, как Иэну тяжело, и хочет его подбодрить.

Папа: *Иэн, все здорово! У тебя выходит отличная ракета!*

Иэн: *Нет. Здорово у Рейчел! У меня дурацкая. Крылья отваливаются! Я не умею! У меня никогда ничего не получается.*

Папа: *А мне нравится. Думаю, у тебя самая лучшая ракета в окрýге.*

Иэн: *Нет! У Рейчел она больше и с длинными крыльями, и они не падают, как у меня! У меня ничего никогда не получается! Ненавижу «Лего»!*

Папа: *Ну, неправда. У тебя все получится, если настроишься. Давай я помогу тебе. Твоя ракета сможет полететь на Луну, на Марс и на Юпитер и будет самая-самая быстрая. Вот какая у тебя будет ракета!*

Иэн: *Ну ладно, собирай. Моя не годится.*

У папы чуткое сердце. Он понимает, как Иэн несчастен из-за того, что никак не угонится за старшей сестрой, и старается помочь мальчику. Похвалами он пытается повысить самооценку Иэна. Когда Иэн выражает сомнения в своих способностях, отец говорит ему, что все получится, если настроиться.

Папа делает три ошибки. Во-первых, он говорит неправду. И Иэн это знает. Как бы сильно он ни старался, у него все равно не получится построить такой же сложный космический корабль, как у его девятилетней сестры. И ракета у него вовсе не отличная. Папа должен был объяснить, что, когда Иэну исполнится девять лет, он, как и Рейчел, соберет более устойчивую конструкцию, и что когда Рейчел было шесть лет, у нее выходили такие же сооружения, как у Иэна.

Во-вторых, чтобы настроение у Иэна улучшилось, отец собирает ракету вместо сына, тем самым посылая сигнал: «Когда что-то идет не так, как тебе нужно, сдавайся и пусть тебя кто-то спасает». Пытаясь повысить самооценку сына, папа учит его беспомощности. Нет ничего плохого в том, чтобы позволить Иэну пережить неудачу. Неудача сама по себе не является катастрофой. Она, конечно, может на какое-то время снизить самооценку, а вот неверная интерпретация неудачи, скорее всего, окажется гораздо более губительной. Папа должен был посочувствовать Иэну, дав понять, что осознает, как сыну плохо («Помню, как в семь лет я сделал воздушного змея и ужасно расстроился, когда мы с папой стали его запускать, а он развалился на четырнадцать кусочков»). Папа не должен был решать проблему Иэна вместо него самого.

Третья ошибка — самая серьезная, и именно ей посвящено основное содержание данной книги. Папа должен изменить восприятие неудачи у Иэна. Мальчик видит свои несчастья и трагедии в самом мрачном свете. «Я неумеха» и «У меня ничего никогда не получается» — все эти обобщающие формулировки приведут к еще бóльшим неудачам. Иэну не просто привычны пессимистичные заявления — он таким образом реагирует на проблемы, то есть опускает руки, сдается, ведет себя как плакса. Приобретенный пессимизм Иэна самовоспроизводится.

Психологи уже знают, как справиться с пессимизмом. Когнитивная психология разработала эффективные методы, меняющие неадаптивное мышление, во власть которого люди отдаются при неудачах. Родители могут освоить эти методы и успешно применять их по отношению к детям. Техника превращения пессимизма в оптимизм помогает привить иммунитет к депрессии.

Познакомимся теперь с Тамарой, которая, в отличие от Иэна, получает прививки от депрессии. Мама Тамары не повторяет ошибок папы Иэна, и девочка оценивает себя оптимистично. Сталкиваясь со сложностями (а это происходит так же часто, как и у Иэна), она уже знает, как с ними справляться. Мама Тамары не опровергает реальность, чтобы улучшить настроение дочки, а признает ее огорчение и учит упорству вместе с активным подходом к решению проблем. Она направляет Тамару, объясняя ее неудачи в жизнеутверждающем и достоверном ключе.

> Семилетняя Тамара гораздо полнее своих сверстниц и двигается неуклюже по сравнению с другими детьми. Мама записывает ее в балетную школу, чтобы улучшить моторику. Тамара воодушевлена и ждет не дождется начала занятий. В преддверии

балетных уроков Тамара вместе с мамой отправляется покупать форму для танцев. Тамара выбирает розовое трико с юбочкой и белые балетки. Каждый вечер она надевает свой балетный наряд и кружится по дому. «Мамочка, смотри, какая я балерина! Вот начнутся уроки, и я стану настоящей балериной. Когда я вырасту, я буду танцевать лучше всех в мире!»

Каждый раз мама включает для Тамары музыку и наблюдает за тем, как вальсирует дочка. Тамара часто теряет равновесие и оказывается на полу. Как ни в чем не бывало она поднимается и продолжает кружиться и прыгать под музыку.

Во вторник у Тамары первое занятие. Мама приводит ее в класс, где бегают худенькие и грациозные девочки. Тамара целует маму на прощанье и идет к преподавателю. По возвращении мама застает Тамару в слезах.

*Тамара:* Сегодня все было ужасно! У других девочек получается гораздо лучше. Я то и дело падаю, а они нет. Мисс Харкум показала нам, как красиво разводить руки и держать кисти, но я все время сбивалась, и мои руки никак не слушались. Мне так плохо!

*Мама [успокаивая Тамару]:* Понимаю, что тебе сегодня пришлось нелегко. Знаю, как обидно, когда получается хуже, чем у других. Я тоже часто расстраиваюсь. Например, когда на работе у меня не выходит так, как нужно. Все просто из рук валится. А знаешь, что я тогда делаю? Просто пробую еще раз и еще, и в конце концов у меня начинает получаться. Пойдем попрощаемся с мисс Харкум, и я попрошу ее показать мне ваши движения, а потом мы с тобой дома потренируемся. Если мы постараемся, на следующем занятии у тебя получится лучше. Договорились?

*Тамара:* Ладно. Позанимаемся сегодня после обеда? Я хочу, чтобы у меня получалось, чтобы, когда я вырасту, стать балериной.

*Мама:* Ну конечно! Идем к мисс Харкум, а после обеда отодвинем диван и сделаем из гостиной балетный класс!

*Тамара:* Вот здорово! Буду заниматься как следует!

Тамара воспринимает неудачу как частный случай («Сегодня все было ужасно» и «У других девочек получается гораздо лучше» вместо «У меня никогда ничего не получается»). Проблемы представляются Тамаре чем-то временным, что можно исправить. Иногда действительность будет убеждать ее в обратном. Из Тамары не вырастет балерина, как из меня не вырос профессиональный бейсболист. Но в детстве мечты имеют особую ценность. Упорство и труд зачастую компенсируют отсутствие таланта. В отличие от Иэна, который уже не будет прилагать усилий, Тамара поймет, что настойчивость и твердость духа дают результат. Расставшись со своей мечтой стать прима-балериной, она будет чувствовать, как замирает время, когда она танцует, и получать удовольствие от классической музыки. Еще Тамара поймет, что людям импонируют ее упорство и жизнелюбие.

В период полового созревания мировосприятие ребенка обретает завершенную форму. Подростки могут впадать в пессимизм, терять ко всему интерес и замыкаться в себе. Из-за болезненных отказов и неудач депрессия в пубертатном возрасте разрастается до пугающих размеров. Ее симптомы отмечены у примерно трети современных подростков тринадцати лет, а к окончанию школы с приступами глубокой депрессии оказываются знакомы уже почти 15 процентов ребят[1].

Мария вот-вот впадет в ступор, который может закончиться истощающей депрессией — а первая депрессия опасна еще и тем, что неизбежно становится шаблоном реакции на плохие события. Ниже цитата из дневника Марии.

Май 12, 1993

Отстойный день! Кори, конечно же, отказал. Не надо было поддаваться на уговоры мамы и спрашивать его. Зачем только я ее послушалась?! Он стоял себе, и тут подхожу я и начинаю острить. Ну, конечно же, я несла одну чушь. Он смотрел на меня как на полную идиотку. Потом я спросила: «А может, потанцуем на вечере в субботу?» Он уставился на меня и молчал целую вечность, а потом наконец сказал: нет. Так просто. Промямлил какие-то извинения, что, дескать, должен в следующие выходные помогать отцу, но я-то знаю, что это вранье.

Ну почему я всегда слушаю маму? Она же не в теме. Само собой, она знает, что у меня намечается свидание, — она же моя мама. Но она живет в придуманном мире и в фантазиях о своей двенадцатилетней дочурке. Она даже не в курсе, что у меня нет подруг. Она до сих пор уверена, что я дружу с Джоан, Трейси и Леа, а на самом деле мы уже почти не разговариваем. Когда мы перешли в седьмой класс, они начали гулять с Бетси и Кристал из Вудсайда. Наверняка Леа даже не пригласит меня на свою вечеринку. На днях они обедали все вместе и делали вид, что меня не замечают. Я знаю, что они меня видели. А я и не стала заморачиваться, просто села к шестиклашкам в другом конце столовой. Больше не могу. Не хочу в школу. Все там ненавижу! Меня никто не любит.

Я на них не сержусь. Ненавижу себя. Эти противные волосы. Нос как горнолыжный склон. И вся я нескладная. Ричард вчера озверел, когда господин Харпер включил меня в его команду и сказал ему, что надо позволить мне сделать подачу. Бывают дни, когда мне вообще не хочется вставать. Серьезно. Не хочу так жить. Я как те люди, о которых нам рассказывала госпожа Эпплбаум на уроке социологии. Они живут в Индии и называются неприкасаемыми. Полные изгои, к ним все относятся как к грязи и заставляют их делать самую черную работу. Даже если они неплохо соображают, они никогда не станут врачами или кем-то еще в этом роде. Вот я и есть неприкасаемая.

Знаю, это чушь, но вчера вечером я представляла, как буду умирать от тяжелой болезни, и что будут делать мама с папой и Линн с Крейгом, и кто придет на похороны, и что будут говорить. Самое ужасное, что кроме родных я насчитала только одиннадцать человек, которые могут прийти. И это с очень большой натяжкой.

Ладно, на сегодня хватит. Потом допишу.

К 1984 году я уже два десятилетия изучал формы оптимизма и пессимизма от рождения до взрослого возраста. Мне было понятно, что пессимизм в первые годы вызывает депрессию и плохую успеваемость. С учетом теории доктора Солка я предположил, что эффективные методы воспитания оптимизма у взрослых могут применяться и в самом начале жизни — укреплять у школьников и подростков иммунитет к депрессии, которая ожидала Марию. Для проверки своей гипотезы необходимо было создать команду энтузиастов-помощников.

# Глава 3

# Создание команды

«Почему депрессия исчезает? Ну то есть если брать теории, о которых вы говорите, депрессия должна оставаться навсегда, если она у вас случилась», — вопрошала темноволосая слушательница в шестом ряду.

Вопрос застал меня врасплох. Я читал лекции о трех основных теориях депрессии: биомедицинской, которая предполагает дефицит химических элементов в мозге; психоаналитической, трактующей депрессию как гнев, направленный на свое «я», и когнитивной, рассматривающей депрессию как следствие пессимистичных мыслей. Однако специалисты знают, что депрессия почти всегда проходит сама, без лечения. Ее продолжительность для больного мучительно велика, от трех до шести месяцев, но болезнь, как правило, сходит на нет.

Девушка недоумевала — и справедливо.

«Не знаю», — признался я.

Слушательницу звали Карен Рейвич. Несколько лет назад о ней писала наша студенческая газета. Ее въедливые вопросы, самообладание, неприятие стереотипов вызывали интерес, и я пригласил ее в свою команду. Предложил ей отложить на время все аспирантские дела и пойти на полную ставку, присоединившись к моему исследованию на весь следующий год. У меня тогда уже был проект под патронажем компании Metropolitan Life Insurance, связанный с перевоспитанием страховых агентов — пессимистов в оптимистов. Карен тут же сделалась незаменимой, став координатором проекта. Когда мы поняли, что можем превращать пессимистов в оптимистов, я предложил Карен расширить горизонты исследования.

У психологов, растолковывал я Карен, 99 процентов усилий направлено на то, чтобы помочь нездоровым людям стать нормальными. Практически ничего не делается, чтобы помочь нормальным людям максимально реализоваться и жить более насыщенной жизнью. Я объявил Карен, что намерен заняться исследовательской программой, в ходе которой мы будем обучать здоровых детей навыкам оптимизма и попытаемся упредить проблемы, с которыми они могли бы столкнуться. Карен охотно согласилась присоединиться к научно-исследовательской группе.

Джейн Гилхэм, моя вторая будущая соратница, попросила о встрече со мной почти сразу, как только прибыла в Пенсильванский университет. Джейн поступила в аспирантуру после отличной учебы в Принстоне. Она занималась возрастной психологией и к моменту нашей встречи уже два года преподавала. Джейн в одиночку воспитывала сына, так что для нее работа с детьми имела особое значение.

«У Шона вчера день не задался, — поделилась как-то Джейн. — Пришел из школы и жаловался, что его заобижал какой-то старшеклассник. Хныкал: “Не пойду больше в школу. Ничего там хорошего. Раньше мне в школе нравилось, а теперь нет. Напишу госпоже Джонсон заявление, что ухожу”».

«Пришлось попрактиковаться в когнитивной терапии, — продолжала Джейн. — Мы с ним поговорили о том, что он чувствует и что именно ненавидит в школе. Потом с моей помощью он вспоминал приятные моменты школьной жизни. Рассказал обо всех их развлечениях на переменах. Сам же и опроверг свои трагичные выводы. Понял, что ходить в школу можно с удовольствием, если решить проблему с Гари. Даже план придумал, как расположить к себе этого Гари».

По упоминанию когнитивной терапии и применению методов «антикатастрофизации» я понял, что передо мной эрудированный молодой ученый с четким пониманием того, как в повседневной жизни использовать открытия психологии. В 1980-х годах когнитивная терапия стала прорывом в лечении депрессии. Автор данного метода Аарон Бек, психиатр и мой университетский наставник, проделал колоссальную теоретическую работу. Основных симптомов депрессии четыре: плохое настроение, апатия, проблемы со здоровьем и катастрофическое мышление. Бек считал катастрофическое мышление не просто внешним признаком депрессии, а главной причиной всех других симптомов депрессии. Характерные мрачные мысли о безрадостном будущем, невыносимой действительности, прошлом со сплошными неудачами и своей неспособности улучшить ситуацию *порождают* плохое настроение, безразличие и соматические симптомы депрессии.

Появился новый метод терапии, суть которого заключалась в том, чтобы исправить привычное мышление больных депрессией, опровергнуть катастрофичные выводы — и тогда все остальные симптомы исчезнут сами собой. Джейн явно понимала, каким образом можно применить его в работе с детьми. Я пригласил ее в свою команду.

Вместе с Джейн и Карен мы приступили к разработке программы-тренинга для детей. Мы искали интересные и увлекательные способы обучения их когнитивным навыкам, с помощью которых можно предотвратить депрессию и преодолеть несчастья. Дела шли неплохо, и программа уже была почти готова для тестирования. В это время у меня состоялся разговор с Лайзой Джейкокс, одним из лучших аспирантов Пенсильванского университета.

Лайза напомнила мне, что многие дети получают опыт депрессии, когда начинают конфликтовать их родители. Разводы, расставания и родительские ссоры представляют собой серьезную опасность для психики ребенка младшего школьного возраста.

«Получается, что недостаточно просто научить думать более оптимистично, — заметила Лайза. — Социальные неурядицы — ссоры родителей и неприятие со стороны других детей — вот корни депрессии многих детишек. Нужно развить у них иммунитет, чтобы они умели справляться и с социальными трудностями. Иммунизация должна состоять из двух компонентов — когнитивных и социальных навыков».

Созданием такой социальной программы Лайза согласилась заняться в рамках нашего проекта.

Наша четверка — Карен Рейвич, Лайза Джейкокс, Джейн Гилхэм и я — сплоченно работала весь следующий год. Мы апробировали программу на группе пяти- и шестиклассников и остались довольны результатами. Потом мы вернулись в кабинеты, чтобы отрегулировать нашу схему перед крупномасштабным тестированием. Теперь полноценная программа по предотвращению депрессии (the Penn Prevention Program), ровно как ее представлял доктор Солк, была готова: когнитивные навыки для детей, призванные противостоять депрессии, и социальные навыки, помогающие справляться с огорчениями переходного возраста. Для участия в ней мы решили отбирать наиболее ранимых детей в возрасте десяти-двенадцати лет, чтобы привить им когнитивные и социальные навыки, предотвращающие депрессию.

Приступив к обучению, мы выяснили, что закладываем в сознание детей абсолютно иные постулаты, нежели их родители. Также стало ясно, что наш подход радикально отличался от метода воспитания уверенности в себе, который практикуется в школах. Последний, как мы и подозревали, вовсе не уменьшает современные масштабы эпидемии депрессии, а возможно, даже питает ее.

# ЧАСТЬ II

# Когда современное воспитание дает сбой

# Глава 4

# Повышение самооценки

Внутри медальона было зеркало, и в нем отражалась она сама.
«Да это же я! — поняла она. — И вправду я! Я и есть волшебная сила этого кулона». Теперь девочка надевала кулон каждый день. Она сжимала его в ладошке и шептала: «Я в тебя верю». Кулон наполнился ее магической силой, и с тех пор она с ним не расставалась.

*Элизабет Кода-Каллан*
*«Волшебный кулон» (1988)*

Легионы американских учителей и родителей изо всех сил стремятся повысить самооценку ребенка. Звучит это безобидно, но методы, к которым они прибегают, зачастую лишают детей чувства собственного достоинства. Придавая значение *чувствам* в ущерб *действиям* (контролю ситуации, проявлению упорства, борьбе с огорчениями и скукой, преодолению трудностей и т. д.), родители и учителя воспитывают поколение детей незащищенными перед депрессией.

По мнению сторонников теории самооценки, *«все, что мы делаем,* зависит от чувства уверенности в себе. Поэтому если с детского сада повышать самооценку, дети смогут принимать [более удачные] решения»[1].

В рамках этого подхода нивелируются школьные оценки, дабы отстающие не чувствовали свою ущербность; отменяется низкий IQ, чтобы ребята с плохим показателем не падали духом; завышается слабый годовой балл, дабы двоечники не унывали. Уроки выстраиваются вокруг слабейших учеников, чтобы пощадить тугодумов (теперь им вообще не ставят оценкок), — и вот уже *конкуренция* становится ругательным словом. Подобная тактика призвана защитить чувства детей, которые иначе бы оказались в аутсайдерах. Считается, что выгода от этого перевешивает все призы, не полученные одаренными детьми.

Уверовав в пользу данного подхода, родители и учителя ринулись повышать детскую самооценку.

Рэнди учится в пятом классе. По мнению учителей, он яркий любознательный мальчик с творческим мышлением. У него пятерки по всем основным предметам, и он очень любит школу. За исключением уроков физкультуры, которые для него, как и для большинства неспортивных детей, связаны с унижением. Брэдли, Гэррет и Бет виртуозно владеют мячом, а Рэнди, пытаясь убежать с линии огня, получает им либо по заду, либо по голове. Бывает и хуже: он теряет равновесие и грохается на пол.

По вторникам утром, с 10 до 11, Рэнди получает такую порцию стыда, которой хватает на всю неделю.

Рэнди дружит с Джоэлом, который бегает быстро и поэтому не мучается в спортзале. И вот как-то физрук заявляет, что начинает тренировать школьную команду по флагболу, которая будет играть против ребят из других школ. Джоэл шепчет на ухо Рэнди, что они должны попробовать в нее попасть. Рэнди отвечает, что лучше умрет, но Джоэлу удается его убедить, что флагбол, в отличие от других игр, не требует особой координации и что достаточно просто бегать, а это даже Рэнди по силам.

Отец Рэнди считает, что мальчику стоит заниматься спортом, и поощряет его попытку попасть в школьную команду. Рэнди нехотя начинает тренироваться с Джоэлом после уроков. К его удивлению, ему нравится, и он с удовольствием выполняет упражнения Джоэла. К его еще большему удивлению, потихоньку он делает успехи.

Наступает судьбоносный день. Рэнди с отцом и Джоэлом приходят на поле, где масса мальчишек перекидывают мячи и прижимают друг друга к земле. Воодушевление Рэнди моментально превращается в ужас, который буквально парализует его руки и ноги. Отец пытается что-то посоветовать Рэнди, но у мальчика в ушах звенит, он ничего не слышит.

Под конец он ловит только один мяч, и ни разу его подача не достигает зоны принимающего. Когда соревнования заканчиваются, отцу больно смотреть на сына. «Знаешь, — утешает он Рэнди, — мне кажется, ты классно подготовился. Ты не всегда попадал, но у тебя сильная подача. Точность броска всегда можно наработать. Это не так сложно. Тебе есть чем гордиться, Рэнди. Уверен, в следующем году ты попадешь в команду. На этот раз просто не повезло».

«Ну что ты, пап? Я слабак. Слабак. Не попал в команду в этом году и в следующем не попаду. Вряд ли и пробовать буду. Давай по-честному, я бездарь».

Отец пропускает ответ мимо ушей и продолжает лить елей: «Ну, так нельзя. Ты не должен так думать. Поверь, у тебя все было отлично. Мне кажется, ты ни в чем не уступаешь остальным. Не вешай нос! Скажи себе, что ты молодчина и что в следующий раз у тебя получится еще лучше».

«Ладно, ты прав. Я молодец. Пойдем отсюда, а?»

У папы Рэнди самые лучшие намерения. Он понял, что сыну плохо, и решил улучшить ему настроение, причем сразу. Как и многие родители, он старался повысить самооценку Рэнди посредством дежурных фраз позитивного мышления. Он говорил Рэнди «приятные» вещи, рассчитывая, что слова ободрения успокоят боль и заменят ее самоуважением. Но такой подход не сработал. Рэнди ведь не примитивное доверчивое существо, которое жаждет заретушировать неприглядную правду. Папины старания только усилили опустошенность подростка и подорвали его доверие к сказанному.

## Самооценка: краткая история понятия

У понятия самооценки благородное происхождение. Отец современной психологии Уильям Джеймс более ста лет назад вывел ее формулу[2]:

$$\text{Самооценка} = \frac{\text{Достижения}}{\text{Притязания}}$$

По Джеймсу, чем больше у нас достижений и чем меньше наши притязания, тем выше наша самооценка. Мы будем любить себя сильнее, если будем больше преуспевать или же если умерим свои желания.

Джеймс соединил два уровня психологической функции. Во-первых, самооценка — это *чувство*: ее определяют огорчение, удовлетворение, радость и тому подобное. А во-вторых, данное чувство укоренено в окружающем мире, в *успешности нашего взаимодействия с миром*. Конфликт между двумя этими аспектами — хорошим настроением и успехами — послужил теоретическим обоснованием для практики улучшения самооценки. Именно «хорошее настроение» и «успешность» указывают на то, что с самооценкой все нормально, и, что еще важнее, на неверность и контрпродуктивность усилий повысить самооценку словами, как делал папа Рэнди.

Понятие самооценки находилось в тени почти семьдесят пять лет после того, как Джеймс его сформулировал, ведь Америка была занята войнами и преодолением экономической депрессии. На фоне столь масштабных мировых проблем, порождающих человеческие несчастья, в американской психологии господствовали теории о том, что людей возносят и низвергают мощные силы, неподвластные контролю.

Радикальные изменения в социальных науках произошли в 1960-е годы, когда Америка вступила в эпоху благосостояния. Выбор индивида стал узаконенным объяснением человеческих поступков, а идея зависимости от внешних сил начала выходить из моды. Особенности поведения теперь объясняли собственными интересами индивида, а не внешними силами. В 1967 году Стэнли Куперсмит, молодой преподаватель психологии из Калифорнийского университета, предположил, что в воспитании детей первостепенную роль играет самоуважение[3]. Эту идею подхватили широкие массы, особенно школы, либеральные конфессии и индустрия по выпуску мотивирующей продукции.

Серьезные психологи, занимавшиеся мотивацией, взяли на вооружение такие аспекты, как «хорошее настроение» и «успешность». Мэтр в сфере концепций самооценки Натаниэль Бранден определял самооценку следующим образом[5]:

1. Уверенность в своей способности думать и справляться с жизненными задачами (успешность).
2. Уверенность в своем праве на счастье, чувство достоинства, ощущение правомочности своих потребностей и желаний, а также права на результат своих усилий (хорошее настроение).

Сегодня широко распространена трактовка самооценки, которую утвердили в Калифорнии. В сборнике рекомендаций «Об уважении» (Toward a State of Esteem), составленном специалистами по заказу законодательного собрания Калифорнии, заниженная самооценка официально объявлена причиной неуспеваемости, употребления наркотиков, подростковой беременности, нищеты и прочих бед. Всем школам в Калифорнии предписано «заниматься повышением самооценки... и данная задача должна стать частью учебной программы, о ее выполнении необходимо докладывать во всех подробностях».

Формулировка самоуважения, принятая в Калифорнии, явно связана с моральным удовлетворением: «Осознавать свою ценность и значимость, отвечать за себя и ответственно вести себя по отношению к другим»[4]. Однако рекомендуемые *методы* воспитания самооценки удручают. В плоскости «успешности» рекомендации полезны: обучать различным профессиональным навыкам, поощрять участие в общественной работе и преподавать гуманитарные предметы. Однако в аспекте «морального удовлетворения» предписания размыты: расширять воспитательную работу, привлекать родителей, учитывать потребности отстающих учеников. Что должны воспитывать воспитатели? К чему привлекать родителей? Каким образом учителя должны помогать отстающим?

## Удовлетворение и успешность

Дело в том, что не существует эффективной техники обучения моральному удовлетворению без обучения успешным действиям. Чувства самоуважения в частности и счастья в целом возникают лишь как сопутствующие эффекты — в результате победы над трудностями, успешной работы, преодоления безысходности и апатии, достижения цели. Самоуважение — побочный продукт успешности. Если у ребенка есть самоуважение, оно обязательно приведет к новым достижениям. Несомненно, приятно жить с высокой самооценкой, но в попытке достичь эмоциональной стороны самооценки прежде, чем установятся хорошие отношения с миром, нередко путают местами цель и средства ее достижения.

Мой скепсис в отношении чувственной стороны самооценки сформировался в результате двадцати пяти лет работы с депрессивными взрослыми и детьми. У людей, страдающих депрессией, вне зависимости от возраста есть четыре вида проблем: поведенческие — они пассивны, нерешительны и беспомощны; эмоциональные — плохое настроение; соматические — нарушены аппетит и сон; когнитивные — эти несчастные считают, что все безнадежно, а сами они никчемны. Здесь только последний полусимптом относится к чувственной стороне самооценки, и мне представляется, что он стоит в самом конце списка несчастий депрессивного человека. Когда депрессивный ребенок становится активным и воодушевленным, обязательно усиливается и его ощущение собственной состоятельности. Бесполезно укреплять эмоциональный компонент самооценки без освобождения от чувства безнадежности или пассивности. Если ваш ребенок считает себя никчемным, ненавидит себя или не верит в себя, это значит, что его взаимодействие с окружающим миром оставляет желать лучшего. При улучшении отношений с миром у ребенка появляется чувство удовлетворения.

И в таком свете рекомендации по самооценке, утвержденные в Калифорнии, кажутся сомнительными. Калифорнийские эксперты, рекомендуя «вакцину», утверждают, что заниженная самооценка предопределяет неуспеваемость, употребление наркотиков, зависимость от соцпособий и прочие социальные неурядицы. Однако исследовательская литература говорит об обратном. Заниженная самооценка является как раз следствием, а не причиной плохих отметок в школе, социального неблагополучия и приводов в полицию[6].

Сотни научных статей о самооценке пестрят рассуждениями о *взаимозависимости* самооценки и поведения детей: у заурядных детей низкая самооценка, а у успешных — высокая, у депрессивных личностей низкая самооценка, у везунчиков — высокая, у школьников с плохими отметками низкая самооценка, ну и так далее. Однако неудача ли порождает низкую самооценку или низкая самооценка порождает неудачу? На этот вопрос можно легко ответить при помощи современных методов исследования: надо лишь понаблюдать за большими группами детей на протяжении определенного времени, допустим, года, измерив самооценку и ее различные следствия в виде школьных отметок, коммуникабельности или депрессии в самом начале и в конце. Если самооценка является причиной, то прогноз простой: в группе с одинаковыми оценками в начале наблюдения (это подтверждает школьная статистика) дети с высокой самооценкой будут улучшать свои показатели, а у детей с заниженной самооценкой оценки к концу года снизятся[7].

Тем не менее практически нет данных, свидетельствующих о том, что самооценка что-то предопределяет. Напротив, она обусловлена чередой жизненных успехов или неудач. Раз самооценка является следствием, а не причиной успеха или поражения, ей трудно обучить напрямую. Если мы, родители и учителя, будем помогать возникновению ощущения успешности как компоненту самооценки, эмоциональная сторона, которой нельзя научить напрямую, улучшится сама собой. Нужно не внушать детям чувство удовлетворения, а обучать навыкам достижения успеха — как надо учиться, как избежать незапланированной беременности, как не подсесть на наркотики и не попасть в дурную компанию, как начать зарабатывать.

Гораздо большее влияние на самооценку оказывает стиль объяснения происходящего, который мы рассмотрим в главе 6. Сейчас я упоминаю его потому, что он определяет и чувственную, и деятельную составляющие самооценки. Когда у ребенка что-то не получается, он задается вопросом: «Почему?» Ответ на данный вопрос всегда разделен на три компонента: *кто* виноват, *надолго* ли это и *насколько сильно* это повлияет на жизнь. Первый компонент подразумевает обвинение себя или других и управляет эмоциональной стороной самооценки. Второй и третий компоненты — долго ли будет существовать причина и насколько она злокачественна — определяют ответные *действия* ребенка на неудачу. Неверие в свои силы необязательно приводит к неуспеху. Ребенок перестает бороться из-за уверенности в том, что проблемы будут всегда и разрушат все. Отказ от дальнейших попыток приводит к новым неудачам, которые в свою очередь и подрывают самоуважение.

## Успешность и крепкая середина

Воспитание чувства самоуважения в детях, с одной стороны, и развитие ощущения состоятельности и оптимизма, с другой, необходимо рассматривать как единое целое. Одни считают моральное удовлетворение главной целью, а то, как ребенок справляется с задачами, — побочным продуктом. Для сторонников такой точки зрения главное значение имеет само*ощущение* ребенка. Другие, в том числе и я, полагают, что главное — успешность в жизни, а моральное удовлетворение — вкусный десерт.

Многие теоретики и все практики находятся посередине. Большинство родителей и учителей, вне зависимости от их представлений, время от времени стараются облегчить боль и улучшить настроение ребенка. Многие родители и учителя иногда дают ребенку расстроиться, чтобы воспитать выносливость. Те, кто руководствуется идеей «морального удовлетворения», готовы вмешиваться в разные ситуации, чтобы ребенок не расстраивался. Те же, кто придерживается концепции «успешности», вмешиваются ради того, чтобы ребенок изменил отношение к неудаче, воспринимал ее спокойно и больше ценил упорство, а не просто успех. Сторонники идеи морального удовлетворения совместно с преподавателями «позитивного мышления» располагают определенными методами, которые помогают детям относиться лучше к самим себе. У сторонников успешности есть два способа действий: превратить пессимизм в оптимизм и сменить ощущение беспомощности на чувство контроля над ситуацией. В данной книге вы научитесь обоим методам.

Тридцать лет Америка в едином порыве работала над повышением самооценки у детей. И эта слаженная работа была бы оправданна, если бы самооценка выросла. Но в ходе воспитания у детей морального удовлетворения произошла поразительная вещь — они, как никогда, стали страдать депрессией.

# Глава 5

# Эпидемия депрессии

Несмотря на кампанию по повышению самооценки, природный оптимизм, который проявляется в младенческом возрасте, и возможности, которые открываются перед человеком в современном обществе, пессимизм, уныние и инертность овладели детьми в невиданных масштабах.

До 1960-х годов депрессией в США страдали в основном женщины среднего возраста. Спустя всего тридцать лет ей подвержены уже и ученики средней школы.

Анализ результатов нескольких масштабных исследований выявил весьма странную тенденцию. Люди, родившиеся в период 1913–1925 гг., почти никогда не страдали депрессией, тогда как среди рожденных в середине 1950-х годов 7% имели опыт глубокой депрессии уже в двадцать с небольшим лет. Поколения, появившиеся на свет после утверждения политики повышения самооценки, страдали депрессией в десять раз больше, чем люди, родившиеся в первой трети века!

Конечно, можно объяснить подобную вспышку депрессии разницей в терминах. Возможно, наши бабушки страдали этим недугом не меньше нас, но не называли свои страдания «депрессией».

Для них это была «жизнь», неизбежная часть человеческого существования.

Этот фактор надо учитывать, но и он не объясняет столь резкого распространения депрессии. В наши дни она не только встречается чаще, но и нападает на гораздо более юные жертвы. В частности, одно из исследований установило, что на юго-востоке США 9% из 3000 опрошенных подростков в возрасте двенадцати-четырнадцати лет пережили полномасштабное депрессивное расстройство — это беспрецедентный показатель[1].

Столь высокий процент детей, страдающих глубокой депрессией и депрессивными расстройствами, поражает и ужасает. Хотя во многих случаях болезнь можно объяснить биохимическими и генетическими причинами, сама по себе данная эпидемия имеет не биологическое происхождение. Тридцать лет — это слишком недолгий период для сдвига в сторону генетической склонности к депрессии, равно как и для проявления биохимических изменений (например, концентрации фторидов в воде, разрушения озонового слоя, загрязнения окружающей среды и отрицательного воздействия противозачаточных таблеток).

Причину скорее следует искать в масштабных социальных изменениях, начавшихся в 1950-х годах. Эпидемия депрессии начинается в то время, когда беби-бумеры (то есть люди, родившиеся после Второй мировой войны) достигают юношеского возраста в начале 1960-х, нарастает, когда они становятся родителями в начале 1970-х, и остается в силе, когда они становятся бабушками и дедушками. Мне представляется, что виной всему кардинальная смена ориентиров у американцев (да и в целом у «первого мира»).

Из общества достижений американское общество превратилось в общество довольства. Вплоть до начала 1960-х годов детям прививалась мысль о достижениях как самой главной цели. А потом эту цель вытеснили счастье и высокая самооценка. Данная трансформация состоит из двух компонентов: во-первых, стремления к личному удовлетворению и большей свободе, что выражается в потребительстве, использовании психоактивных веществ, привлечении нянь, психотерапии, сексуальном удовлетворении; а во-вторых, в увиливании от душевных затрат на что-то большее, чем собственное эго, то есть Бога, Родину, Семью, Долг. Одни из упомянутых явлений отражают суть культуры развитых стран, тогда как другие лежат в основе эпидемии депрессии.

- Семья, Родина, Бог отошли на задний план перед Эго.
- Консьюмеризм стал стилем жизни, шопинг — лекарством от депрессии.
- Отказ от неудачного, но не невыносимого брака ради возможности лучшей жизни после развода теперь считается приемлемым.
- Няни, матери-одиночки, безотцовщина стали обыденным явлением.
- Понятие долга, прежде выступавшее стержнем взрослой жизни, уже не в моде.
- Депрессия, подавленное состояние теперь фиксируются отдельно от маниакальной депрессии и относятся к заболеваниям.
- Изучение самооценки стало предметом психологии.
- Употребление наркотиков теперь не причуда джазовых музыкантов, а распространенное времяпрепровождение.
- Методы психотерапии теперь применяют к «нормальным» людям.
- Поп-звезды и спортсмены получают гораздо больше денег и внимания, нежели капитаны промышленности и политики.
- Женские журналы пропагандируют диеты, внешнюю привлекательность и сексуальное удовлетворение гораздо активнее, чем занятия домашним хозяйством и образ жены и матери.
- Число судебных споров между гражданами безудержно растет.

- Физические наказания детей стали чем-то из ряда вон выходящим и незаконным.
- Высокая самооценка стала прямой задачей образования и родительского воспитания.

Я не против подобных веяний. Разумеется, я не являюсь борцом с индивидуализмом, разводами, моральным удовлетворением, психотерапией, нянями и родителями-одиночками. Но общество довольства, поглотив общество достижений, наряду с новыми возможностями и свободами создало и новые опасности.

Первая опасность связана с трудностями поиска смысла жизни. Было бы глупо давать на этих страницах определение смысла жизни, но очевидно одно: чем масштабнее идея, с которой связывает себя индивид, тем осмысленнее будет его жизнь. Возможно, поколения, жившие во имя Бога, Америки, Долга или своих детей, заблуждались, но их жизнь была наполнена смыслом[2]. Человек потребляющий изолирован от высоких понятий, и ему не по силам стать субъектом осмысленной жизни. Раздутое эго является благодатной почвой для депрессии.

Депрессия — это следствие беспомощности и неудач индивида. Будучи не в силах достичь поставленной цели, мы впадаем в депрессию. Чем больше я считаю себя центром Вселенной и чем большее значение придаю собственным целям, успеху и удовольствиям, тем болезненнее переживаю провалы. В тот момент, когда личность стали ценить превыше всего, и появился новый фактор риска депрессии.

## Дисфория

Больше всего распространению эпидемии депрессии способствовало *замалчивание дисфории.* Под влиянием кампании по повышению жизненного тонуса и самооценки американцы стали верить, что нужно изо всех сил избегать раздражения, уныния и состояния тревожности.

Между тем такие эмоции, как беспокойство, подавленность и злость, тоже играют определенную положительную роль: они побуждают к действиям, которые меняют нас или окружающий мир и тем самым уничтожают негативный настрой. Вполне естественно стремиться избегать плохого настроения. Мы инстинктивно стремимся оградить наших детей от мрачных мыслей. Однако у недовольства есть три важных функции, и все они необходимы для воспитания оптимизма и преодоления беспомощности. Проявления дисфории даны нам в процессе долгой эволюции. Это не просто беспокойство, но важные формы информации.

Чувство тревоги предупреждает об опасности. Уныние говорит о вероятном лишении. Раздражение сигнализирует, что некто посягнул на нашу территорию. Все три сообщения непременно вызывают дискомфорт, но именно это чувство дискомфорта не позволяет игнорировать опасность и заставляет устранять ее источник.

Недовольство, как и любая система сигнализации, не всегда работает безукоризненно. Много и, может быть, большинство подобных сообщений являются ложной тревогой — тот, кто вас толкнул, вовсе не задира, а неуклюжий увалень; плохие отметки отнюдь не означают, что учитель считает вас тупицей, а насмешливая валентинка посылалась совсем не для того, чтобы вас обидеть... Состояние, при котором негативные эмоции входят в привычку и парализуют волю, называется «психическим расстройством» — и его пытаются побороть лекарствами, или психотерапией, или и тем, и другим вместе. Однако главная польза дисфории состоит в том, что она служит первой линией обороны от опасности, лишения или посягательства на вашу территорию.

## Потоковое состояние сознания

Еще одна производная от чувства недовольства — «потоковое состояние сознания». Когда время для вас останавливается? Когда вы ощущаете себя действительно дома и больше никуда не хотите? Когда играете в футбол, слушаете любимого певца, выступаете перед аудиторией, красите забор или рисуете картину, занимаетесь любовью, пишете письмо в редакцию газеты или журнала или обсуждаете вопросы психологии? Подобные ощущения называют потоковым состоянием сознания, которое является наивысшей формой позитивной эмоции и заставляет дорожить жизнью. Ученые уже двадцать лет изучают данный феномен: кто переживает подобные ощущения, когда они появляются, что мешает их возникновению. Потоковое состояние возникает, когда человек максимально реализует свои способности, справляясь с едва-едва посильной задачей. Слишком легкая задача не вызывает интереса. Непомерно сложная задача или слишком слабые способности для ее решения порождают чувство беспомощности и депрессию. Потоковое состояние недостижимо без переживания неудач. Успех за успехом, не разбавленные неудачами, перераспределением сил и новыми попытками, не создают потока. Сплошные поощрения, высокая самооценка, уверенность в себе и воодушевление не создают потока. Подавление недовольства собой, уклонение от волнений и стремление избегать трудных задач мешают потоку. Жизнь без тревог, чувства неудовлетворения, состязательности и проблем неполноценна, лишена потока[3].

## Упорство

Итак, мы выяснили, что недовольство способствует преодолению беспомощности. Сложная задача, которую решает ваш ребенок, состоит из нескольких этапов, на любом из которых можно споткнуться. Застряв на какой-то стадии, повторив попытку и добившись успеха, он переходит к следующему уровню. Если таких ступеней не слишком много и все они преодолимы, у ребенка все получится — но только при условии, что он не сдается после каждой маленькой неудачи. Если он перестанет бороться на каком-либо этапе, вся задача окажется ему не по силам. В ходе титанической борьбы за возможность оказаться за диваном Роберт, о котором рассказывалось в главе 2, сначала не смог перебраться через коробку и коляску, но не сдался, преодолел препятствия и в результате забрался за диван. Если бы он сдался после небольшой неудачи, то никогда бы не достиг своей цели.

Столкнувшись с неудачей, ребенок может выбрать одно из двух — попытаться справиться с негативными эмоциями, изменив ситуацию, или сдаться и оставить все как есть. Первую тактику я называю умением контролировать ситуацию, а вторую — выученной беспомощностью.

Чтобы овладеть навыком контроля над ситуацией, необходимо пережить неудачу, почувствовать недовольство и не сдаваться до тех пор, пока не получится. Невозможно перескочить хотя бы через одну из этих ступеней. Неудача и неудовлетворенность необходимы для конечного успеха и морального удовлетворения.

Для лечения сифилиса Пауль Эрлих в начале столетия создал препарат «606», подавляющий *Treponema pallidum*, спирохету, возбуждающую сифилис. Лекарство назвали «606» потому, что до него Эрлих разработал 605 других препаратов, которые оказались неэффективны. Судя по всему, Эрлих 605 раз потерпел неудачу, но не сдался.

Почти все самые трудные жизненные задачи похожи на препарат «606» и связаны с мини-неудачами. Не справиться с ними означает, что кто-то другой займет призовое место — прыгнув выше головы, добившись признания, подружившись с задирами, которые окажутся преданными товарищами. В редких случаях перескочить через многие маленькие неудачи помогают небывалая одаренность или редкое везение. Однако, как правило, без упорства мало чего можно добиться.

Импульсивно защищая ребенка от неудачи, мы лишаем его возможности освоить 606 навыков и умений. Когда дети сталкиваются с препятствиями, а мы, стремясь повысить их самооценку такими же методами, как папа мальчика Рэнди из главы 4, смягчаем удар и отвлекаем внимание восторженными похвалами, то мешаем им научиться контролировать ситуацию. Лишая ребенка уверенности в том, что ему все по плечу, мы снижаем его самооценку точно так же, как если бы мы умаляли его достижения, унижали его и физически мешали ему на каждом шагу.

Итак, я утверждаю, что идеология высокой самооценки в частности и этика довольства в целом привели к патологическим последствиям в виде массового неверия в себя. Подавление неудовлетворенности мешает добиться морального удовлетворения и испытать потоковое состояние сознания. Избегая чувства неудачи, гораздо сложнее ощутить свою состоятельность. Притупляя закономерные огорчение и беспокойство у детей, мы подвергаем их еще большей опасности непрошеной депрессии. Поощряя дешевый успех, мы открываем дорогу очень дорогим неудачам.

> «Он предназначен тебе, и ты должна его носить. Именно он и приносит тебе удачу», — объяснил учитель.
> С того дня девочка надевала пони-талисман всякий раз, как она садилась верхом. Пони и вправду приносил удачу. С его помощью девочка поняла, что ей везет благодаря ее собственному труду. И с тех пор она никогда не забывала об этом.
>
> *Элизабет Кода-Каллан*
> *«Пони, приносящий удачу» (1990)*

# Часть III

# Оптимист или пессимист ваш ребенок?

# Глава 6

# Основы оптимизма

## Что такое оптимизм

За двадцать лет изучения явления под названием «оптимизм» исследователи пришли к пониманию его сути. Основу оптимизма составляют вовсе не позитивные фразы или победные образы, а то, как человек трактует *причины* происходящего. У каждого из нас выработан свой подход к восприятию причин, черта характера, которую я называю «стиль объяснения». Он развивается в детстве и, если внешние силы его не изменят, остается на всю жизнь. Существует три основных критерия, с помощью которых ваш ребенок объясняет себе то или иное событие: *постоянство, масштаб и персонализация.*

## Постоянство: иногда и всегда

Наиболее подвержены депрессии те дети, которые считают причины своих неудач постоянными. Поскольку причина будет всегда, полагают они, то и неприятности будут происходить все время. Напротив, дети, которые не смиряются с неудачами и сопротивляются депрессии, считают плохие события временными.

**_ПЛОХИЕ СОБЫТИЯ_**

| **_Постоянные причины (пессимизм)_** | **_Временные причины (оптимизм)_** |
|---|---|
| _«Никто никогда не захочет со мной познакомиться»._ | _«Когда переходишь в новую школу, нужно время, чтобы найти лучшего друга»._ |
| _«Моя мама — самая дерганая мама на свете»._ | _«Мама сегодня дерганая как никогда»._ |
| _«Тони меня ненавидит и никогда не пойдет со мной гулять»._ | _«Тони сегодня на меня зол и гулять не пойдет»._ |

Разница между постоянными и временными причинами поначалу может показаться едва заметной, но вы должны настроить свой слух на нюансы, ведь критерий длительности крайне важен для благополучия вашего ребенка. В первом примере («Никто никогда...») ребенок-пессимист уверен, что причина отсутствия друзей будет вечной, тогда как ребенок-оптимист настроен подождать («Нужно время...»), чтобы обзавестись в итоге верными товарищами. Во втором примере («самая дерганая мама») ребенок-пессимист связывает причину с характером, тогда как ребенок-оптимист — с настроением («сегодня дерганая как никогда»), а настроение, как известно, меняется. Ребенок-пессимист объясняет неприятности изначальными недостатками своей личности, а ребенок-оптимист — переменой настроения и прочими временными, изменчивыми состояниями.

Если ребенок думает о неудачах, отказах и трудностях в категориях «всегда» и «никогда», у него пессимистичное мировоззрение. Если же он воспринимает неприятности через понятия «иногда» и «недавно», он оптимист. В следующей главе есть опросник, который поможет определить стиль объяснения вашего ребенка.

Оптимистичные и пессимистичные дети по-разному реагируют на хорошие события в своей жизни.

Дети, объясняющие хорошие события постоянными причинами, оптимистичнее тех, кто считает причины временными (противоположность оптимистичного стиля объяснения плохих событий).

**ХОРОШИЕ СОБЫТИЯ**

| *Временные причины (пессимизм)* | *Постоянные причины (оптимизм)* |
|---|---|
| *«Диктант я написал на пять только потому, что на этот раз подготовился как следует».* | *«У меня пятерка потому, что я всегда стараюсь и делаю уроки».* |
| *«Меня выбрали капитаном школьного патруля потому, что другие ребята хотели сделать мне приятное».* | *«Меня выбрали капитаном школьного патруля потому, что другие ребята ко мне хорошо относятся».* |
| *«Папа проводит со мной свободное время потому, что у него в последнее время хорошее настроение».* | *«Папа любит проводить со мной свободное время».* |

Дети-оптимисты объясняют хорошие события постоянными причинами, связывая их с собственными свойствами характера и способностями, которые у них никто не отнимет, — в частности, с трудолюбием, обаянием, привлекательностью. Они описывают причины хороших событий с помощью слова «всегда». Пессимисты мыслят в понятиях временных: «У меня было хорошее настроение» или «На этот раз я подготовился как следует». Их объяснения хороших событий сформулированы посредством слов «иногда» и «сегодня», зачастую используется прошедшее время, а произошедшее ограничивается одним разом («На этот раз я подготовился как следует»). Когда у детей, уверенных в постоянстве причин своего успеха, что-то получается, то дальше они стараются еще больше. Ребята, считающие временными причины хороших событий, могут сложить руки, даже когда преуспеют, потому что будут воспринимать свой успех как счастливую случайность.

## Масштаб: локальное и универсальное

Если считать причину постоянной, ее последствия будут проецироваться на бесконечность. Ниже даны два примера, показывающие огромную разницу между объяснением неудачи в категориях универсальности и конкретики.

> Джереми и Мелисса учатся в седьмом классе. Их школа наряду с еще девятью школами страны получает от Белого дома приглашение отправить девочку и мальчика в Вашингтон для беседы с вице-президентом о том, как дети могут участвовать в охране природных ресурсов. Поехать мечтает каждый семиклассник.
>
> Организован конкурс сочинений, по результатам которого и должны выбрать двух ребят, представляющих школу. Джереми и Мелисса работают над заданием несколько недель: читают в библиотеке о природных ресурсах; Джереми рисует плакат с изображением своих ровесников, защищающих окружающую среду; Мелисса проводит опрос семиклассников, чтобы выяснить, как именно они помогают планете. Ребята полностью поглощены проектом и перспективой побывать в Белом доме.

Учителя отбирают четыре лучших сочинения, из которых директору предстоит выбрать два. Мелисса и Джереми на седьмом небе от счастья, когда их эссе оказываются в числе тех четырех.

В конце учебного дня директор объявляет по школьному радио победителей. Ни Мелиссы, ни Джереми нет в их числе. Оба подавлены, но по-разному реагируют на неудачу.

Реакция Джереми: «*Я неудачник!* Старался изо всех сил и все равно проиграл. Я *отвратно* пишу и *все делаю отвратно. У меня никогда ничего не получается.* Не надо было и пытаться, ведь *у меня все равно ничего не выходит*. Хочу просто побыть один. Знаю, все считают меня глупцом за то, что вообще мечтал попасть в Белый дом. Мои друзья смеются надо мной!»

Джереми идет домой после школы и закрывается в своей комнате. Он не хочет говорить с родителями о своих чувствах. За ужином он угрюмо ковыряет в своей тарелке. После ужина отец пытается уговорить его поиграть в мяч, но мальчик отказывается. Он не будет и кататься на велосипеде, когда за ним зайдут его товарищи.

Отшельничество Джереми длится несколько дней. Его больше не интересуют ни школа, ни родные, ни друзья. Его ничто не радует. Подавленное настроение не проходит.

Курсивом выделены фразы, указывающие на универсальное объяснение неудачи со стороны Джереми. Мелисса, наоборот, осмысливает свое несчастье через призму более конкретных причин (выделено курсивом).

Реакция Мелиссы: «*Я продула*. Да, наверное, *сочинитель из меня неважный*. Я старалась изо всех сил, но *миссис Бейли все равно решила, что Бетси и Джош лучше*».

Мелисса приходит из школы домой и дает волю слезам. Она рассказывает маме о своем фиаско и говорит, что больше никогда не будет так выкладываться. Мама целый час ее утешает. К ужину Мелисса уже без рыданий может рассказать о своем несчастье отцу. Она ест меньше обычного, но оживляется, когда родители предлагают отправиться в кафе-мороженое. И хотя весь вечер Мелисса в подавленном настроении, она все-таки звонит своей подружке. Они обсуждают конкурс сочинений и договариваются пойти погулять в выходные.

Мелисса расстраивается всякий раз, когда вспоминает о сочинении, но не «выключается» из жизни. Она по-прежнему радуется мороженому, друзьям и с энтузиазмом планирует свои выходные.

Джереми и Мелисса по-разному воспринимают неудачу. Первая реакция у них одинаковая: они подавлены. Оба уверены, что их проигрыш означает их никудышность как авторов — объяснения идентичны по критерию постоянства. Однако по критерию масштаба они противоположны. Джереми все видит в черном цвете; ему кажется, что его сочинение не выбрали потому (помимо того, что он плохо пишет), что он вообще неудачник («Я *отвратно* пишу и *все делаю отвратно*»). Мелисса объясняет свой провал конкретной причиной: она неважно пишет и ее сочинение уступает работам Джоша и Бетси.

Некоторые дети аккуратненько складывают свои проблемы в коробочку и живут себе поживают, даже если ломается что-то важное. Другие же рисуют все черными красками. Стоит порваться одной ниточке их жизни, как распадается все полотно. В итоге дети, зацикленные на универсальных объяснениях своих несчастий, капитулируют сразу перед всем вообще, когда им не удается достичь результата в какой-то одной области. Ребята, сводящие объяснения к границам конкретной области, непоколебимо шагают дальше.

Далее рассмотрим примеры универсальных и конкретных объяснений плохих событий.

**_ПЛОХИЕ СОБЫТИЯ_**

| Универсальные причины (пессимизм) | Конкретные причины (оптимизм) |
|---|---|
| «Учителя придираются» | «Миссис Кармин придирается» |
| «Я просто тюфяк в спорте» | «Я отвратно играю в футбол» |
| «Меня никто не любит» | «Я не нравлюсь Джамалю» |

Воспринимая хорошие события, оптимист считает их причины всеобъемлющими, а пессимист полагает, что они обусловлены частными факторами.

**_ХОРОШИЕ СОБЫТИЯ_**

| Конкретные причины (пессимизм) | Универсальные причины (оптимизм) |
|---|---|
| «У меня способности к математике» | «Я сообразительный» |
| «Эрика пригласила меня на вечеринку, потому что я ей нравлюсь» | «Эрика пригласила меня на вечеринку, потому что я пользуюсь популярностью» |
| «Я играю Оливера потому, что я хорошо пою» | «Я играю Оливера потому, что талантлив» |

Сообразительность вообще — более широкая характеристика, чем способности к математике; популярность подразумевает, что парень симпатичен многим, а не только Эрике; талант — гораздо более обширное понятие, нежели умение хорошо петь. Если выражаться точнее, то дети, объясняющие хорошие события глобальными причинами, больше преуспевают в жизни.

## Персонализация: внутреннее и внешнее

Помимо постоянства и масштаба есть еще один критерий, определяющий стиль объяснения, — персонализация, т. е. ответ на вопрос, *кто* виноват. Когда случаются неприятности, дети могут винить самих себя (внутренняя причина), или других людей, или обстоятельства (внешняя причина). Самооценка зависит от того, кого вы считаете виновным. Дети, обычно обвиняющие в неудаче себя, обладают низкой самооценкой. Они чувствуют себя виноватыми, им стыдно. Дети, возлагающие вину на других или на внешние обстоятельства, не терзают себя, если сталкиваются с неприятностями, не живут с чувством стыда за себя и относятся к себе гораздо позитивнее в целом.

Следует ли учить детей связывать неудачи с внешними факторами? Если бы я заботился только о самооценке, то посоветовал бы поступать именно так. Но вопрос гораздо шире. Приучать ребенка обвинять других, если что-то идет не так, все равно что обучать его обману. Детей надо сориентировать на другие цели.

Во-первых, нельзя снимать с них ответственность за неправильные поступки. Меньше всего мне бы хотелось поощрять появление целого поколения, представители которого не могут признаться: «Прошу прощения, это я виноват, в следующий раз сделаю лучше». Дети должны чувствовать ответственность, если неудача произошла по их вине, и пытаться исправить ситуацию. С другой стороны, мне бы не хотелось увидеть и поколение детей, которые винят во всем себя по поводу и без. Депрессивные дети и взрослые всегда обвиняют себя и чувствуют вину за то, что происходит вовсе не по их вине. Постоянно считать себя виноватым — прямая дорога к депрессии. Моя задача заключается в том, чтобы научить детей воспринимать себя адекватно, то есть, если проблемы случаются по их вине, они должны нести за них ответственность и пытаться исправиться, а если их вины нет, то и угрызений совести быть не должно.

Андреа и Лорен дружат уже несколько лет. В нынешнем году они пошли в девятый класс. У них немного совместных уроков, обедают они порознь, поэтому в течение учебного дня почти не видятся. После школы они проводят какое-то время вместе, но Андреа уже вовсю общается с новыми подружками. К концу первой четверти Андреа очень подружилась с двумя девочками из своего математического класса. Лорен чувствует себя забытой и пытается пообщаться с Андреа. Однако та все больше времени проводит с ними, игнорируя Лорен.

*Лорен [подходит к Андреа на автобусной остановке]:* Привет! Куда собираешься? Сегодня покажут первую серию нового сериала, хочешь, посмотрим вместе у меня дома? Я закажу пиццу и еще чего-нибудь. Было бы здорово!

*Андреа:* Нет, спасибо. Мы с Лесли сегодня к Шире идем. Правда, не получится.

*Лорен:* Ну ладно. А в воскресенье? Может, сходим куда-нибудь?

*Андреа:* Не могу. У нас дела с Широй и Лесли.

*Лорен:* Не понимаю. Мы так дружили, а теперь... Ты не звонишь, а если я звоню, разговариваешь еле-еле. Почему? Я знаю, что тебе нравятся Шира и Лесли, но ведь мы могли бы дружить все вместе.

*Андреа:* Слушай, Лорен, мне жаль, но все изменилось, у нас сейчас не так много общего, как раньше.

*Лорен:* Просто ушам своим не верю. Мы же с третьего класса были не разлей вода! А теперь ты от меня отделываешься?

*Андреа [холодно]:* Ну, я же сказала, что мне жаль. Разве ты не подружилась с кем-нибудь из одноклассников? Ты же можешь гулять с ними.

*Лорен:* Ты самая близкая моя подружка. Ну, хочешь, давай пригласим Ширу и Лесли и пойдем куда-нибудь вчетвером. Согласна?

*Андреа [с раздражением]:* Лорен, слушай, мне жаль. Я к тебе по-прежнему хорошо отношусь, но мы выросли и не можем уже дружить, как раньше. У меня гораздо больше общего с Широй и Лесли. Так что хватит за мной таскаться! Хорошо?

Вот что думает Андреа после разговора (курсивом выделены слова, отражающие точки вины):

> Чувствую себя ужасно из-за того, что Лорен хочет дружить, как раньше, а я нет. *Я ее обидела.* Ни за что не хочу оказаться на ее месте. Она считала, что мы будем лучшими подругами всю жизнь, а я *объясняю ей, что у меня теперь новые друзья, которые мне больше по душе. И зачем я ее так обидела?! Надо было по-другому выкрутиться.* Не следовало говорить с ней так грубо! *Может, надо было рассказать ей, что я чувствую.* Так тяжело объяснить, что другие тебе нравятся больше и что как раньше уже не будет. Может, позвонить ей вечером и извиниться? Жаль, что я огорчила ее, но правда-то в том, что *я больше не хочу быть ее лучшей подругой.* Просто ужасная ситуация!

Менять друзей трудно. Человек, получивший отставку, чувствует себя отверженным и оскорбленным, а тот, кто стал инициатором разрыва, ощущает вину. Можно расстаться деликатно или грубо, но прекращение дружеских отношений всегда будет неприятным. Андреа огорчена, что у нее нет больше желания дружить с Лорен, но не воспринимает данную ситуацию как следствие своего характера. Она способна быть честной с собой и оценить свое поведение («Не надо было говорить с ней так грубо»), но без самобичевания. Андреа не думает про себя: «Я ужасный человек. Я исчадье ада». И она беспощадно анализирует как воздействие своих слов на Лорен («Я ее обидела»), так и собственные предпочтения в данной ситуации

(«Я больше не хочу быть ее лучшей подругой»). Поскольку Андреа осознает свою ответственность, она может и исправить свое поведение, составив программу действий («Может, позвонить ей вечером и извиниться»). Возможно, в будущем девочка поступит разумнее в подобной ситуации («Надо было по-другому выкрутиться» и «рассказать ей, что я чувствую»). Обстоятельства неприятные, причем для детей и с той, и с другой стороны. Будучи родителями, мы хотим, чтобы наши дети несли ответственность за свои поступки, но не хотим, чтобы они грызли себя чувством вины и сгорали со стыда каждый раз, когда их поступки кого-то огорчают.

Итак, первая задача — приучить ребенка реалистично оценивать свою ответственность за ситуацию. Вторая задача заключается в том, чтобы объектом самокритики стали его *отдельные поступки*, а не *поведение вообще*. Давайте разберем следующий пример и посмотрим, насколько по-разному каждый ребенок критикует себя.

Люк Д. учится в пятом классе. Его родители недавно поскандалили по поводу того, кто и как должен заниматься домом и детьми. Мама Люка вернулась на свою работу и теперь рассчитывает, что муж будет ей помогать по хозяйству. По воскресеньям семья Люка всегда собирается в полном составе на завтрак. Пока родители продумывают программу уик-энда, Люк напоминает маме, что ему нужно на тренировку. Миссис Д. просит супруга отвезти мальчика. Тот отвечает, что не может, потому что ему надо подготовиться к завтрашнему заседанию. Разгорается ссора на тему, кто повезет Люка на тренировку. Люк тихонечко покидает столовую.

Вот какие мысли посещают Люка: «Ну вот, опять! Мама с папой так часто ругаются в последнее время! И все из-за меня. Я везде мешаю. Если они разведутся, виноват буду я. Я худший ребенок на земле. Я всегда все порчу!»

Сравните со стилем самокритики Родни.

Родни вот-вот исполнится двенадцать. Он живет вместе с мамой, отчимом и двумя младшими братишками. За обедом Родни помогает маме составить программу своего дня рождения. Отчим Стив вмешивается и предлагает устроить «день рожденья Шварценеггера», дескать, пусть Родни приглашает друзей, и праздник начнется с просмотра «Терминатора-2» или «Хищника», а потом можно и поиграть. Родни с восторгом соглашается, и они вместе с отчимом сразу же начинают планировать все подробно: приглашения можно оформить на бумаге с камуфляжным узором, мальчики могут надеть костюмы военных, они посмотрят парочку фильмов, а потом разделятся на две команды, получат игрушечные автоматы и амуницию и будут играть.

Мама Родни слушает все это с ужасом. Она заявляет мужу, что идея «дня рождения по-армейски» ниже всякой критики. Она этого не допустит. Мама и отчим ссорятся из-за вечеринки.

Родни рассуждает про себя: «Вот я дубина! Знаю же, как мама терпеть не может все эти военные заморочки и ненавидит такое кино. Она никогда не разрешала мне смотреть эти фильмы. Они все время ругаются из-за этого. Если бы я сказал Стиву, что мне не хочется такого праздника, они бы тогда сейчас не ссорились. Я виноват!»

И Люк, и Родни винят себя за ссоры между родителями. Оба объясняют произошедшее своим поведением («В этом я виноват»). Однако их восприятие отличается по двум другим критериям. Люк характеризует причину не только как внутреннюю, но и как постоянную («Я везде мешаю») и универсальную («Я худший ребенок на земле»). Самокритика в категориях постоянного и универсального называется *тотальной самокритикой*. Как правило, самообвинитель с обобщающей точкой зрения считает проблему результатом неисправимого изъяна своей личности. Тотальная самокритика, основанная на уверенности в постоянстве и универсальности причины, не только разрушает самооценку (поскольку направлена на саму личность), но и влечет за собой длительные (поскольку причина видится постоянной) и всеобъемлющие (поскольку причина кажется универсальной) периоды пассивности и отчаяния.

Родни, наоборот, объясняет ссору родителей внутренними, временными и локальными факторами («Если бы я сказал Стиву, что мне не хочется такого праздника...»). Самокритика в категориях временного и конкретного называется *поведенческой самокритикой.* Ребенок критически оценивает определенное действие, а не свою собственную сущность. В отличие от тотальной самокритики, поведенческая (в силу того что указывает на исправимую причину) мотивирует ребенка приложить новые усилия для изменения поведения, чтобы предотвратить появление проблемы в дальнейшем или преодолеть неудачу. И хотя самооценка ребенка может пострадать, когда он винит свою природу, он не впадает в беспомощность и может исправить то, что подлежит исправлению.

Приведем примеры тотальной и поведенческой самокритики.

| ***Тотальная самокритика (пессимизм — постоянные, универсальные и внутренние причины)*** | ***Поведенческая самокритика (оптимизм — временные, конкретные и внутренние причины)*** |
| --- | --- |
| *«Я получил "три" за контрольную, потому что я глупый».* | *«Я получил "три" за контрольную, потому что не готовился как надо».* |
| *«На физкультуре меня снова посадили в запасные. Никто меня не любит»* | *«На физкультуре меня снова посадили в запасные. В футболе я не силен!»* |
| *«Меня наказали, потому что я дрянь».* | *«Меня наказали, потому что я ударил Мишель».* |

В главах 10–12 вы узнаете, как приучить ребенка к адекватной ответственности за свои поступки и привить ему навыки поведенческой самокритики.

## Как правильно критиковать ребенка

Дети самым естественным образом перенимают стиль объяснения у родителей, учителей и воспитателей. Они слушают критику взрослых в свой адрес и впитывают манеру вместе с содержанием нотаций. Если вы ругаете своего ребенка за лень, а не за то, что он сегодня недостаточно старается, он будет уверен не только в том, что ленив, но и в том, что его неудачи обусловлены постоянными и неисправимыми факторами. Кроме того, дети усваивают и то, каким образом родители интерпретируют свои собственные несчастья, и копируют их стиль. Если вы сами пессимист, то ваш ребенок научится пессимизму непосредственно от вас. Так что нужно тщательно выбирать выражения, когда вы отчитываете своего ребенка или занимаетесь самокритикой в его присутствии, поскольку именно в эти моменты формируется его собственный стиль восприятия и оценки своих действий.

Первое правило — это взвешенность. Преувеличение порождает чувство вины и стыда, которые мешают мотивировать ребенка изменить ситуацию. Но и полное воздержание от критики ослабляет у ребенка чувство ответственности и лишает его воли к исправлению.

Второе правило — какими бы ни были обстоятельства, критиковать всегда нужно в оптимистичном ключе. Ругая ребенка с подтекстом постоянных и универсальных причин, родители приучают его к пессимистичному мировоззрению. Если же они упоминают об исправимых и конкретных факторах, ребенок усваивает оптимистичный стиль мышления. Как бы ни споткнулся ваш малыш, важно сосредоточить его внимание на локальных и временных личных причинах, не кривя при этом душой, и постараться не ставить крест на его характере и способностях. Далее рассмотрим несколько примеров правильной и неправильной критики дошкольника.

**КРИТИКА ДОШКОЛЬНИКА**

| **Постоянные причины (пессимизм)** | **Исправимые причины (оптимизм)** |
|---|---|
| *«Тамми, что с тобой? Всегда безобразничаешь!»* | *«Тамми, ты сегодня отбился от рук. Мне это не нравится».* |
| *«Венди сказала, что ты плакал все время, пока меня не было. Какой же ты плакса!»* | *«Венди сказала, что ты плакал все время, пока меня не было. Тебе было плохо без меня?»* |
| *«Кори, я же сказала тебе убрать игрушки. Ну почему ты никогда не слушаешься?»* | *«Кори, я же сказала тебе убрать игрушки. Почему ты не слушаешься?»* |
| **Универсальные причины (пессимизм)** | **Конкретные причины (оптимизм)** |
| *«Ты плохой мальчик».* | *«Ты сегодня обижал сестренку».* |
| *«Что делать, Таня! В спорте нужна ловкость, как у мамы. Я тоже неважный спортсмен».* | *«Ну что, Таня! Надо научиться следить за мячом».* |
| *«Она никогда не играет с другими детьми. Такая застенчивая».* | *«Ей непросто присоединиться к другим детям».* |
| **Внутренние и универсальные причины (пассивность)** | **Внутренние и поведенческие причины (инициатива)** |
| *«Ты неспортивный».* | *«Надо постараться попасть по мячу».* |
| *«Какие же вы эгоисты, дети!»* | *«Надо больше думать о других, дети!»* |
| *«Еще одна тройка с минусом?! Думаю, ты никогда не будешь отличником».* | *«Еще одна тройка с минусом?! Надо лучше готовиться к урокам!»* |
| *«Не комната, а хлев! Какой же ты неряха!»* | *«Не комната, а хлев! Пора уже начать убирать за собой».* |

Елене В. десять лет. Она живет с родителями и трехлетним братиком Дэниелом. После обеда миссис В. отправляется с детьми в зоопарк. Как только они усаживаются в машину, Елена начинает дразнить брата. Она говорит, что их папа на самом деле только ее папа, а папа Дэниела — горилла. Пугает, что лев в зоопарке откусит мальчику причинное место. Угрожает, что рядом с зоопарком есть тюрьма и если Дэниел будет себя плохо вести, его посадят в эту тюрьму на всю жизнь. Елена ведет себя несносно, и миссис В. это не нравится.

> *Миссис В.: Елена*, прекрати! *Что с тобой сегодня*? Ты же такая *замечательная старшая сестра*! Играешь с Дэниелом, делишься игрушками. Так заботишься о нем. Но *сегодня ты совсем распоясалась*. Зоопарк может испугать малыша, и твои страшилки совсем не к месту. Мне не нравится, *как ты себя ведешь,* Елена. Попроси прощения у Дэниела, и *если снова будешь его сегодня дразнить,* то гулять вечером не пойдешь. Ясно?

Конечно, Елену нужно одернуть. Миссис В. взывает к чувству ответственности, чтобы Елена могла исправиться. Миссис В. отмечает конкретные и временные недостатки поведения («дразнить...сегодня») и указывает на их нетипичность («замечательная старшая сестра»). Миссис В. опирается на конкретное доказательство, подтверждающее нехарактерность проблемы («Играешь с Дэниелом, делишься игрушками»), чтобы Елена могла гордиться собой. Она направляет Елену («Попроси прощенья у Дэниела») и объясняет, что последует, если издевательства не прекратятся («гулять вечером не пойдешь»). И между прочим, миссис В. вовсе не преувеличивает данные последствия.

Критика такого рода идеальна. Благодаря ей Елена понимает: «Мамочка считает меня хорошей старшей сестрой, но сегодня, по ее мнению, я вела себя с Дэниелом отвратительно. Я попрошу у него прощения, и тогда всем станет спокойно». Итак, критика миссис В.

хотя и направлена на личность ребенка, но опирается на конкретные и исправимые факторы. Она настраивает Елену на правильные поступки, а не выносит приговор ее характеру. Давайте представим, что получилось бы, если бы миссис В. произнесла следующее:

> Елена! Сколько можно! Почему ты *всегда ведешь себя как дрянь*! Мы же собирались так здорово провести время, а *ты все испортила*! И зачем я только вожу вас везде, если *ты своими выходками обязательно все изгадишь?!*

Такая критика подобна яду. В данном случае миссис В. ставит крест на личности Елены. Называет ее дрянью (характерологическое определение) и обвиняет в *беспрестанном* срыве планов матери (постоянная и неизменная причина) и причинении вреда семье (универсальная и постоянная причина). Дети впитывают такую критику и делают такой вывод: «Я ужасный человек. Мама не хочет, чтобы я была ее дочкой. Я всегда ей мешаю. Она права. Уйду от них! Им будет лучше без меня». Елена ощутит свою никчемность и будет видеть для себя единственный выход в том, чтобы сбежать прочь.

Оптимизм или пессимизм формируется у человека в детстве. Ребенок обретает то или иное мироощущение не только с помощью окружающей действительности, но и слушая критику родителей в адрес всего вокруг или в свой собственный. Если у ребенка развивается пессимистичный стиль мышления, то он, скорее всего, будет впадать в депрессию и терпеть неудачи. Однако депрессии можно избежать, в том числе совместные усилия родителей и учителей могут предотвратить ее. Для начала вам необходимо определить, депрессивный у вас ребенок или нет и где именно он может споткнуться.

# Глава 7

# Как измерить оптимизм

По стобалльной шкале, где 100 означает максимальный оптимизм, попробуйте определить степень оптимизма вашего ребенка. Запишите результат здесь: ________________________________

## Проверьте оптимизм своего ребенка

Точно измерить оптимизм вам поможет стандартная анкета «Атрибутивный стиль ребенка» (АСР), приведенная ниже. Пятнадцать лет назад ее составили два моих студента, Надин Каслов и Ричард Таненбаум. По ней были протестированы тысячи детей, так что в ее объективности можно не сомневаться.

Выделите двадцать минут, усадите ребенка за стол и прежде, чем задавать вопросы, объясните, что вы от него хотите:

> Все люди думают по-разному. Я прочитала об этом одну книгу, и теперь мне интересно узнать, что думаешь ты.
>
> Я буду задавать тебе вопросы. Каждый вопрос описывает некую ситуацию. Тебе надо будет примерить ее на себя и выбрать ответ, который тебе ближе.

Вот, возьми карандаш. Давай попробуем. Даже если с тобой ничего подобного не происходило, просто представь, что так было. А потом отметь ответ А или Б — тот, который больше соответствует твоим чувствам. Самое замечательное здесь то, что неправильных ответов нет вообще! Так, давай посмотрим на первый вопрос.

Целевой возраст данного опросника — от восьми до тринадцати лет. Ребята этого возраста обычно справляются с анкетой за двадцать минут. Если ваш ребенок младше шести или семи лет, можно зачитывать ему вслух каждый пункт дважды. Шести- и семилеткам, которые еще не слишком бойко читают, надо зачитывать каждый пункт вслух, а ребенок пусть одновременно проговаривает его про себя. Чем младше ребенок, тем сложнее ему проанализировать свое мышление (в психологии такая способность называется «метапознанием»), и лучше, чтобы на каждом пункте ребенок рассказывал вам о том, что бы он ощутил в описываемой ситуации. У детей младше восьми лет уже есть свой стиль объяснения, но его еще трудно оценить.

В таблице используются следующие сокращения:

- PmB (Permanent Bad) — постоянство, плохие события;
- PmG (Permanent Good) — постоянство, хорошие события;
- PvB (Pervasiveness Bad) — масштаб, плохие события;
- PvG (Pervasiveness Good) — масштаб, хорошие события;
- PsB (Personalization Bad) — персонализация, плохие события;
- PsG (Personalization Good) — персонализация, хорошие события;
- HoB (Hope Bad) — коэффициент надежды, отражающий силу надежды в негативных ситуациях;
- B (Bad) — общий итог (плохие события);
- G (Good) — общий итог (хорошие события);
- G - B (Good - Bad) — окончательный итог.

## АТРИБУТИВНЫЙ СТИЛЬ РЕБЕНКА: АНКЕТА[1]

| | *Балл* |
|---|---|
| **1. Ты получил 5 за контрольную.** | |
| PvG | |
| А. Я умный. | 1 |
| Б. Я хорошо знаю предмет, по которому была контрольная. | 0 |
| **2. Ты играл с друзьями в одну игру и выиграл.** | |
| PsG | |
| А. Ребята, с которыми я играл, не сильны в этой игре. | 0 |
| Б. Я хорошо играю в эту игру. | 1 |
| **3. Ты весь вечер был у друга и отлично провел время.** | |
| PvG | |
| А. Мой друг в тот вечер был очень гостеприимен. | 0 |
| Б. Вся семья моего друга была в тот вечер очень гостеприимна. | 1 |
| **4. Ты поехал на каникулы с группой товарищей, и вы хорошо отдохнули.** | |
| PsG | |
| А. У меня было прекрасное настроение. | 1 |
| Б. Все вокруг были в прекрасном настроении. | 0 |
| **5. Все твои друзья простудились, а ты нет.** | |
| PmG | |
| А. В последнее время я стал меньше болеть. | 0 |
| Б. У меня крепкий организм. | 1 |
| **6. Твоя собака попала под машину.** | |
| PsB | |
| А. Я плохо забочусь о домашних животных. | 1 |
| Б. Все дело в невнимательности водителей. | 0 |

| | Балл |
|---|---|
| **7. Некоторые твои знакомые ребята говорят, что ты им не нравишься.** | |
| PsB | |
| А. Меня иногда обижают. | 0 |
| Б. Я иногда обижаю других. | 1 |
| **8. Ты очень хорошо учишься.** | |
| PsG | |
| А. Школьные задания несложные. | 0 |
| Б. Я очень стараюсь. | 1 |
| **9. Ты встретил друга, и он сказал тебе, что ты классно выглядишь.** | |
| PmG | |
| А. Моему другу в тот день нравилось говорить приятное людям. | 0 |
| Б. Мой друг всегда говорит людям приятное. | 1 |
| **10. Твой близкий друг заявил, что ненавидит тебя.** | |
| PsB | |
| А. Мой друг в тот день был не в настроении. | 0 |
| Б. Я в тот день обидел своего друга. | 1 |
| **11. На твою шутку никто не засмеялся.** | |
| PsB | |
| А. Я не умею шутить. | 1 |
| Б. Это уже бородатая шутка, поэтому никто и не смеется. | 0 |
| **12. Ты не понял, о чем говорил учитель на уроке.** | |
| PvB | |
| А. Я в тот день вообще был невнимательный. | 1 |
| Б. Я невнимательно слушал учителя. | 0 |

| | Балл |
|---|---|
| **13. Ты получил «2» за контрольную.** | |
| PmB | |
| А. Учитель дает сложные контрольные. | 1 |
| Б. В последние две недели учитель дает сложные контрольные. | 0 |
| **14. Ты сильно поправился и теперь выглядишь толстяком.** | |
| PsB | |
| А. Я ем много сладкого. | 0 |
| Б. Я люблю сладкое. | 1 |
| **15. У тебя украли деньги.** | |
| PvB | |
| А. Вор — человек бессовестный. | 0 |
| Б. У людей нет совести. | 1 |
| **16. Родители тебя за что-то похвалили.** | |
| PsG | |
| А. У меня получается делать некоторые вещи. | 1 |
| Б. Родителям нравится некоторые вещи, которые я делаю. | 0 |
| **17. Ты играл и выиграл деньги.** | |
| PvG | |
| А. Мне везет. | 1 |
| Б. Мне везет, когда я играю. | 0 |
| **18. Ты чуть не утонул, когда плавал в речке.** | |
| PmB | |
| А. Я не оценил опасности. | 1 |
| Б. Иногда я недооцениваю опасность. | 0 |

| | Балл |
|---|---|
| **19. Тебя везде приглашают.** | |
| PsG | |
| А. В последнее время меня многие полюбили. | 0 |
| Б. В последнее время я само обаяние. | 1 |
| **20. На тебя накричал какой-то взрослый.** | |
| PvB | |
| А. Просто я попал ему под горячую руку. | 0 |
| Б. Тот человек кричал на многих, кто попадался ему на глаза в тот день. | 1 |
| **21. Ты вместе с группой ребят что-то мастерил, и у вас ничего не получилось.** | |
| PvB | |
| А. У меня не очень получается что-то делать в команде. | 0 |
| Б. У меня никогда не получается работать в команде. | 1 |
| **22. У тебя появился новый друг.** | |
| PsG | |
| А. Это потому что я хороший человек. | 1 |
| Б. Люди, с которыми я знакомлюсь, очень хорошие. | 0 |
| **23. Ты ладишь со своими домашними.** | |
| PmG | |
| А. Я вообще лажу с людьми. | 1 |
| Б. Иногда мне легко ладить со своими домашними. | 0 |
| **24. Ты продаешь леденцы, но их никто не покупает.** | |
| PmB | |
| А. В последнее время множество детей что-нибудь да продают, так что люди уже не хотят у них ничего покупать. | 0 |
| Б. Люди не хотят ничего покупать у детей. | 1 |

| | Балл |
|---|---|
| **25. Ты выходишь победителем в игре.** | |
| PvG | |
| А. Иногда я очень стараюсь выиграть. | 0 |
| Б. Иногда я очень стараюсь. | 1 |
| **26. У тебя плохие отметки.** | |
| PsB | |
| А. Я тупица. | 1 |
| Б. Учителя ставят оценки несправедливо. | 0 |
| **27. Ты стукнулся о дверь и разбил нос.** | |
| PvB | |
| А. Я не посмотрел вперед. | 0 |
| Б. Я в последнее время рассеянный. | 1 |
| **28. Ты пропустил мяч, и твоя команда проиграла.** | |
| PmB | |
| А. Я не очень старался в тот день. | 0 |
| Б. Обычно я не очень выкладываюсь, когда играю в футбол. | 1 |
| **29. Ты подвернул ногу в спортзале.** | |
| PsB | |
| А. В последние несколько недель все наши в спортзале получали травмы. | 0 |
| Б. В последние несколько недель я то и дело спотыкаюсь в спортзале. | 1 |
| **30. Ты с родителями поехал на пляж, и вы отлично отдохнули.** | |
| PvG | |
| А. На пляже в тот день все было отлично. | 1 |
| Б. Погода в тот день была отличная. | 0 |

| | Балл |
|---|---|
| **31. Из-за опоздания автобуса ты не успеваешь на фильм.** | |
| PmB | |
| А. В последние дни автобусы постоянно опаздывают. | 0 |
| Б. Автобусы почти никогда не приходят вовремя. | 1 |
| **32. Мама приготовила для тебя твое любимое блюдо.** | |
| PvG | |
| А. Есть много вещей, которыми мама меня может порадовать. | 0 |
| Б. Маме нравится радовать меня. | 1 |
| **33. Твоя команда проиграла.** | |
| PmB | |
| А. Команда играет неслаженно. | 1 |
| Б. В тот день команда играла неслаженно. | 0 |
| **34. Ты быстро сделал уроки.** | |
| PvG | |
| А. В последнее время я все делаю быстро. | 1 |
| Б. В последнее время я делаю уроки быстро. | 0 |
| **35. Ты неверно ответил на вопрос учителя.** | |
| PmB | |
| А. Я волнуюсь, когда отвечаю. | 1 |
| Б. В тот день я волновался, когда отвечал. | 0 |
| **36. Ты сел не в тот автобус и уехал не туда.** | |
| PmB | |
| А. В тот день я был рассеянный. | 0 |
| Б. Я вообще рассеянный. | 1 |

| | Балл |
|---|---|
| **37. Ты отлично провел время в парке развлечений.** | |
| PvG | |
| А. Я всегда с удовольствием провожу время в парках развлечений. | 0 |
| Б. Я всегда с удовольствием провожу свободное время. | 1 |
| **38. Ты получил оплеуху от старшего мальчика.** | |
| PsB | |
| А. Я дразнил его младшего брата. | 1 |
| Б. Его младший брат сказал ему, что я его дразню. | 0 |
| **39. На свой день рождения ты получил все игрушки, какие хотел.** | |
| PmG | |
| А. Обычно друзья угадывают то, что я хочу. | 1 |
| Б. На этот день рождения догадались подарить мне то, что я хотел. | 0 |
| **40. В каникулы ты поехал за город и отлично провел время.** | |
| PmG | |
| А. За городом очень красиво. | 1 |
| Б. В это время года за городом очень красиво. | 0 |
| **41. Ваши соседи пригласили тебя пообедать.** | |
| PmG | |
| А. Иногда люди бывают очень добры. | 0 |
| Б. Люди добры. | 1 |
| **42. Новый учитель тебя хвалит.** | |
| PmG | |
| А. Я на том уроке хорошо себя вел. | 0 |
| Б. Я почти всегда хорошо себя веду на уроках. | 1 |

*Балл*

**43. Друзья от тебя в восторге.**

PmG

А. Со мной весело. 1

Б. Иногда со мной весело. 0

**44. Тебе бесплатно достался стаканчик с мороженым.**

PsG

А. Я в тот день понравился мороженщице. 1

Б. Мороженщица в тот день была очень добра. 0

**45. На дне рождения у твоего друга фокусник попросил тебя помочь ему.**

PsG

А. Мне просто повезло, что он меня выбрал. 0

Б. Я интересовался его фокусами. 1

**46. Ты уговаривал товарища пойти с тобой в кино, а он отказался.**

PvB

А. В тот день он вообще никуда не хотел идти. 1

Б. В тот день он не хотел в кино. 0

**47. Твои родители разводятся.**

PvB

А. Людям трудно ужиться в браке. 1

Б. Моим родителям было трудно ужиться в браке. 0

**48. Ты пытался попасть в спортивную секцию, и у тебя не получилось.**

PvB

А. Я не очень лажу с другими людьми. 1

Б. Я не лажу с теми, кто занимается в этой спортивной секции. 0

**РЕЗУЛЬТАТЫ**

| | |
|---|---|
| PmB: ___ | PmG: ___ |
| PvB: ___ | PvG: ___ |
| HoB: ___ | |
| PsB: ___ | PsG: ___ |
| Итого B: ___ | Итого G: ___ |

G – B : ___

Подсчет баллов начните с пунктов, помеченных PmB, то есть 13, 18, 24, 28, 31, 33, 35 и 36. Получившийся результат запишите в ячейке PmB. Затем суммируйте все пункты PmG: 5, 9, 23, 39, 40, 41, 42 и 43; заполните ячейку PmG.

Сложите ответы по пунктам 12, 15, 20, 21, 27, 46, 47 и 48 и запишите результат в ячейке PvB. Затем определитесь с ответами к пунктам 1, 3, 17, 25, 30, 32, 34 и 37 и проставьте результат в ячейке PvG.

Сложите баллы в ячейках PmB и PvB, результат запишите в ячейку HoB.

Далее подсчитайте баллы по пунктам 6, 7, 10, 11, 14, 26, 29 и 38 и запишите итог в ячейку PsB. То же самое сделайте с пунктами 2, 4, 8, 16, 19, 22, 44 и 45, которые относятся к ячейке PsG.

Сложите результат по плохим событиям (PmB + PvB + PsB) и запишите его в ячейку B. Потом суммируйте баллы по хорошим событиям (PmG + PvG + PsG) и заполните ячейку G.

Наконец, вычтите общий балл B из G.

Итак, вы получили результат своего ребенка, который отличает его от многих тысяч других детей. Прежде всего, вы должны знать, что у девочек и мальчиков показатели расходятся. Девочки до пубертатного возраста оптимистичнее мальчиков. Среднестатистические девочки восьми-двенадцати лет получают результат 6,5 (чем выше разница G – B, тем оптимистичнее ребенок), а мальчики того же возраста в среднем имеют 5,05. Такое расхождение еще предстоит объяснить. В любом случае, если у вашей дочки меньше 5,0, она в некоторой степени пессимист. Если меньше 4,0, значит, у нее очень пессимистичное восприятие и она очень подвержена риску депрессии. Если у вашего сына меньше 3,0, он немного пессимистичен, если менее 1,5, то он изрядный пессимист и может стать жертвой депрессии. В таблице 1 показаны нормальные значения для детей восьми-двенадцати лет. Сравните их с той цифрой, которую вы записали в начале данной главы как индикатор оптимизма вашего ребенка, и с получившимся результатом[2].

***Таблица 1. G – B***

| *Процентиль* | *Девочки* | *Мальчики* |
|---|---|---|
| *90-й (самые оптимистичные)* | *11,31* | *10,30* |
| *80-й* | *9,67* | *8,16* |
| *70-й* | *8,35* | *7,14* |
| *60-й* | *7,22* | *6,07* |
| *50-й (среднее)* | *6,50* | *5,05* |
| *40-й* | *5,86* | *4,04* |
| *30-й* | *5,00* | *2,86* |
| *20-й* | *3,80* | *1,46* |
| *10-й (самые пессимистичные)* | *2,27* | *0,43* |

Суммарный показатель B (плохие события) у девочек в среднем равен 7,1, а у мальчиков составляет 8,7, то есть они пессимистичнее (чем выше общий балл B, тем пессимистичнее ребенок). Если результат превышает среднее значение хотя бы на 1,5 пункта, то ребенок очень пессимистичен. Общий балл B показывает, как ребенок реагирует на неприятности. Результат, обозначающий пессимизм, предупреждает о том, что ваш ребенок не умеет справляться с неудачами, обобщает их причины и чрезмерно винит себя, когда что-то идет не так.

Средний балл по отдельным параметрам плохих событий (PmB, PvB и PsB) составляет 2,4 у девочек и 2,9 у мальчиков (чем больше значение, тем пессимистичнее ребенок). Результат 3,5 или *выше* указывает на вероятность депрессии. Балл по PmB, обозначающий пессимизм, характерен для пассивного ребенка, который не сопротивляется трудностям. Ребенок с оптимистичным результатом PmB относится к неудачам как к вызову и мобилизуется на борьбу с ними. Ребенок с результатом пессимиста PvB все видит в черных тонах и делает обобщения на основе одной неудачи. Он начинает учиться плохо, когда у него что-то идет не так с домашними или с ровесниками. Результат оптимиста PvB свидетельствует о том, что ребенок способен локализовать проблему: он продолжает нормально общаться с друзьями, даже если его отметки стали хуже. Результат пессимиста PsB отличает ребенка-самобичевателя: когда что-то идет не так, у него появляются чувства вины, стыда и низкая самооценка, даже если он ни при чем. После случившейся неудачи он чувствует себя ненужным. Показатель оптимиста PsB характерен для ребенка, который возлагает вину на других; его самооценка не падает, когда он оступается, и зачастую он злится на тех, кого считает причиной своей неудачи.

Средний балл в категории G у девочек и мальчиков составляет 13,8 (чем он больше, тем оптимистичнее ребенок). Его уменьшение хотя бы на 2,0 пункта означает глубокий пессимизм. Результат оптимиста характеризует ребенка, заряжающегося от побед и гордящегося успехами.

Средний балл по отдельным параметрам хороших событий (PmG, PvG и PsG) составляет 4,6 и у девочек, и у мальчиков, при этом значение меньше 4,0 указывает на серьезный пессимизм. Результат по PmG, обозначающий оптимизм, характерен для ребенка, который оседлает удачу после одной или двух побед. Ребенок с пессимистичным результатом PmG не заряжается от успеха: одна победа для него не означает череду свершений. Ребенок с результатом оптимиста PvG после одного успешного опыта настраивается на успех во всех случаях жизни: если он будет ладить с друзьями, то преуспеет и в учебе. Результат пессимиста PvG, напротив, характеризует ребенка, который не будет на основании одной победы делать вывод о достижимости успеха в других ситуациях. Результат оптимиста PsG (персонализация — хорошие события) отличает ребенка, который легко приписывает себе причину успеха и имеет высокую самооценку. Показатель пессимиста PsG свидетельствует о заниженной самооценке даже при успешности, такой ребенок считает успех следствием везения или стечения обстоятельств.

В таблицах 2 и 3 объясняются итоги опроса.

***Таблица 2. Девочки***

| *Результат* | *Значение* | *Интерпретация* |
|---|---|---|
| *PmB* | *Оптимист: ‹1,5*<br>*Среднее: 1,5–4,0*<br>*Пессимист: ›4,0* | *Не унывает, пробует снова*<br>*Быстро впадает в уныние*<br>*Падает духом, теряет почву под ногами* |
| *PvB* | *Оптимист: ‹1,5*<br>*Среднее: 1,5–4,0*<br>*Пессимист: ›4,0* | *Не делает обобщений на основе неудачи*<br>*Становится беспомощным во всех жизненных ситуациях, все видит в черном цвете* |
| *PsB* | *Оптимист: ‹1,5*<br>*Среднее: 1,5–4,0*<br>*Пессимист: ›4,0* | *Обвиняет других, имеет высокую самооценку*<br>*Винит себя, живет с чувством вины и низкой самооценкой* |
| *PmG* | *Оптимист: ›6,0*<br>*Среднее: 3,0–6,0*<br>*Пессимист: ‹3,0* | *Воодушевляется успехом*<br>*Может воспользоваться успехом*<br>*Раскисает от успеха* |

| *Результат* | *Значение* | *Интерпретация* |
|---|---|---|
| *PvG* | *Оптимист: >6,0*<br>*Среднее: 3,0–6,0*<br>*Пессимист: <3,0* | *Делает обобщения на основе успешного опыта*<br>*Не признает обоснованность успеха* |
| *PsG* | *Оптимист: >6,0*<br>*Среднее: 3,0–6,0*<br>*Пессимист: <3,0* | *Гордится успехом*<br>*Легко приписывает себе причины успеха*<br>*Не признает своей заслуги в успехе* |
| *HoB* | *Оптимист: <3,0*<br>*Среднее: 3,0–8,0*<br>*Пессимист: >8,0* | *Не унывает и надеется на лучшее*<br>*Теряет почву под ногами, видит все в черном цвете* |
| *Всего B* | *Оптимист: <6,25*<br>*Среднее: 6,25–8,10*<br>*Пессимист: >8,10* | *Почти стопроцентная сопротивляемость депрессии*<br>*Может иногда быть в депрессивном настроении*<br>*Серьезный риск депрессии* |
| *Всего G* | *Оптимист: >15,27*<br>*Среднее: 12,84–15,27*<br>*Пессимист: <12,84* | *Активность, нацеленность на успех*<br>*Инертность, предрасположенность к неудачам* |

**Таблица 3. Мальчики**

| *Результат* | *Значение* | *Интерпретация* |
|---|---|---|
| *PmB* | *Оптимист: <1,5*<br>*Среднее: 1,5–4,0*<br>*Пессимист: >4,0* | *Не унывает, пробует снова*<br>*Быстро впадает в уныние*<br>*Падает духом, теряет почву под ногами* |
| *PvB* | *Оптимист: <1,5*<br>*Среднее: 1,5–4,0*<br>*Пессимист: >4,0* | *Не делает обобщений на основе неудачи*<br>*Становится беспомощным во всех жизненных ситуациях, все видит в черном цвете* |

| Результат | Значение | Интерпретация |
|---|---|---|
| PsB | Оптимист: <1,5 | Обвиняет других, имеет высокую самооценку |
| | Среднее: 1,5–4,0 | |
| | Пессимист: >4,0 | Винит себя, живет с чувством вины и низкой самооценкой |
| PmG | Оптимист: >6,0 | Воодушевляется успехом |
| | Среднее: 3,0–6,0 | Может воспользоваться успехом |
| | Пессимист: <3,0 | Раскисает от успеха |
| PvG | Оптимист: >6,0 | Делает обобщения на основе успешного опыта |
| | Среднее: 3,0–6,0 | |
| | Пессимист: <3,0 | Не признает обоснованность успеха |
| PsG | Оптимист: >6,0 | Гордится успехом |
| | Среднее: 3,0–6,0 | Легко приписывает себе причины успеха |
| | Пессимист: <3,0 | Не признает своей заслуги в успехе |
| HoB | Оптимист: <3,0 | Не унывает и надеется на лучшее |
| | Среднее: 3,0–8,0 | |
| | Пессимист: >8,0 | Теряет почву под ногами, видит все в черном цвете |
| Всего B | Оптимист: <7,26 | Почти стопроцентная сопротивляемость депрессии |
| | Среднее: 7,26–10,0 | Может иногда быть в депрессивном настроении |
| | Пессимист: >10,0 | Серьезный риск депрессии |
| Всего G | Оптимист: >15,0 | Активность, нацеленность на успех |
| | Среднее: 12,5–15,0 | |
| | Пессимист: <12,5 | Инертность, предрасположенность к неудачам |

Самое серьезное последствие пессимизма — депрессия, и дети с пессимистичным мировосприятием гораздо больше подвержены риску депрессии, чем дети-оптимисты. Именно к такому выводу мы пришли после пятилетнего изучения поведения свыше пятисот ребят, которое проводилось совместно Пенсильванским и Принстонским университетами[3]. Целью исследования было выявление причин, по которым дети становятся уязвимы для депрессии. На момент начала нашей программы все ребята пошли в третий класс. На протяжении пяти лет мы каждые полгода измеряли у них уровень оптимизма с помощью опросника АСР, интересовались значимыми событиями в их жизни, друзьями, отметками, среди прочего анализировали их склонность к беспомощности в контексте школы и бытового общения, а также определяли степень депрессивности каждого ребенка через каждые полгода.

Наше исследование носило проспективный и лонгитюдный характер (то есть ориентировалось на предстоящие последствия, а объектом изучения были одни и те же дети), поэтому позволяло довольно точно определить факторы, связанные с риском депрессии. Исследователи отметили, что депрессивные дети часто не пользуются расположением других ребят, — так возникла гипотеза, что отверженность способствует депрессии. Однако это только предположение, основанное на простой корреляции, совпадении непопулярности и депрессии. Вполне возможно, что как раз из-за депрессии дети становятся изгоями (беда не хочет быть одна, но в компанию ее не берут), а не наоборот. Не исключено даже, что какой-то другой фактор («третье неизвестное»), например плохие отметки, вызывает и депрессию, и отверженность.

Мы попытались найти подтверждение таким предположениям. Ход рассуждений был следующий: из пятисот третьеклассников двадцать пять стали депрессивными к моменту перехода в четвертый класс. Чем отличаются эти дети от остальных четырехсот семидесяти пяти, которые не страдают депрессией? Возможно, депрессивными их сделало отсутствие друзей за время обучения в третьем классе. Если так, то данные двадцать пять ребят в третьем классе должны быть в среднем менее популярны, чем остальные четыреста семьдесят пять. Факты это подтверждают — следовательно, логично сделать вывод, что непопулярность приводит к депрессии.

Однако можно рассудить и по-другому. Может быть, они не пользовались расположением других в третьем классе, потому что уже тогда были депрессивны? Если присмотреться, то из двадцати пяти десять уже были в депрессии, когда пришли в третий класс, и они же оказались изгоями уже на момент начала учебы в третьем классе. Пятнадцать детей стали депрессивными позже — в начале третьего класса у них не было проблем с общением. Это доказывает, что отверженность не предопределяет риск депрессии, она просто коррелирует с депрессией, или «помечает» последнюю. Та же логика, подкрепленная статистикой, применима и к другим возможным факторам, позволяя выяснить, способствуют ли возникновению депрессии или только усугубляют ее пессимизм, ссоры между родителями, плохие отметки и склонность к беспомощности.

Проследив в течение пяти лет, как менялся начальный показатель депрессивности ребенка, мы смогли отделить факторы риска депрессии от маркеров депрессии. Из хаоса потенциальных причин мы выявили две особенно важные. Во-первых, несчастья вроде ссор родителей, смерти домашнего питомца и болезни брата или сестры усиливают у ребенка вероятность депрессии. Особенно характерно это для возраста третьего или четвертого класса. Вторая причина — пессимизм. Дети, воспринимающие плохие события как постоянные, повсеместные и винящие себя в том, что они произошли, а хорошие как временные, локальные и обусловленные внешними обстоятельствами, в большей степени склонны к депрессии. Особенно четко это прослеживается в пятом и шестом классе. Возрастной сдвиг от плохих событий к пессимизму как катализатору депрессии, вероятно, свидетельствует об усиливающейся роли *интерпретации* событий по мере взросления ребенка. Когда мы становимся взрослыми, депрессия чаще обитает в нашей голове, нежели в окружающем мире.

Итак, мы установили, что пессимизм ребенка делает его легкой добычей для депрессии. Первая депрессия предопределяет все последующие. Начинается порочный круг — в ответ на каждое новое несчастье дети получают новую порцию депрессии.

Как проявляется депрессия у детей и как можно выявить ее у вашего ребенка?

## Оцените уровень депрессивности своего ребенка

Конечно, самый надежный способ установить наличие или отсутствие у ребенка депрессии — это диагностическая беседа с психологом или психиатром. Однако можно попробовать оценить уровень депрессивности и приблизительно, задав ребенку вопросы, составленные экспертами Центра эпидемиологических исследований при Национальном институте психического здоровья Мирной Вайсман и Хелен Орвашел. Опросник называется «Центр эпидемиологических исследований — ребенок с депрессией (ЦЭИ-РД/S-DC)[4]. Не следует давать его ребенку в один день с анкетой АСР. Выждите какой-то срок, а потом обратитесь к вашему сыну или дочери:

> Я читаю одну книгу о том, что чувствуют дети, и теперь мне интересно, что у тебя на душе. Иногда детям трудно объяснить свои чувства. Вот здесь можно найти различные подсказки на тему, что ты чувствуешь. У каждого пункта четыре предложения. Тебе надо прочитать каждое и выбрать то, которое лучше всего описывает твои ощущения или поступки *за последнюю неделю*. Здесь нет правильных или неправильных ответов. Просто выбери подходящую тебе фразу.

Рассчитать результат несложно. Каждый ответ «вовсе нет» оценивается как 0, каждый ответ «немного» как 1, каждый ответ «есть такое» как 2 и каждый ответ «очень» как 3. Просто суммируйте. Если ваш ребенок отметил два ответа к одному пункту, выберите больший балл. Если ваш ребенок набрал от 0 до 9, у него, скорее всего, нет депрессии; если от 10 до 15, то у него небольшая депрессия. Если же его результат выше 15, у него очень высокий уровень депрессивности: 16–24 означают депрессию средней серьезности, а более 24 — глубокую депрессию.

Следует помнить, что в подобном анкетировании возможны три упущения. Во-первых, многие дети утаивают симптомы депрессии, особенно от родителей. Так что множество ребят с результатом меньше 10 на самом деле могут быть депрессивными. Во-вторых, некоторые дети с высоким баллом могут переживать иные проблемы, нежели депрессия, которые и будут причиной такого результата. В-третьих, ребенок иногда «завышает» показатели, просто потому что у него плохое настроение или ему нездоровится — а на самом деле он не воспринимал ситуацию так пессимистично накануне и не будет воспринимать ее так на следующий день. Если ваш ребенок набрал выше 15 баллов, подождите неделю и дайте ему снова заполнить анкету.

**НА ПРОШЕДШЕЙ НЕДЕЛЕ...**

**1. Меня задевали вещи, которые обычно меня не волнуют.**

Вовсе нет ______ Немного ______ Есть такое _____ Очень _______

**2. У меня не было аппетита; я особо не хотел есть.**

Вовсе нет ______ Немного ______ Есть такое _____ Очень _______

**3. Настроение у меня не улучшалось, даже когда мои родные или друзья пытались развеселить меня.**

Вовсе нет ______ Немного ______ Есть такое _____ Очень _______

**4. Я чувствовал, что я хуже, чем другие.**

Вовсе нет ______ Немного ______ Есть такое _____ Очень _______

**5. Я не мог сосредоточиться на том, что делаю.**

Вовсе нет ______ Немного ______ Есть такое _____ Очень _______

**6. У меня было плохое настроение.**

Вовсе нет _______ Немного ______ Есть такое _____ Очень _______

**7. Я не чувствовал в себе сил, чтобы сделать что-то.**

Вовсе нет _______ Немного ______ Есть такое _____ Очень _______

**8. У меня было предчувствие чего-то нехорошего.**

Вовсе нет _______ Немного ______ Есть такое _____ Очень _______

**9. Мне казалось, что все, чем я занимался раньше, не имеет смысла.**

Вовсе нет _______ Немного ______ Есть такое _____ Очень _______

**10. У меня было чувство страха.**

Вовсе нет _______ Немного ______ Есть такое _____ Очень _______

**11. Я спал не так хорошо, как обычно.**

Вовсе нет _______ Немного ______ Есть такое _____ Очень _______

**12. Я чувствовал себя несчастным.**

Вовсе нет _______ Немного ______ Есть такое _____ Очень _______

**13. Я был спокойнее, чем обычно.**

Вовсе нет _______ Немного ______ Есть такое _____ Очень _______

**14. Я чувствовал себя одиноким, как будто у меня совсем нет друзей.**

Вовсе нет _______ Немного ______ Есть такое _____ Очень _______

**15. Мне казалось, что ребята не хотят со мной водиться.**

Вовсе нет _______ Немного ______ Есть такое _____ Очень _______

**16. Я плохо провел время.**

Вовсе нет _______ Немного ______ Есть такое _____ Очень _______

**17. Мне хотелось расплакаться.**

Вовсе нет _______ Немного ______ Есть такое _____ Очень _______

**18. Мне было грустно.**

Вовсе нет _______ Немного ______ Есть такое _____ Очень _______

**19. Мне казалось, что окружающие меня не любят.**

Вовсе нет _______ Немного ______ Есть такое _____ Очень _______

**20. Было тяжело взяться за какое-нибудь дело.**

Вовсе нет _______ Немного ______ Есть такое _____ Очень _______

Если и через две недели ваш ребенок снова набрал больше 15 баллов, вам нужно обратиться за профессиональной помощью. Если ваш ребенок набрал больше 9, но говорит о самоубийстве, вам также следует обратиться за профессиональной помощью. Идеально подойдет специалист по когнитивной или когнитивно-бихевиоральной психотерапии.

Данный опросник позволяет выявить особенности каждой конкретной депрессии, поскольку измеряет интенсивность каждой из четырех групп симптомов. Первая связана с переменой *мышления* вашего ребенка. Мышление в депрессии отличается от мышления в нормальном состоянии. В состоянии депрессии он видит в черном цвете себя и окружающий мир. Он объясняет свое беспросветное будущее собственной никчемностью («Я ни на что не способен, у меня никогда ничего не получится»). Мелкие неудачи представляются непреодолимыми препятствиями. Как ему кажется, все, что бы он ни сделал, никуда не годится, и такое мышление порождает бесконечную вереницу аргументов, трактующих каждый успех как провал.

> Гари учится в восьмом классе. В школе он обычно очень активен, и учителя считают его способным. Однако в последнее время Гари не похож на себя. Он редко тянет руку и перестал делать уроки. После школы вместо общения с друзьями он отправляется домой, закрывается в своей комнате и слушает Guns N'Roses до тех пор, пока родители не позовут его обедать. На все расспросы мамы и папы он отвечает, что у него все нормально.
>
> Несколько месяцев назад Гари участвовал в конкурсе, который устраивал местный союз художников. Когда мальчик пришел в школу, миссис Гилберт, его учительница по рисованию, сообщила, что он оказался в числе финалистов. Жюри выбрало четыре картины, и теперь их авторов приглашают в союз художников для обсуждения работ. Победитель конкурса получит

стипендию для обучения в колледже и станет участником специальной программы по изобразительному искусству.

Миссис Гилберт ожидала, что Гари обрадуется новости. Она ведь знала, как он старался, когда рисовал, и что победа в конкурсе значит для него очень много. К ее изумлению, Гари остался равнодушен.

*Миссис Гилберт:* Гари! Подойди на минутку, у меня отличная новость.

*Гари:* Да? Какая?

*Миссис Гилберт:* Похоже, ты скоро станешь знаменитым художником.

*Гари:* О чем вы?

*Миссис Гилберт:* Твоя картина вышла в финал конкурса. Теперь ты должен рассказать о своих работах в союзе художников, а потом знаменитый художник выберет победителя. Я уверена, именно ты получишь стипендию и шанс стать участником программы, которая стартует этой осенью.

*Гари:* Не может быть. Моя картина похожа на мазню третьеклашки. В любом случае, мне это неинтересно.

*Миссис Гилберт:* Ды ты что? Ты же так старался! Я ведь знаю, как много это для тебя значит. Что с тобой?

*Гари:* Ничего. Просто я знаю, что не выиграю, так что и пытаться не стоит. Да какая разница? Это ведь просто дурацкое соревнование.

*Миссис Гилберт:* Гари, ну что ты такое говоришь! На тебя это не похоже. Что случилось?

*Гари:* Ничего, миссис Гилберт. Просто не хочу тратить свое время. Картина так себе, и я правда не понимаю, почему ее выбрали. Это просто случайность. И я не хочу рассказывать о ней перед целой толпой. Мне нечего сказать. Я просто выставлю себя болваном перед всеми.

*Миссис Гилберт:* Гари, да что с тобой? Мы оба знаем, что картина получилась. Ты настоящий художник. Ты ведь уже не первый раз выигрываешь. Помнишь, ты получил приз за плакат? Это что, тоже случайность?

*Гари:* Мне тогда помогала куча народу. Поэтому я и победил.

*Миссис Гилберт:* Ну, перестань. Послушай меня. Не помню, чтобы ты так уничижительно говорил о себе раньше. Я могу понять, что ты боишься рассказывать о своей работе. Я бы тоже волновалась. Но мы можем потренироваться. Ты можешь выступить перед классом. Давай завтра после уроков продумаем твое выступление.

*Гари:* Спасибо вам, но я правда не хочу, миссис Гилберт. Я провалюсь, так что забудем об этом.

*Миссис Гилберт:* Перестань. Я ведь слышала, как ты раньше выступал перед публикой. Ты ведь не завалил ничего, когда играл сцены из мюзикла «*Король и я*». Вспомни, тебе и петь пришлось. Зал тогда просто замер.

*Гари:* Ну, это не считается. У любого бы получилось. А потом, насколько я помню, господин Давико мне сказал, что я несколько раз сфальшивил. Давайте забудем, ладно?

Сколько бы побед Гари ни вспоминала миссис Гилберт, у него тут же наготове было объяснение, почему тот или иной успех на самом деле является неудачей. Гари вовсе не застенчивый и отнюдь не нытик. В настоящий момент он искренне верит, что ничего у него не получится, потому что у него нет никакого таланта. Это стандартное мышление депрессивного ребенка. В основе такого мышления лежит пессимистичное восприятие. Мрачный взгляд на будущее, самого себя и окружающий мир обусловлен тем, что ребенок считает причины плохих событий постоянными, универсальными и связанными непосредственно с ним самим, а причины хороших событий воспринимает в противоположном ключе.

Айша — депрессивная шестиклассница. Однажды она получила четыре с минусом за контрольную по естествознанию. Обычно Айша вообще заваливает контрольные или ей едва-едва натягивают троечку. Девочка приходит на физкультуру, и физрук поздравляет ее: «Привет, Айша! Слышал, что ты хорошо написала контрольную по естествознанию. Господин Мейзель казал мне, что рад за тебя. Ну, какие у тебя сейчас ощущения?»

Айша не может распознать успех — это характерно для депрессивных детей. Для нее четыре с минусом означает не улучшение результата, а еще одну неудачу. «Да нет, ничего хорошего. Не знаю, что он имел в виду. Шавана получила пять, вот это хорошо. А я ничего не понимаю в естествознании. Никак не могу удержать в голове все эти цифры и слова. Начинаю учить, и все без толку. Мне просто надо признать — не тяну я школу».

Итак, первая группа симптомов депрессии относится к изменению мышления ребенка. Вторая группа связана с ухудшением *настроения.* При депрессии ребенок чувствует себя ужасно: он огорчен, пребывает в унынии и отчаянии. Может много плакать или не плакать вообще. Жизнь ему не мила. Прежде любимые занятия опостылели. Он не смеется и крайне редко улыбается.

В самые трудные дни Айша не выходит из своей комнаты. Она часами лежит на кровати, ворочаясь с боку на бок в обнимку со своим любимым плюшевым мишкой.

Уныние не единственный симптом депрессии; беспокойство и раздражительность, которые проявляются в плохом поведении, — тоже из этой категории.

Тринадцатилетняя Джойслин страдает приступами депрессии с одиннадцати лет. Когда депрессия обостряется, с Джойслин невозможно справляться. «Живчик» в свои лучшие дни, Джойслин становится невыносимой: дерзит, ноет и делает все назло. В отличие от Айши, она рвет и мечет. Когда ей особенно плохо, она ругается, так что ее родные, друзья и одноклассники предпочитают держаться подальше.

Тори в минуты печали свойственна скорее тревожность, нежели раздражительность. Ситуации, которые обычно его не трогают, теперь пугают его. Когда Тори впадает в депрессию, у него появляется страх, что кто-то хочет навредить родителям. Разубедить его невозможно. Если мама с папой куда-то уходят вечером, он не засыпает, пока не услышит, как они вернулись. Что еще хуже, по ночам он боится окон. Он уверен, что, посмотрев в окно, увидит там чье-то лицо. От страшных лиц Тори прячется в гостиной, где лежит не шелохнувшись, упершись взглядом в телевизор. Прежде чем пойти в другую комнату, он высчитывает, по какому маршруту меньше всего окон, и потом несется сломя голову, так что сердце вот-вот выпрыгнет.

Третья группа симптомов детской депрессии связана с *поведением:* пассивность, нерешительность и суицидальные наклонности. Депрессивный ребенок зачастую не может выполнить самые простые задачи, сдается при первом затруднении.

Кармен подрабатывает разносчиком газет. Он уже год ходит по одним и тем же домам, и весь процесс у него идет как по маслу.

Мальчик лично знаком с каждым клиентом, знает, кому когда удобно получать газеты, и ему нравится собственное ответственное отношение к работе. Когда у Кармена депрессия, все идет наперекосяк. Даже самые простейшие задачи он воспринимает как непосильные. Вот как он это описывает:

> Это ужас. То есть доставлять газеты не самая сложная задача в жизни. Когда у меня все в порядке, никаких проблем. Забираю газеты, сортирую их и обхожу клиентов. Мне это даже в кайф. Не говоря уже о том, что я неплохо зарабатываю. Но когда я не в настроении — *бам!* — все валится из рук. Как в прошлом месяце. Насколько помню, было воскресенье, день толстых газет. По воскресеньям газеты надо забирать очень рано. Я все смотрел на часы и думал: «Давай, Кармен, пора. Если сейчас не двинешься, то все завалишь». Но, знаете, я просто не мог себя заставить сдвинуться с места. Хоть ты тресни! Все лежал и думал, как же я ненавижу разносить газеты.
>
> Наконец мама вытащила меня из постели. Она поняла, что мне плохо, и предложила подвезти меня за газетами. Даже сказала, что поможет мне их разнести. Но я не хотел, чтобы она мне помогала. Ну, то есть хотел и в то же время не хотел. Знаю, это звучит странно, но одна часть меня хотела, чтобы мама поехала со мной, а другая канючила и хотела остаться в одиночестве. Когда я наконец прибыл за газетами, мой начальник уже был на взводе, потому что я опоздал. А потом, уже получив газеты, я уселся и стал смотреть на них. Даже не мог положить их в свою тележку. Словно все силы ушли на то, чтобы просто туда доехать. Ненавижу, когда со мной такое происходит. Мне страшно!

Депрессивный ребенок не может сделать выбор.

Одиннадцатилетний Джейсон — страстный филателист. У него три толстых альбома с марками со всего света. Его отчим работает в крупной компании и просит всех секретарей, чтобы они оставляли для него красивые марки. Чтобы доставить удовольствие пасынку, который грустит уже три недели, отчим берет его на местную ярмарку филателистов и предлагает выбрать пять марок для домашней коллекции. Джейсон ходит вдоль рядов, разглядывая марки. Многие ему нравятся, но он не может определиться, на каких именно остановиться. Наконец отчим отбирает восемь марок и предлагает мальчику выбрать из них пять. Тот вяло рассматривает каждую марку. Он выбирает одну, потом передумывает. Выбирает другую, потом начинает сомневаться, стоит ли ее брать. Выглядит это так, словно Джейсон сдает экзамен и боится ошибиться. Отчим просит его, наконец, решиться — ведь любая из этих марок будет хорошим приобретением, но Джейсон все равно озадачен. Сделав покупку, он чувствует неловкость и быстро засовывает марки в карман.

Многие депрессивные дети думают о самоубийстве. Двенадцатилетний Джеймс планировал покончить с собой. Вот как он об этом рассказывает.

Мне было очень плохо. Все казалось ужасным. Несколько лет назад нас бросил отец, и с тех пор у меня бывает отвратительное настроение — знаете, когда тоскливо и с ума сходишь. Спустя два месяца как он ушел все стало просто невыносимо. Я то и дело о нем думал. Все никак не мог понять, почему он вот так взял и ушел без предупреждения. В тот день он просто пошел на работу, как обычно, и больше не вернулся. Мне тогда было девять, и я прекрасно помню тот вечер. Он не был самым классным отцом на свете, но я и предположить не мог, что он раз — и уйдет. Помню, как я сидел, смотрел телевизор, а мама ходила по комнате и бросалась к окну. И так раз сто. Она все время меня спрашивала, не звонил ли отец, и я все время говорил, что нет. Наконец она позвонила ему на работу, а там сказали, что он пришел утром и уволился, типа того. А потом мама побежала в спальню и начала выть — ну, ругаться и реветь одновременно. Я так испугался, что сначала не мог сдвинуться с места, но потом подумал, что она поранилась или еще что-то, и побежал к ней. Она сидела на полу с раскрытой шкатулкой, в которой хранила драгоценности, повторяя, как автомат: «Он забрал мое обручальное кольцо. Забрал мое кольцо. Забрал мое кольцо». Потом она велела мне идти спать.

Через несколько дней она объявила мне, что отец ушел. После этого все пошло наперекосяк. У меня начались неприятности в школе, и я стал поздно приходить домой. Я знаю, что мама из-за меня себе места не находила, но мне было наплевать. Я просто ненавидел дом, потому что там все напоминало об отце, а думать о нем мне было больно. Проблем у меня становилось все больше и больше — я начал воровать, драться, ну и так далее. Мне казалось, что я взорвусь, — так было плохо и одиноко. Все чаще я стал думать о том, как умирают. Сначала вспоминал знакомых, которые умерли, потом начал представлять, как умру сам. Много раз на уроках думал, как именно можно умереть — повеситься, броситься под машину или застрелиться. Знаю, это звучит жутко, но мне нравилось так думать. Мне немного легчало. Дошло до того, что я только об этом и думал. Чем бы я ни занимался, я все время думал о том, как покончить с собой.

Почему я хотел умереть? Просто это был единственный способ перестать чувствовать то, что я чувствовал. Я не хотел огорчить маму, но был уверен, что единственный способ избавиться от того, что я чувствовал, — покончить с собой.

У депрессивных детей обычно один или два мотива для самоубийства. Первый — прекратить все: мысль о продолжении такой жизни невыносима, поэтому они хотят положить ей конец. Второй мотив сводится к манипуляции: они хотят добиться внимания либо отомстить, или поставить точку в споре. Несмотря на частые суицидальные мысли, депрессивные дети, в отличие от депрессивных подростков, редко совершают самоубийство. Хотя у детей такие же симптомы депрессии, что и у взрослых, эволюция, похоже, как-то защитила их от самоубийства.

Четвертая и последняя группа симптомов детской депрессии относится к *организму*. Часто меняется аппетит: одни не могут есть, другие, наоборот, переедают. Весьма часто встречается и нарушение сна. Депрессивный ребенок может спать больше обычного. Например, для него вполне естественно вернуться из школы и проспать до ужина. Бывает, что депрессивный ребенок мучается бессонницей, особенно если находится в возбужденном состоянии. Он также может жаловаться на боли в животе или головную боль.

Теперь вы знаете уровень оптимизма своего ребенка и научились распознавать у него депрессию. Пессимизм, как мы установили, делает его уязвимым для депрессии. Отдельные симптомы депрессии влекут опасность полномасштабной депрессии.

Откуда у ребенка берется пессимизм? Ответ на этот вопрос можно найти в следующей главе.

# Глава 8

# Откуда берется оптимизм

## Генетика оптимизма

У агрессивных родителей, как правило, вырастают агрессивные дети; у музыкальных родителей дети музыкальны; у алкоголиков дети склонны к алкоголизму; дети гениев обычно невероятно умны. У родителей-оптимистов оптимистичные дети, а у пессимистов — пессимистичные. Есть две основные гипотезы. Первая утверждает, что дети наследуют гены своих родителей, и в том числе комбинации генов, отвечающие за агрессию, музыкальный талант, алкоголизм, одаренность и оптимизм. Вторая предполагает, что родители создают условия, которые делают детей агрессивными, музыкальными, склонными к алкоголизму, гениальными или оптимистичными. Данные гипотезы можно проверить путем внимательного изучения близнецов.

Однояйцевые близнецы имеют абсолютно идентичные гены. Разнояйцевые близнецы имеют в среднем лишь 50 процентов одинаковых генов. Посмотрите на сходство, или «соответствие» однояйцевых и разнояйцевых близнецов по такому признаку, как рост.

Однояйцевые близнецы больше похожи друг на друга по росту, чем разнояйцевые, и на этом основании мы знаем, что рост обусловлен генами.

Можно даже определить, *насколько велик вклад* генетики по сравнению со средой (и всем остальным), сравнив соответствие того или иного качества у пар однояйцевых и разнояйцевых близнецов. Например, IQ более схож у однояйцевых близнецов, чем у разнояйцевых. Величина расхождения (в границах их схожести) говорит нам о том, что 50–75 процентов IQ наследуются, а остальное (25–50 процентов) вносят негенетические факторы, в частности воспитание, школьный опыт, болезни в детском возрасте, ошибки при измерении IQ и гормоны.

Возможно, самым удивительным открытием при изучении близнецов стало то, что от четверти до половины всех значимых характеристик личности наследуется от родителей: депрессия, удовлетворение работой, религиозность, либерализм, авторитаризм, жизнелюбие и многие другие. Даже привычка смотреть телевизор и вероятность развода почти на 50 процентов передаются детям от родителей[1]. Как же это возможно, удивитесь вы: разводы и домашние телевизоры существуют не так давно, чтобы повлиять на эволюцию. Действительно, все так и есть, но свойства характера — агрессивность, похотливость, деятельность или пассивность — ведут свое начало с древних времен и формируют предпосылки для разводов и сидения перед телевизором. Поскольку столь внушительная часть личности наследуется, мы задались вопросом: в каком объеме можно передать оптимизм от родителей к детям?

Мы протестировали стиль объяснения у 115 пар однояйцевых близнецов и 27 пар разнояйцевых близнецов, дав им взрослую версию анкеты, с которой вы познакомились в предыдущей главе. Было установлено, что однояйцевые близнецы намного больше похожи друг на друга оптимизмом и пессимизмом, чем разнояйцевые пары.

Если один близнец из однояйцевой пары был неисправимым пессимистом, то и второй почти наверняка был таким же. То же самое относилось и к оптимистам. И напротив, результат одного близнеца из разнояйцевой пары вовсе не указывал на наличие этого свойства у второго. Когда мы рассчитали коэффициент наследуемости оптимизма, оказалось, что он немногим меньше 50 процентов[2].

Однако данные выводы не бесспорны. Возможно, однояйцевые близнецы просто общаются теснее, чем разнояйцевые, и общность их жизни порождает схожий оптимизм. Но и здесь возникает вопрос: а если речь идет об однояйцевых близнецах, которых воспитывали порознь? Если их разлучили в раннем возрасте и они росли в разных семьях, то нельзя будет утверждать, что поразительное сходство некоторых черт характера обусловлено общим опытом, а не общими генами. Так что если однояйцевые близнецы, воспитанные порознь, все равно имеют более схожий стиль объяснения, нежели однояйцевые близнецы, росшие вместе, значит причина только в генетике.

Именно такое исследование было проведено в Швеции в 1987 году. Его результаты совпали с нашими: оптимизм и пессимизм наследовались примерно на 25 процентов[3]. Разница между нашими 50 процентами наследственности и шведскими 25 процентами, возможно, относится к схожести воспитания однояйцевых близнецов, которые выросли вместе.

Полученные результаты убедили многих ученых в том, что оптимизм отчасти обусловлен генами, но, если честно, меня это не убеждает. Есть изъян в аргументации, на который редко обращают внимание. На мой взгляд, целесообразно разграничивать признаки, которые наследуются, и признаки, которые обусловлены генетически. Предположим, чем успешнее человек в жизни, тем оптимистичнее он становится. А какие качества способствуют успеху? Внешняя привлекательность, высокий интеллект, спортивность, хорошая реакция, острое зрение и множество других. Каждая черта сильно зависит от наследственности.

Так что однояйцевые близнецы, вероятно, больше схожи в своем оптимистичном настрое, потому что получают одинаковые порции успеха (и неудач) в жизни, а чем больше успехов, тем сильнее оптимизм (чем больше неудач, тем сильнее пессимизм). Схожесть их успешности (или неуспешности) обусловлена большим совпадением генетических признаков, таких как хорошая реакция, привлекательность и ум.

В целом изучение близнецов (воспитывавшихся как вместе, так и порознь) показывает наследуемость свойств характера, но не подтверждает их прямую зависимость от генов. Все равно остается вероятность, что личностные качества вызваны определенным опытом, а не контролируются непосредственно генами. От генов зависят физические признаки, которые обычно и предопределяют жизненно важный опыт. Приведенная ниже цепочка рассуждений подкрепляет мой тезис: успехи в спорте наследуются, поскольку высокий рост (зависит от генетики) приводит в баскетбол и к заботе тренеров (решающее событие), что, в свою очередь, определяет карьеру звезды спорта. Депрессия наследуется, поскольку плохая координация (генетика) приводит к неловким и неуклюжим движениям (решающее событие), которые порождают чувство незащищенности и ранимости. Тучность наследуется, поскольку любовь к сладкому (генетика) приводит к поеданию сладостей в большом количестве (решающее событие), что заканчивается ожирением.

Оптимизм, бесспорно, в определенных дозах (менее 50 процентов) передается от родителей, но это не значит, что существуют гены оптимизма или что правильный опыт в детстве не принципиален для формирования оптимизма. Вы должны помочь своему ребенку двигаться к успеху и постоянно приумножать его. С вашей стороны необходима поддержка в ребенке оптимистичного настроя, который будет «зацементирован» решающими событиями. Теперь обратимся к роли, которую играют родители, учителя и решающие события в становлении оптимизма детей.

## Родители

Когда вас обуревают эмоции, ваш ребенок это чувствует. Он воспринимает ваш дисплей эмоций, тусклый или ослепительно яркий, как указание, что надо относиться серьезно к тому, на что вы так реагируете. В значительной мере эмоциональное обучение происходит именно в такой форме. У меня была близкая подруга, которая, будучи в целом нормальной, страдала необычной фобией. Она боялась телефона. Когда ей кто-то звонил, эта общительная особа покрывалась испариной и не могла вымолвить ни слова. Она осознавала свою проблему и стеснялась ее. Особенно удивляло, что она не помнила причину такого поведения — ни травмы, связанной с телефонным разговором, ни запретов говорить по телефону в детстве, ничего подобного. Однажды на День благодарения я помогал им на кухне, как вдруг кто-то позвонил ее отцу. К моему изумлению, тот тоже покрылся испариной и будто язык проглотил. Я связал одно с другим. В детстве моя подруга видела взволнованную реакцию своего отца на телефонные звонки и усвоила данную фобию, еще сидя у него на коленях.

Находясь в расстроенных чувствах, вы можете комментировать неприятные события вслух: машина получила вмятину, потому что тот жлоб вас подрезал; папочка хлопнул дверью, потому что не в настроении; вы не можете найти работу, потому что экономика дышит на ладан; бабуля болеет, потому что очень старая. Ваш стиль объяснения виден невооруженным глазом, и ваш ребенок внимательно все слушает. Он не только воспринимает конкретное содержание ваших объяснений, но и усваивает общий стиль.

Девятилетняя Тори живет вместе с мамой Джоди, отчимом Джейкобом и сводным братом Алексом. До рождения дочери Джоди работала в крупном агентстве недвижимости офисным администратором. Ей нравилась работа, особенно управление офисным персоналом. Джоди успешно улаживала конфликты, а поскольку в офисе конфликты случаются сплошь и рядом, она быстро стала ценным сотрудником.

Перед рождением Тори Джоди договорилась на работе, что вернется через три месяца на полставки, а через год уже выйдет на полную. И хотя работодатели хотели видеть ее раньше, они все-таки согласились на условия Джоди, поскольку боялись ее потерять.

После рождения дочки Джоди поняла, что не хочет возвращаться на работу так рано. Для нее стало открытием, насколько чудесно быть мамой. При мысли о том, чтобы оставить Тори на попечение другого человека, Джоди становилось не по себе. Отцу Тори никогда не нравилось, что жена работает, поэтому он поддержал ее решение остаться дома. Джоди боялась сказать своим работодателям об изменении своих планов. Они с пониманием отнеслись к ней раньше, и ей было неловко нарушить свое обещание. Итак, вместо того, чтобы обсудить все при встрече, Джоди отправила им письмо, в котором лаконично сообщила, что не вернется. Когда работодатели ей звонили, она не брала трубку. Вот такой некрасивый финал удачной карьеры.

Теперь Тори подросла, и Джоди решила снова выйти на работу. Она давно об этом думает, но всякий раз, строя планы, цепенеет от волнения и приходит к выводу, что нужно еще повременить. Муж за обедом начинает разговор о ее работе. (Объяснения Джоди, почему она не получит работу, выделены курсивом.)

*Джейкоб:* Уже давно не слышу от тебя ни о каких вакансиях, как у тебя с поиском работы?

*Джоди:* Ну, даже не знаю. *Я все время так занята*, совсем нет возможности поискать вакансии. Но я буду искать.

*Джейкоб:* Звучит не очень убедительно. Ты все еще нервничаешь из-за этого?

*Тори:* Мам, почему ты нервничаешь?

*Джоди:* Ну да, я, наверное, переживаю. *Я ведь уже почти десять лет не работаю. Теперь даже представить себя не могу на нормальной работе.*

*Джейкоб:* Да, конечно, это будет непростой переход, но ты ведь рассказывала мне, как работала в Providence и как у тебя все получалось. Тебе ведь нравилось там. Почему бы не позвонить им? Может, сейчас они ищут кого-нибудь.

*Алекс:* А кем ты работала, мам?

*Джоди:* Ну, я работала в компании, которая помогала людям покупать и продавать дома, и я отвечала за порядок в офисе. *Ничего особенного.* В любом случае, даже если я и была тогда на неплохом счету, сейчас я не могу им позвонить. *Я же их подвела, когда ушла. Сомневаюсь, что они меня вообще помнят. А если и помнят, то уж точно меня не возьмут.* Да и не лежит у меня душа больше к этой работе. *Беспрестанные склоки.*

*Джейкоб:* Ну, может, тогда подумать, какие у тебя сильные стороны, что тебе нравится, и потом решить, какая работа тебе подходит.

*Джоди:* Сильные стороны. С этим туго.

*Тори:* Мам, ты классная. Это считается?

*Джоди:* Спасибо, солнышко. Это очень приятно, но боюсь, на рынке нет спроса на классных мам.

*Джейкоб:* Погоди. Это не так, очень даже есть спрос. Может, обратиться в детские центры? А еще лучше... ты ведь классная мама потому, что терпелива и изобретательна, и у тебя столько энергии — вот твои сильные стороны, — может, тогда посмотреть...

*Джоди:* Джейк, я благодарна тебе за помощь, но просто не могу представить, как это будет. Неважно, какая это работа, но дело в том, что *мне придется соревноваться с людьми намного моложе меня, у которых гораздо больше знаний и которые не выпадали на десять лет.* Зачем нанимать домохозяйку среднего возраста, когда можно взять того, кто лучше подготовлен и более профессионален?

*Джейкоб:* Господи, Джоди, ты ведь действительно нервничаешь. Может, надо просто начать! Ну, знаешь, взять и приступить. Почему бы тебе не разместить объявление, или не обновить резюме, или еще что-то в этом роде? Поставь себе такую цель на текущую неделю. У меня лично это срабатывает.

*Тори:* Ну да, как когда я не хочу убирать свою комнату, а ты всегда мне говоришь, чтобы я сначала собрала всю одежду желтого цвета, или все носки, или все вещи на букву «С» и так далее. Получается быстрее и даже иногда немножко весело.

*Джоди:* Э-э-э, боюсь, мой случай серьезнее, чем твой, Тори. Меня не нужно пинать, чтобы я приступила к делу. *Просто у меня нет необходимых качеств для того, чтобы получить работу, и* неважно, сколько милых трюков вы придумаете, чтобы меня подтолкнуть, факт остается фактом.

Джоди — угрюмая пессимистка, и она огромными буквами транслирует свой стиль детям. Проанализируем ее объяснения, почему она не найдет работу:

- У меня нет необходимых качеств (ситуация постоянная, универсальная, личная).
- Неважно, какая это работа, но мне придется соревноваться с людьми намного моложе меня, у которых гораздо больше знаний и которые не выпадали на десять лет (ситуация постоянная, универсальная, личная).
- Я все время так занята (ситуация постоянная, универсальная, личная).
- Беспрестанные склоки (ситуация постоянная, универсальная).

Близкие пытаются переломить ее негативный настрой, демонстрируя гораздо более оптимистичное восприятие ситуации, чем сама Джоди. Они приводят аргументы, которые Джоди, будь она более опытным борцом со своими мрачными мыслями, могла бы высказать себе сама.

- Это будет непростой переход (ситуация временная, локальная и безличная).
- Может, надо просто начать (ситуация поправима, локальна).
- Ты ведь действительно нервничаешь (ситуация временная).

Наши данные показывают, что ребенок Джоди постепенно усваивает ее пессимистичную теорию насчет того, почему дела идут неважно. Мы выявили сильную корреляцию между оптимизмом или пессимизмом мамы и детей, вне зависимости от пола[4].

Папа Зака, в отличие от Джоди, учит своего сына оптимистичному взгляду на жизнь даже перед лицом семейной трагедии.

> Это происходит всегда по одному и тому же сценарию. Воскресным утром семилетний Зак врывается в родительскую спальню и плюхается на кровать. Он с хохотом приземляется на отцовский живот. Программа начинается. С притворным раздражением папа Зака медленно выбирается из-под одеяла и облачается в воскресный наряд: шорты, футболка и бейсболка. Одевшись, он вместе с сыном направляется в комнату Зака, где мальчик переодевается из пижамы в такой же костюм, как у папы, но меньшего размера. Они выходят из дома.
>
> Через двадцать минут после подъема Зак вместе с отцом уже в машине, они направляются в кафе Joelle's Diner, где заказывают традиционный завтрак: два яйца, два блина и два тоста за $2,22. Зак съедает одну порцию, а его папа три. За завтраком они говорят на разные темы, но сначала вспоминают спортивные события прошедшей недели. После сетований

на неудачную последнюю игру их общего кумира они начинают говорить о маме Зака.

*Зак:* Мамочка всегда подолгу спала в воскресенье.

*Папа:* Да, она любила поспать хотя бы до пол-одиннадцатого. И когда солнце начинало светить в окно, она стаскивала мою подушку и накрывалась ею с головой. Ты думал о ней сегодня утром?

*Зак:* Да. Я очень по ней скучаю. Вчера мне снилось, как мы ходили в тот нудный музей, и она так забавно рассказывала о картинах. Правда, во сне у нее были светлые волосы, не темные. Почему?

*Папа:* Гм. Не знаю, Зак. Знаешь, она мне тоже снится.

*Зак:* Ты видел ее во сне вчера?

*Папа:* Нет. Вчера мне снилось... гм... Не помню. А, нет, помню. Мне снился мальчик, с которым мы вместе росли на Олни-авеню. Боже, я не вспоминал о нем уже много лет. Мы с ним очень дружили, когда я был в твоем возрасте. Я помню тот день с музеем. Ты еще не хотел идти, но мы с мамой зациклились на «хотя бы двух часах культурной программы в неделю». Да уж, устроили мы тебе испытание! Тебе было совсем неинтересно, и единственное, что мы могли сделать, чтобы задержать тебя в музее, — смешно рассказать об произведениях искусства, вот уже точно настоящий культурный опыт!

*Зак:* Я очень тоскую по маме. У нас была семья, а теперь нет. Ты со мной стал хуже обращаться с тех пор, как умерла мама.

*Папа [объяснение выделено курсивом]: Нам действительно было несладко*, Зак. Никогда не представлял, что можно такое пережить. Но как бы ни было тяжело, мы справимся. Я хочу, чтобы ты это понял. Хорошо? Правда хочу, чтобы ты понял. Может быть, сейчас так не кажется, *но постепенно дней, когда нам хорошо, станет больше, чем дней, когда нам с тобой тоскливо.* Должно пройти время, все наладится.

*Зак:* Понимаю.

*Папа:* Иногда ловлю себя на мысли, что я с тобой грубоват и подчас не слушаю тебя с должным вниманием. Ты этого не заслужил. Не могу обещать, что все будет так, как прежде. Возможно, порой я буду с тобой обращаться не так, как следует или как мне хотелось бы, *но это не потому, что ты выводишь меня из себя, и не потому, что я тебя не люблю. Иногда, когда я очень сильно тоскую по маме, мне тяжело освободиться от таких мыслей и сосредоточиться на том, что я папа,* но чем больше будет светлых дней, тем реже я буду раздражаться или игнорировать тебя. И прости меня за то, что обижал тебя, Зак. Хорошо, дружище?

*Зак:* Хорошо. Иногда я тоже не в себе. Прости. Знаешь, мама Джоя уехала в Сан-Диего, а его отец завел подружку. Ты ведь так не поступишь, да?

*Папа:* Сейчас я вообще не хочу встречаться с женщинами, но потом, может, начну ходить на свидания. Мы с мамой долго прожили вместе, наверное, будет непривычно сблизиться с кем-то еще, но когда-то это произойдет. Нам обоим придется ко многому привыкать.

*Зак:* Интересно, она будет блондинка?

Объясняя свое грубое обращение с Заком, отец не увиливает от ответственности и последовательно дает объяснения настолько оптимистичные, насколько позволяет невеселая действительность, — обстоятельства рассматриваются как временные, поправимые и конкретные. Папа учит Зака надеяться в ситуации, которую мальчик считает безнадежной.

- Нам действительно было несладко, Зак.
- Постепенно дней, когда нам хорошо, станет больше, чем дней, когда нам с тобой тоскливо.

- Это не потому, что ты выводишь меня из себя, и не потому, что я тебя не люблю.
- Иногда, когда я очень сильно тоскую по маме, мне тяжело освободиться от таких мыслей и сосредоточиться на том, что я папа.

У детей стиль объяснения формируется отчасти под влиянием родителей, поэтому, если вы пессимист, вам необходимо изменить свое мировосприятие. С помощью изложенной в главах 10, 11 и 12 программы когнитивных приемов, призванных изменить стиль объяснения ребенка, вы сможете изменить и свой собственный пессимистичный взгляд.

## Учителя и наставники

В мире взрослых не только родители невольно навязывают свое мировосприятие детям — огромное влияние оказывают также учителя и наставники. Ежедневно они имеют дело с успехами или, что еще серьезнее, неудачами вашего ребенка и, критикуя его, способствуют формированию его мировоззрения. Ребенок вскоре начинает оценивать себя посредством объяснительных схем критики, усвоенной от уважаемых воспитателей.

Джамаль и Рейчел учатся в седьмом классе. Английский у них преподает миссис Фицуотер. Она славится трудными контрольными, тем, что заставляет выучивать наизусть целые куски из классических произведений. Никто не сомневается в ее профессионализме и преданности делу. Как правило, ученики заканчивают седьмой класс, заразившись ее страстью к чтению, сочинительству и, что еще важнее, размышлениям. Однако, несмотря на свое педагогическое мастерство, миссис Фицуотер временами делает весьма распространенную ошибку. Давайте разберем, как она общается с Рейчел и с Джамалем во время зачета.

*Миссис Фицуотер:* Итак, Рейчел, давай обсудим твою учебу в этой четверти. Как ты сама ее оцениваешь?

*Рейчел:* Ну, мне очень понравились занятия по сатире. Родители всегда говорят мне, что я слишком остра на язык, — теперь я могу им рассказать об авторах, знаменитых своим сарказмом. Им понравится.

*Миссис Фицуотер:* Отлично! Моими стараниями их малютка превращается в саркастичное чудовище! Я рада, что тебе понравилась тема, но оценки у тебя не ахти, особенно за сочинения. Сочинение, похоже, тебе не дается. Ну что ж, у кого-то есть способности, у кого-то нет. А вот по диктантам и устным ответам оценки у тебя получше — ты тут явно сильнее.

*Рейчел:* Да, вы правы. С сочинениями у меня не так гладко. Наверное, я в папу — по его словам, он ужасно пишет, да и вообще по литературе не очень. Он по складу математик.

*Миссис Фицуотер:* Ну что ж, у каждого есть сильные и слабые стороны. С удовольствием посмотрю, что ты напишешь в следующий раз, и могу помочь тебе подготовиться к следующему письменному заданию. Договорились?

*Рейчел:* Спасибо!

Теперь ознакомимся с тем, что миссис Фицутер говорит Джамалю, который тоже не блещет своими сочинениями.

*Миссис Фицуотер:* Давай посмотрим на твою успеваемость, Джамаль. Присаживайся.

*Джамаль:* Хм. Терпеть не могу все это.

*Миссис Фицуотер:* Что ж, есть хорошая новость и есть плохая. С какой начать?

*Джамаль:* Давайте с плохой, чего уж там.

*Миссис Фицуотер:* У тебя плохие оценки за сочинения. Почти все время четыре с минусом. Сдается мне, что ты не уделяешь должного времени этим заданиям. Ведь верно?

*Джамаль:* Ну, сочинения — это не мое, вы же знаете. Я плохо выражаю свои мысли.

*Миссис Фицуотер:* А ты не преувеличиваешь? Я слышала, как ты общаешься с девочками. Уверена, если ты постараешься, то сможешь получать твердые четверки и пятерки.

*Джамаль:* Возможно. Просто меня эти вещи не особо занимают.

*Миссис Фицуотер:* Ладно. А какие занимают?

*Джамаль:* Могу долго рассказывать о девчонках.

*Миссис Фицуотер:* Ну хорошо, почему бы тебе на этой неделе не написать сочинение о девочках, посмотрим, что выйдет. Постарайся. А теперь хорошая новость: твои оценки за диктанты постоянно улучшаются. Видишь, я права — надо просто сосредоточиться. Ты приложил усилия, и отметки выросли. Постарайся так же с сочинениями!

Учителя по-разному делают детям замечания. Иногда критика соотносится с действительностью («с твоим ростом трудновато будет прыгнуть на полтора метра»), а в некоторых случаях продиктована предвзятостью и предубеждениями. Предвзятость может быть связана с полом ребенка. Кэрол Дуэк, занимавшаяся феноменом беспомощности в школьной среде, наблюдала, как учителя критикуют третьеклассников за их неудачи. Она выявила разительное различие между замечаниями мальчикам и девочкам. Когда девочка не блистала, как Рейчел с сочинениями, учительница пеняла ей на отсутствие способностей, как миссис Фицуотер[5]: «Сочинение, похоже, тебе не дается. У кого-то действительно есть способности, а кого-то нет». И распекаемый ребенок впитывает эту критику, как Рейчел: «С сочинениями у меня не так гладко. Наверное, я в папу — по его словам, он ужасно пишет, да и вообще по литературе не очень».

Обратите внимание, что об отсутствии способностей говорится в очень пессимистичном ключе — признак характеризуется как постоянный — и школьниц буквально обстреливают подобными замечаниями. Напротив, когда что-то не выходит у мальчиков, учителя критикуют их за недостаточное прилежание, хулиганство и невнимательность. (Разумеется, и в этих замечаниях есть доля истины.) Это щадящий «разбор полетов», поскольку прилежание, внимание и поведение — понятия временные и поддающиеся исправлению. Миссис Фицуотер критикует Джамаля следующим образом: «Ты не уделяешь должного времени этим заданиям», «Если ты постараешься, то сможешь получать твердые четверки и пятерки», «Надо просто сосредоточиться».

Джамаль смотрит на свои плохие оценки по сочинению сквозь призму оптимистичного стиля объяснения. Он ссылается на временные и поправимые факторы, в отличие от отсутствия способностей: «Сочинение не мой конек», «Просто меня эти вещи не особо занимают».

Тонкая разница в подходах к детям разного пола заслуживает особого внимания. Не забывайте, что объяснение неудачи пессимистичными формулировками убивает желание сделать еще одну попытку. Пессимистичные комментарии порождают чувство безнадежности и инертность, тогда как объяснения в оптимистичном ракурсе помогают воспринимать неудачу как вызов, действовать активно с надеждой на успех. Психолог Жак Барбер изучал, как взрослые мужчины и женщины объясняют свои неудачи в личных отношениях и неудачи в делах. В среднем мужчины и женщины не различались по показателям оптимизма. Однако когда исследователь стал рассматривать две группы отдельно, выявились немаловажные расхождения. Мужчины настроены оптимистично по отношению к работе и объясняют неудачи временными, локальными и внешними причинами, зато они пессимистично смотрят на неудачи в личных отношениях, связывая их с постоянными, всеобъемлющими причинами и считая себя виноватыми. У женщин все наоборот: социальные неурядицы они переживают с оптимизмом, но пессимистичны насчет профессиональных достижений[6].

Сейчас женщины присутствуют на рынке труда в немыслимых прежде количествах и достигли немалых профессиональных высот. Однако многие барьеры никуда не делись: меньшие, чем у мужчин, зарплаты, медленное продвижение по карьерной лестнице. Одни барьеры обусловлены внешними факторами, другие, не столь явные, могут объясняться и психологическими особенностями. В начале 1980-х годов все отличники в Огайо после школы поступали в колледжи. Отличники-мужчины после колледжа в большинстве своем делали серьезную карьеру, а отличницы-девушки уже на последних курсах начинали выпадать на обочину, выбирая менее амбициозную стезю или вообще бросая карьеру. Вероятно, отчасти такой результат можно объяснить тем, что, терпя неудачи в тех или иных рабочих ситуациях, девушки слышали пессимистичные рассуждения об отсутствии способностей и под давлением социальных шаблонов начинали верить в свою посредственность. Юноши же слышат и верят, что неудачу можно преодолеть, если приложить больше усилий, улучшить поведение или стать внимательнее[7].

## Эффект Ховинга

Директор нью-йоркского художественного музея Метрополитен Томас Ховинг был известен не только своим взыскательным вкусом, но и способностью почувствовать подделку, а также непоколебимой уверенностью в правоте собственных суждений об искусстве. Однако он не всегда был столь уверен в себе[8].

По его словам, в девятнадцать лет его решили исключить из Принстонского университета, и он, конечно, был подавлен. Непосредственно перед отчислением Ховинг решил посетить еще один курс — по скульптуре. Преподаватель поставил на подиум блестящий металлический предмет с желобками обтекаемой формы и обратился к восьмерым присутствовавшим:

«Господа, расскажите об эстетических качествах данного предмета».

«Мелодичная текучесть», — заявил один.

«Гармония сфер», — добавил другой. Один за другим присутствующие выражали восторг, пока очередь не дошла до прыщавого второкурсника Ховинга, который трепетал от волнения.

«Ну, эта вещь сделана очень хорошо, очень технична, очень холодная и очень правильная. Она очень функциональна. Но это не искусство», — сконфуженно пробормотал Ховинг.

Предметом обсуждения было гинекологическое зеркало.

«После того случая, — рассказывал Ховинг, — меня уже ничто не останавливало!»

Преображение Ховинга имело положительный результат, и я убежден, что одно кардинальное событие, которое разрушает привычную жизнь ребенка или взрослого — с хорошими или плохими последствиями, — способно изменить представления человека о том, что он есть и чего стоит. Исследовать такие события ужасно трудно, потому что происходят они редко, поэтому доказать «эффект Ховинга» сложнее, чем влияние родителей, учителей или генетики на формирование оптимизма. Одно доказательство определенно связано с трагедией, которая, к сожалению, случается достаточно часто, чтобы можно было тщательно изучить ее: смерть матери.

Джордж Браун, профессор социологии в Лондоне, свыше тридцати лет изучал предпосылки депрессии у бедных лондонских домохозяек. Он пришел к выводу, что взрослые, потерявшие мать до одиннадцати лет, подвержены высокому риску депрессии на протяжении всей остальной жизни. Смерть матери как фактор постоянный (она никогда не вернется) и всеохватный (так много умений и навыков ребенка зависит от мамы) становится трафаретом для осмысления всех последующих потерь. Все неудачи видятся как постоянные и повсеместные потери. Например, женщина, потерявшая в детстве мать, узнает о переезде своего взрослого сына в Новую Зеландию. Она не думает о том, что он устраивает свою жизнь и будет навещать ее, а считает его мертвым[9]. Взрослые, которые в детстве подвергались физическому или сексуальному насилию, тоже характеризуются пессимистичным восприятием[10]. Еще более распространена у детей травма из-за ссор и разводов родителей. Дети, пережившие родительские дрязги, становятся пессимистами и подвержены серьезному риску депрессии[11].

И напротив, как показывает нижеследующий сюжет, неожиданное испытание, благодаря которому появляется умение контролировать ситуацию, разворачивает человека в сторону оптимизма, не покидающего потом всю жизнь.

> В 1950 году, когда мне было пятнадцать лет, я мечтал в картофельном поле о том, как буду играть вместо знаменитого Пи Ви Риза в бейсбольной команде Brooklyn Dodgers. Я очень старался улучшить свои довольно посредственные игровые навыки, но трудно было скрывать от себя, что я близорукий, грузный и неуклюжий. Мяч обычно летел мимо моей растопыренной перчатки или биты. Девочки не понимали, что я говорил. Я быстро краснел. Неудивительно, что все, в кого я влюблялся, не обращали на меня никакого внимания.
>
> И вот тем летом я встретился с гремучей змеей...
>
> Она была справа, и хотя ее раздвоенный язык уже вибрировал в воздухе, она еще не засекла меня... Я стоял в нескольких

шагах. Я не мог удрать, не мог допустить, чтобы этот комок приземлился мне на ногу, чтобы это мерзкое пресмыкающееся преспокойно нежилось в нашем огороде... У меня была палка и у меня была гремучая змея: мне не хватало только результата — смерти одного из нас...

Я ударил и промахнулся: палка вошла в землю только своей верхушкой, — как раз, как предупреждал дед, такого нужно избегать. Змея повернула голову в раздражении, будто размышляя, напасть меня или нет, и зашипела. Она стала разворачиваться в мою сторону, ее хвост угрожающе загремел. Она обнажила зубы с ядом и разинула белую пасть. Я нагнулся и несколько раз ударил ее. Чудище замерло в сантиметрах от меня.

Я подождал, пока прекратятся конвульсии, потом взял ее за хвост и понес на вытянутой руке. «Господи, — воскликнул дед, — мальчуган добыл себе гремучую змею!»

Тем летом я сбросил пятнадцать фунтов. Осенью я вернулся в школу подтянутым, моя походка обрела упругость. Я стал бегать быстрее. Пошел в танцевальную школу и научился быть приятным собеседником.

Недавно в родительском доме я нашел черно-белую фотографию пухлого очкарика, который держит только что убитую гремучую змею метровой длины. Мальчик счастливо улыбается[12].

Обратное тоже случается: невероятная беспомощность и несчастье вследствие смерти матери, физического насилия, жестоких родительских перепалок или грубого отказа в ответ на первые подростковые попытки сексуальных отношений могут разрушить оптимистичное мировоззрение. Зародившаяся теория о том, что «мир несправедлив» или «меня никто не полюбит», со временем самовоспроизводится. Как только пессимизм получает плацдарм, он сразу же обретает подтверждение. Любая следующая неудача или осечка характеризуется хотя бы несколькими реальными аспектами, которые связаны с неизменностью и универсальностью. Начинающий пессимист хватается за эти аспекты как за объяснение и игнорирует более оптимистичные аргументы. Ребенку-пессимисту достаточно лишь включить телевизор или прочесть газету, чтобы укрепиться в своем пессимизме. Потом пессимизм становится его мировоззрением на всю жизнь.

Ниже приведены четыре возможных источника пессимизма:

- генетика;
- пессимизм родителей;
- пессимистичные критические замечания родителей, учителей и наставников;
- опыт обретения беспомощности или контроля над ситуацией.

Наиболее актуальны вопросы: «Как же нам вмешаться? Как изменить пессимизм на оптимизм? Как укрепить и поддерживать его в детях?» С генами мало что можно сделать, но даже здесь многое зависит от того, как часто ваш ребенок переживал неудачу или успех. Вы можете изменить стиль замечаний своему ребенку, создать ситуации, благодаря которым он вовремя обретет уверенность в себе, и обучить его навыкам оптимизма напрямую. Всему этому посвящена часть четвертая.

# Часть IV

# Как воспитать в детях оптимизм и уверенность в себе

# Глава 9

# Программа предотвращения депрессии

Воодушевившись результатами нашего пилотного исследования небольшой группы пяти- и шестиклассников, мы готовились запустить полномасштабный проект в каком-нибудь школьном округе.

Проводить исследование в школе, где зачастую сталкиваются амбиции учителей, директоров и школьных советов, гораздо сложнее, чем работать в лаборатории с контролируемыми условиями. Прежде всего необходимо было договориться о методах оценки результатов программы. Мы решили давать опросники детям, родителям и учителям до и после тренингов, чтобы родители с педагогами также могли анализировать изменения. Мы объяснили им, что не ставим своей целью «немедленный результат», а намерены встречаться с детьми каждые полгода на протяжении нескольких лет, чтобы проверить, помогает ли программа предотвращать депрессию в долгосрочной перспективе.

Затем мы занялись самым щекотливым вопросом — формированием контрольных групп. Мы планировали провести предварительное анкетирование всех пяти- и шестиклассников, родители которых дали согласие, а затем из детей с повышенной склонностью к депрессии произвольно сформировать две группы. Первая прошла бы курс освоения навыков оптимизма, а вторая образовала бы контрольную группу.

Руководство округа закономерно беспокоила реакция родителей и школьного совета на то, что мы поможем только половине детей с повышенным риском депрессии, а вторую половину предоставим самим себе. В итоге мы достигли компромисса, превратив контрольную группу в «ожидающую». Через год дети из нее прошли бы такой же курс, что и их товарищи-«везунчики».

Правда, нас, в отличие от чиновников Абингтона, такое решение не устроило — мы рассчитывали сравнивать результаты в обеих группах более продолжительное время, чем один год. Дело в том, что, по мнению большинства специалистов, вероятность подвергнуться депрессии радикально увеличивается в период полового созревания. Не имея возможности сравнивать состояния двух групп подростков в течение пубертатного возраста, мы не могли бы подтвердить правомерность своих выводов относительно эффективности программы.

Мы решили создать долгосрочную контрольную группу в другом учебном округе, очень похожем на Абингтон по уровню доходов, образования и расовому составу, с которым заключили соглашение о запуске своей программы после «обкатки» в Абингтоне.

## Программа

У многих детей, с которыми нам предстояло работать, уже сформировалось негативное отношение к школе. Когда ребенок теряет интерес к жизни, то его успеваемость идет вниз, занятия, которые прежде доставляли удовольствие, больше не воодушевляют. Даже если депрессивный ребенок не теряет интереса к учебе, ему зачастую трудно сосредоточиться. Серьезным симптомом депрессии является заметное снижение внимания. Детей отвлекает не только школьная обстановка — шутки одноклассников, шум в коридоре, хлопанье входных дверей, — но и само их сознание заполнено негативными мыслями, которые мешают сконцентрироваться: «У меня не получится», «Джеми я больше не нравлюсь», «Ненавижу школу». Внимание слабеет, и школьные отметки снижаются, особенно когда депрессия истощает силы, не давая взяться за учебу как следует.

Учитывая все обстоятельства, мы решили включить в программу базовые антидепрессивные навыки, причем подать их в увлекательном и интерактивном формате. Наш курс на двенадцать недель по двадцать четыре часа состоял из комиксов, обычных и ролевых игр, обсуждений и видеоматериалов, посвященных основным концепциям. Мы также придумали двух персонажей-помощников, Жизнерадостную Холли и Жизнерадостного Ховарда. За способность всегда «видеть свет в конце тоннеля» эту парочку оптимистов прозвали «светлячками». «Светлячки» служили антиподами Брюзге Грегу и Грустной Пенни. Они обучали эту «пару нытиков» преодолевать негативные мысли и справляться с проблемами. В играх фигурировала также Прямолинейная Саманта, которая помогала обрести уверенность в себе Задире Бренде и Простофиле Питу. Различные сюжеты с их участием помогали нашим маленьким слушателям осваивать антидепрессивные навыки.

Программа предотвращения депрессии состояла из двух компонентов — когнитивного и социального, связанного с решением проблемы. Применяя базовые элементы когнитивной терапии к нормальным школьникам, мы стремились научить их опровергать и придавать новое течение собственным мыслям, а не полагаться на первое соображение, которое придет в голову. Так называемые автоматические мысли свойственны всем нам и появляются на грани осознания: это мимолетные, едва уловимые формулировки, которые мы проговариваем про себя в течение дня. Несмотря на скоротечность и неуловимость, они порождают огорчение, беспокойство и раздражение. Прежде всего, ребят надо было научить отслеживать именно их.

Шестиклассница Лори рассказывает о том, как научилась «отлавливать» свои автоматические мысли:

> Это как будто в голове звучат одни и те же слова какой-то песни. Например, однажды родители взяли меня на мюзикл «Музыкальный человек», и я потом целую неделю никак не могла отделаться от одной песенки. Карен объяснила нам, что у нас в голове возникают слова, фразы и образы, которые мы говорим самим себе. Она научила нас распознавать такие вещи. У нее есть такая штуковина с таймером — и когда она пищала, мы должны были записывать все, о чем в тот момент думаем. Иногда я думала: «У меня ужасные волосы» или: «Меня никто не любит». Порой меня посещали радостные мысли, но это было редко.

После нескольких занятий Лори смогла фиксировать свои автоматические мысли и перейти к следующему шагу — научиться оценивать их правильность. Большинство школьников умеют определять правомерность критических замечаний, сделанных посторонними, однако не используют данный навык, когда отрицательные оценки дает собственный, внутренний голос. Услышав от товарищей обвинения в лени, эгоизме или невоспитанности, большинство детей и взрослых успешно сопротивляются критике: «Ленивый?! О чем ты говоришь?! Да у меня забот невпроворот — встал в полседьмого, до восьми в спортзале занимался, работал с девяти до шести, потом по дороге домой забрал *твои вещи* из химчистки! Ленивый! Ты не в своем уме, раз считаешь это ленью!»

Однако перед своим внутренним голосом мы, как правило, пасуем. Склонность выносить самим себе категоричные определения и считать их доказанными фактами особенно отчетливо выражена у депрессивных личностей.

Чтобы побороть такую предрасположенность, наша программа обучает детей выступать в роли детективов, задача которых — взвесить точность собственных пессимистичных мыслей и нареканий. В этом им помогают рассказы о Шерлоке Холмсе и его неразумном двойнике Хемлоке Джонсе.

> Однажды десятилетняя девочка приехала в школу на своем новеньком блестящем велосипеде красного цвета. Она прикрепила его замком к велосипедной стойке и весело побежала в класс. Когда уроки закончились, девочка вернулась и обнаружила, что... велосипед пропал.
>
> «О, мой новенький красный велосипед!» — заплакала она от огорчения. Тут же рядом появился очень странный человек в удивительной шляпе. Девочка никогда его раньше не видела.
>
> «Пожалуйста, не волнуйся, малышка. Знаменитый сыщик Хемлок Джонс — к твоим услугам!»
>
> «Никогда не слышала о сыщике Хемлоке Джонсе. Вы не Шерлока Холмса имеете в виду?» — спросила девочка.
>
> «Нет, я Хемлок Джонс, — ответил сыщик с раздражением в голосе. — И почему меня все путают с этим господином? Ладно, давай к делу! Я знаю, кто украл твой велосипед. Это противный Вредина Дэнни!»
>
> «Ого! — воскликнула пораженная девочка. — Неужели вы так быстро узнали, кто украл мой велосипед? Каким образом?!»
>
> «О, элементарно. Его имя первым пришло мне в голову, так что это он!» — С этими словами Хемлок Джонс сделал пируэт и исчез в лучах заходящего солнца.

Однако наша история не закончилась, потому что потом перед девочкой появился бравый Шерлок Холмс. Он снял плащ, поправил шляпу и изрек: «Я знаменитый Шерлок Холмс, о котором пишут книги! И я не согласен с этим глупцом Хемлоком Джонсом».

Девочке он показался высокомерным, но делать нечего — велосипед-то найти нужно! «Итак, моя милая, я не согласен с этим глупцом Хемлоком Джонсом, — продолжал тем временем Шерлок Холмс. — Какой из него сыщик? Настоящие профессионалы не полагаются на первое же имя, которое приходит им в голову. Хороший сыщик составляет список подозреваемых, а затем ищет улики и доказательства, чтобы уличить вора. Именно этим я сейчас займусь, а вернувшись, сообщу, кто украл твой велосипед».

Шерлок Холмс закутался в плащ, поправил шляпу и скрылся.

«Чудной какой, — решила девочка, — но, похоже, дело свое знает».

В тот же день, гуляя во дворе, она услышала странный шум. Повернувшись, она увидела Шерлока Холмса.

«Здравствуйте, барышня! Это я, знаменитый Шерлок Холмс, о котором пишут книги».

«Это уже было, — подумала девочка, но виду не подала и лишь спросила: — Вы узнали, кто украл мой велосипед?»

«Да. Сначала я считал, что это Вредина Дэнни. Но при поиске доказательств выяснилось, что во время кражи твоего велосипеда Дэнни отбывал наказание за прогулы. Так что это не он. Потом я предположил, что это Ловкач Стив. Но при поиске доказательств я узнал, что во время кражи твоего велосипеда Стив спускал деньги в игровом зале. Это тоже не он. Тогда я решил проверить Негодную Бетти. Я нашел несколько улик. Во-первых, рядом с велосипедной стоянкой я обнаружил ленту для волос с буквами "НБ". Я направился к ней домой, и ее мама сообщила мне, что Бетти катается на новеньком красном велосипеде, который получила в школе за примерное поведение. Я прочесал вдоль и поперек все окрестности, чтобы найти Негодную Бетти. И, конечно же, она носилась на *твоем* велосипеде и пугала малышей!»

«О, Шерлок Холмс, — воскликнула девочка, — какой ты замечательный! Ты гораздо умнее того глупого Хемлока Джонса! Пожалуйста, отдай мне теперь мой новенький велосипед!»

Шерлок Холмс потупился и пробормотал: «Гм, хм, м-м-м, вообще-то я пришел без него. Эта Бетти такая здоровая, и потом, она действительно ужасная. Пусть твои родители сами заберут у нее велосипед». И после тех слов знаменитый Шерлок Холмс завернулся в плащ, поправил шляпу и исчез в лучах заката.

Конец.

После знакомства с главами 10, 11 и 12 вы научитесь применять базовые понятия и выполнять со своим ребенком упражнения на основе когнитивного компонента программы предотвращения депрессии.

Вторая составляющая нашей программы учит детей преодолевать межличностные конфликты и решать социальные проблемы. Для детей со склонностью к депрессии обычно характерен один из двух стилей поведения. Они ведут себя либо как задиры, которые взрываются сразу же, если не получают желаемого, либо как безвольные жертвы, которые позволяют собой помыкать и отступают, потому что не хотят никаких проблем. Неудивительно, что пассивный ребенок становится легкой добычей для забияк.

Задира повсюду видит враждебность и агрессию и отвечает тем же. Его кредо: «Лучшая защита — это нападение». Ему необходимо научиться сдерживаться, убавить чувствительность «детектора агрессии» и освоить другие стратегии преодоления недовольства. Пассивный ребенок, кредо которого «Замри и не двигайся», не может постоять за себя, поэтому ретируется всякий раз, когда возникает конфликтная ситуация. Ему необходимо осознать, что он не беспомощен, и научиться быть более решительным. Воспитанию у ребенка социальных навыков и навыков межличностного общения посвящена глава 13.

## Дети с предрасположенностью к депрессии

Итак, на первом этапе программы нам предстояло выявить детей со склонностью к депрессии. Риск ее развития усиливают многие факторы: депрессивные родители, смерть матери, наличие малозаметных симптомов депрессивности и частые конфликты в семье. Поскольку исследовать депрессию у родителей не представлялось возможным, а материнская смертность в этих краях, к счастью, была явлением нечастым, при поиске депрессивных ребят мы сосредоточились на двух последних факторах.

Сам процесс отбора прошел быстро и гладко. С согласия родителей дети заполнили два опросника, один из которых выявлял симптомы депрессии, а другой отражал восприятие ребенком семейных неурядиц. Наш подход не предполагал длительных собеседований, и группа из двадцати человек проходила анкетирование за двадцать минут.

## Работа с группами

Зимой 1990 года мы официально приступили к реализации программы предотвращения депрессии. Лайза, Джейн и Карен обследовали двести пяти- и шестиклассников Абингтона и предложили пройти наш курс семидесяти ребятам с повышенной склонностью к депрессии. Мы разделили их на шесть групп, по две на каждую из вышеназванных сотрудниц. Чтобы группы одновременно проходили один и тот же материал, мы разработали поминутное руководство с прописанными сценариями к каждому занятию. Каждая встреча с учениками снималась на видео — благодаря этому мы отслеживали, насколько точно следуем своим сценариям, и оценивали свое преподавание.

У каждой группы были свои особенности. Одна выделялась сплоченностью и дружелюбием, ее участники даже устроили праздник в честь дня рождения Карен, своими руками приготовили подарки и угощение... что, впрочем, оказалось полной неожиданностью, потому что до ее дня рожденья оставалось еще четыре месяца. Члены другой группы отличались спокойствием и прилежанием. Третью группу раздирали склоки.

Многих детей объединяли схожие семейные обстоятельства. Поскольку один из критериев отбора в группы сводился к семейным конфликтам, то попавшие к нам ребята в большинстве своем жили с разведенными родителями или с родителями, которые часто ссорились. У каждого ребенка был свой жизненный сюжет. Например, мама одного пятиклассника серьезно пострадала в автомобильной аварии, а его отец, подавленный таким поворотом судьбы, почти перестал общаться с сыном. Тоби попал к нам на курс с уверенностью, что сделал нечто, из-за чего папа его ненавидит. Он постоянно размышлял над своими поступками в надежде понять, где он оплошал, и исправиться.

> Дома невыносимо. Мама серьезно болеет и не встает с постели. Мы поставили ее кровать в гостиной, чтобы она видела побольше людей, но ей все равно очень тяжело. Старшая сестра собирается приехать из колледжа, чтобы ухаживать за ней, а мама не хочет, чтобы она пропускала занятия. Но самое ужасное, что папа со мной теперь почти не разговаривает. Да, иногда я плохо себя веду и вывожу из себя взрослых, но ума не приложу, в чем виноват на этот

раз. Обычно я понимаю, если что-то натворил: например, когда подерусь или получу двойку, но сейчас не знаю. Я даже пару раз спрашивал папу, и он говорит: ничего, но я ему не верю. Он бы на меня не сердился, если бы я не сделал ничего плохого.

И хотя программа не могла изменить домашнюю кризисную ситуацию, с нашей помощью Тоби постепенно научился не винить себя и, мобилизовав свои психические ресурсы, справился с огорчениями. Вот как он описывает произошедшие с ним перемены:

> Дома по-прежнему скверно. Правда, сестра решила пропустить семестр и теперь помогает ухаживать за мамой. И мне кажется, с папой у меня тоже чуть-чуть получше. Но я научился не винить себя. Истории с сыщиками, в которые мы здесь играли, помогли мне понять, что я ругаю себя чересчур много. Теперь мне помогают упражнения, которые мы делали в классе. Например, пару дней назад я лег спать и все мучился. Я думал обо всем плохом, что сделал раньше, и мне стало так тошно! Потом вспомнил, как Карен учила меня искать доказательства, как Шерлок Холмс, и начал думать о них. И все прошло. Я вспомнил, что сделал много хорошего — ухаживал за мамой, помогал папе готовить и убираться в доме. Мне стало легче. Шерлок правда помогает, если его вовремя вспомнить.

Одна шестиклассница, Мириам, недавно узнала, что она приемная дочь, и разозлилась на родителей за то, что они не сообщили ей об этом раньше.

> Я прекрасно помню тот день, когда они все мне рассказали. Мы с Гленн играли у нее дома, и тут позвонила мама. Она велела мне возвращаться домой каким-то странным голосом, я еще

испугалась, что она узнала о моих безумных звонках Дэниелу Дэвису. В общем, прихожу я домой, а мама с папой зовут меня в гостиную и просят сесть. Тут я по-настоящему испугалась, потому что у них был такой серьезный вид — обычно, когда я хулиганю, они просто орут на меня. Сидим мы в гостиной, и тут мама говорит: «Мириам, мы с папой тебя очень любим и хотим сообщить тебе кое-что важное».

Я решила, что они сейчас скажут о разводе или чем-то таком. У нескольких моих подружек родители развелись, и мои сейчас вели себя так, будто скажут что-то вроде этого.

Когда они мне сообщили, что я их приемная дочка, я чуть не умерла. Долго не могла поверить. Просто сидела и думала: «Боже, да они рехнулись. Неужели они могут так мерзко шутить со мной?!» Потом меня будто оглушило, я поняла, что это правда, и совсем обезумела. Ну, то есть, такой злющей я никогда не была. А сказали они только по одной причине: Джонатан лазил по папиному кабинету и нашел бумаги, где говорилось, что меня удочерили, — и они испугались, что я могу узнать это не от них, поэтому решили рассказать первыми. Если бы не Джонатан, я бы до сих пор жила с уверенностью, что я Купер по крови.

Мириам в первую очередь волновало то, что родители до последнего скрывали от нее информацию. Девочка считала, что они сговорились держать ее в неведении и она никогда бы не узнала правду, если бы до нее не докопался брат.

В ходе нашего курса мы помогли Мириам мягче относиться к мотивации родителей. Она стала меньше на них сердиться и смогла рассказать им о своих чувствах.

Я рада, что попала в программу. Мне очень нравится Джейн, она мне много помогала. Главное, что она помогла мне с той историей с удочерением. Я так злилась на родителей, что не могла даже быть с ними в одной комнате. Возвращалась из школы домой и уходила либо к Саре, либо к себе и запиралась. Я наказывала их своим молчанием. Я знаю, это очень по-детски, но по-другому я не могла. Ну, то есть я сидела за обедом и все время себя уговаривала: «Не делай глупостей. Просто ешь и молчи». По правде сказать, мне хотелось запустить в них тарелкой.

Джейн помогла мне успокоиться, и у меня получилось посмотреть на свои мысли и чувства со стороны. Я ведь думала, что если бы родители меня по-настоящему любили, они бы сразу все рассказали, а рассказали они только из-за Джонатана. Но благодаря Джейн я поняла, что у них были причины не рассказывать об этом, пока я не повзрослею настолько, чтобы их понять. А может, они просто боялись, что я расстроюсь, если узнаю... Придумав семь возможных причин их молчания, я перестала так злиться. Мы даже начали спокойно разговаривать на эту тему.

Проводя с ребятами по двадцать четыре часа каждую неделю на протяжении трех месяцев, знакомясь с их историями, помогая им учиться справляться с проблемами, мы с трудом могли примириться с расставанием. Было бы здорово потом снова встретиться и узнать, как идут у них дела. Однако мы понимали: раз программа завершена, мы не имеем права общаться с этими ребятами иначе, чем с детьми из контрольной группы.

## Результаты

В последующие два года мы приходили в школы и оценивали у детей симптоматику депрессии. Наш курс имел явно выраженные и незамедлительные результаты. До начала программы у 24 процентов ребят в контрольной и рабочей группе отмечались признаки умеренной или глубокой депрессии. Сразу же по окончании программы в рабочей группе данный показатель снизился до 13 процентов, тогда как в контрольной — остался на уровне 23 процентов. Поскольку цель курса заключалась в предотвращении депрессии, нас больше всего интересовали долгосрочные данные, а не сиюминутный положительный эффект. Если бы программа немедленно ослабляла депрессию, но не давала устойчивых долгосрочных результатов, мы расценили бы это как поражение. Мы ведь ставили цель научить ребят навыкам, которые будут выручать их на протяжении всей жизни. Мы стремились помочь детям выстроить систему так называемого самоукрепления в форме восходящей спирали.

Каждые шесть месяцев мы анализировали данные и каждый раз убеждались, что наши методы предотвращения депрессии работают. Через два года после окончания курса только 22 процента детей из группы обучения показали симптомы умеренной или глубокой депрессии. В контрольной же группе таких ребят обнаружилось 44 процента, то есть дети из рабочих групп оказались наполовину меньше подвержены депрессии.

Чтобы оценить наши достижения в перспективе, необходимо учесть два обстоятельства. Во-первых, почти аксиомой считается мнение о том, что положительные результаты всех психологических курсов со временем идут на убыль. В этом нет ничего удивительного. Люди забывают то, чему научились. Они возвращаются в среду, которая усугубляет их проблемы, и быстро капитулируют без поддержки своих терапевтов. И хотя мы надеялись на долгоиграющий результат нашей программы, профессиональная литература подсказывала, что разумнее ожидать усиление эффекта вскоре после завершения курса и его затухание в дальнейшем. Второе обстоятельство заключается в том, что депрессия неуклонно разрастается у детей по мере полового созревания и уровень ее распространения среди подростков выше, чем среди ребят младшего школьного возраста. Таким образом, мы предполагали, что в период последующего наблюдения детей с депрессивной симптоматикой станет больше, однако надеялись, что наш курс поможет ослабить такую тенденцию.

И действительно, общее число депрессивных ребят в пубертатном возрасте выросло. Вместе с тем депрессивные симптомы у детей в контрольной группе отмечались чаще, чем в рабочей группе. К нашей радости, оказалось, что программа предотвращения депрессии существенно замедлила естественный рост заболевания. Итак, наш курс стал исключением из общего правила: лечебный эффект со временем не исчезал, а лишь усиливался.

Анализируя результаты анкетирования, мы обнаружили, что ребята в рабочих группах реже трактовали плохие события в пессимистичном ключе. В частности, наш курс помог им перестать связывать проблемы с постоянными причинами. Вот как Шаванна описывает произошедшую с ней перемену.

> Когда мы начинали, я была похожа на Грустную Пенни. Всегда чувствовала себя жалкой и считала, что все делаю не так. Когда умер папа, я была совсем маленькая и думала, что виновата в его смерти: я очень на него сердилась, потому что он не разрешил остаться ночевать у Кионы. Когда от мамы ушел отчим, я решила, что это тоже из-за меня. А теперь у меня нет таких ощущений. Ведущие программы помогли нам меньше думать о плохом. У нас были тетрадки с комиксами, например, вверху страницы были нарисованы два дерущихся ребенка, а внизу шло объяснение, что чувствует один из них, расстроен ли он, или злится, или еще что-то. Нам надо было придумать, какие мысли в голове у этого ребенка, и записать их. Мы много занимались с такими комиксами, а иногда сами придумывали и зарисовывали истории.

Комиксы помогли мне научиться думать о неприятных вещах как Жизнерадостная Холли. Лайза объяснила мне разницу между тем, когда думаешь, что так будет всегда и ты не сможешь этого изменить, и тем, когда считаешь, что можно изменить хотя бы часть. Мы много с ней занимались. Она нам даже домашние задания давала.

Затем мы с тем же успехом провели курс предотвращения депрессии в школах Виссахикона. Потом мы адаптировали нашу программу для детей из бедных кварталов Филадельфии, изменив язык и сюжеты так, чтобы они отражали особенности жизни в той среде. Там мы тоже получили хорошие краткосрочные результаты, и сейчас следим за теми ребятами, чтобы проверить долговременность эффекта. На данный момент курс прошли примерно три с половиной сотни детей из четырех школьных округов Филадельфии.

Для широкого применения нашей программы необходим был двусторонний подход, то есть участие в ней как учителей, так и родителей. Итак, сначала нам предстояло научить школьных учителей, чтобы они обучали антидепрессивным навыкам так же эффективно, как и психологи. Мы набрали группу педагогов из учебного округа Аппер-Дарби, которые согласились пройти подготовку и раз в неделю проводить уроки по нашей программе в своих школах. На момент написания данной главы шесть учителей средних классов обучали группы семи- и восьмиклассников, и мы сравнивали результаты их занятий с группами, которые вели психологи с докторской степенью из Колледжа Брин-Мор, и контрольной группой, в которую вошли дети с аналогичной склонностью к депрессии.

Второй составляющей нашего подхода была задача показать большому числу родителей, как научить оптимизму своих собственных детей. Знакомя мам и пап с навыками, которые надлежит освоить их детям, мы создаем для ребенка среду, «заряженную» оптимизмом. Родители будут закреплять эти навыки в течение долгого времени уже после окончания нашего курса.

В следующих четырех главах речь пойдет об основных аспектах программы для родителей и учителей. Глава 10 поможет объяснить ребенку связь между мыслями и эмоциональными реакциями. Глава 11 посвящена навыкам воспитания оптимистичного восприятия; глава 12 содержит советы о том, как аргументированно опровергать пессимистичные выводы. Социальные навыки, помогающие бороться с депрессией, рассматриваются в главе 13.

# Глава 10

# Как избавить ребенка от автоматического пессимизма

Прежде чем учить ребенка когнитивным навыкам оптимизма, взрослый должен сделать их частью собственного мышления. Дети перенимают пессимизм от своих родителей и учителей, поэтому крайне важно с самого начала создать для ребенка парадигму оптимизма.

В стратегиях, которые вам предстоит освоить, нет ничего таинственного. Максимально продуктивно наш материал можно использовать следующим образом: сначала полностью прочтите все четыре главы, одни разделы которых предназначены вам, а другие — вашему ребенку. Вернувшись во «взрослую» часть, потренируйтесь в описанных в ней подходах. Выделите час, чтобы попрактиковаться, ни на что не отвлекаясь. Будьте терпеливы. Почувствовав, что освоили тот или иной навык, переходите к следующему разделу, посвященному обучению ребенка.

## Общий обзор

В данной и двух следующих главах описаны основные техники, которые применяются когнитивными психотерапевтами при лечении депрессии, но мы адаптировали их для людей, не страдающих депрессией. Когнитивная терапия представляет собой краткосрочный курс лечения и дает примерно такой же результат, что и лекарства от депрессии. Пациенты со схожим уровнем депрессивности, которых лечат методами когнитивной терапии либо самыми эффективными таблетками, выздоравливают примерно с одинаковым успехом (около 70 процентов). Однако со временем проявляется разница. Проследив за «респондерами» (пациентами, у которых достигнут лечебный эффект) путем измерения их депрессивности каждые полгода, мы обнаружим, что у пациентов, которых лечили лекарствами, вероятность рецидива в два раза выше, чем у пациентов, подвергшихся когнитивной терапии. Последняя снижает риск развития депрессии, поскольку пациент имеет возможность применить усвоенные новые навыки мышления и к будущим плохим событиям. Итак, при равноценности результата таблеток и когнитивной терапии последняя характеризуется профилактическим эффектом, в два раза превосходящим действенность лекарств[1]. Когнитивная терапия и наша программа предотвращения депрессии связаны с четырьмя базовыми навыками оптимизма. Во-первых, человек учится фиксировать мысли, которые мелькают в его сознании каждый раз, когда ему плохо. И хотя такие мысли едва уловимы, они накладывают глубокий отпечаток на настроение и поведение. Данная техника называется *фиксация мыслей.*

Лидия научилась ловить свои негативные внутренние мысли. У нее трое детей: младший ходит в первый класс, старший в пятый, и по утрам ей приходится туго — собрать ребят в школу очень непросто. Последнее, что, выбегая из дома, слышат дети, — ругань мамы, о которой она сразу начинает сожалеть. Фиксируя свои мысли, Лидия обнаружила, что после своего истошного крика всегда говорит себе: «Я ужасная мать — настоящая мегера. Дети будут меня ненавидеть, от моих воплей им только хуже».

Второй навык сводится к *оценке* таких автоматических мыслей. Надо научиться признавать, что ваш внутренний голос не всегда прав. Лидия стала относиться к выводам о самой себе и окружающем мире как к гипотезам, которые еще необходимо доказать. Она узнала, как обращаться с доказательствами, чтобы определить правомерность своих суждений.

> В доказательство того, что она плохая мать, Лидия сумела привести множество аргументов. Потом ее попросили привести примеры, которые бы доказывали, что все не так уж плохо. Это задание было для нее труднее предыдущего. Перечень оказался очень коротким, и Лидии предложили вспомнить какие-то поступки, которые она упустила. Перечень стал длиннее: она готовит детям, стирает, после школы играет с ними в футбол, делает с ними домашние задания, успокаивает, обучает игре на гитаре и обсуждает с ними их проблемы. Проанализировав свои плюсы, Лидия стала меньше думать о том, какая она плохая мама.

Третий навык связан с *более точным объяснением* неприятностей, которое помогает опровергать автоматические мысли. Лидия научилась говорить себе: «После обеда у нас с детьми полная гармония, не то что по утрам. Я никогда не была жаворонком. Мне необходимо сдерживать свою утреннюю раздражительность». «Я никогда не была жаворонком» — менее фундаментальное объяснение крикам, к которому Лидия обращалась, когда ловила себя на мысли: «Я ужасная мать». Со временем она научилась обрывать цепочку негативных выводов: «Я ужасная мать, мне нельзя иметь детей, поэтому мне не стоит жить», переключаясь на новые объяснения. Теперь она может сказать себе: «Абсолютно нелогично делать вывод о том, что я не заслуживаю жизни только потому, что я не жаворонок». Поняв, что она отнюдь не ужасная мать — просто у нее не все спорится по утрам,

Лидия заметно улучшила свое самочувствие. А с ним появилось и больше энергии; в результате молодая женщина обнаружила, что утреннюю суету вполне можно пережить.

Четвертый навык называется *декатастрофизацией*. Представьте, как что-то пошло не так: вы организовали званый обед, а шоколадный мусс получился с комочками. Или ваша вторая половина язвительно интересуется, когда вы снова будете заниматься спортом. Или вы застали своего сына с сигаретой. Или начальник заявил, что ваша работа его не устраивает. Думаете ли вы о самых плохих последствиях, когда происходят неприятности? Представляете ли себе самый ужасный результат? И хотя предполагать самый худший сценарий, т. е. преувеличивать, в некоторых ситуациях даже полезно, это становится непродуктивным, если наихудший результат совсем маловероятен: вы только зря растеряете силы и испортите себе настроение.

Лидия склонна видеть все в черных красках. Когда подруга Эйлин упрекнула ее в невыполнении обещаний, Лидия решила, что пришел конец не только их дружбе, но и другим ее приятельским отношениям. «Когда Эйлин выразила неудовольствие, я сразу же подумала: "Ну вот. Я все испортила. Если Эйлин решилась на попреки, значит, она просто не хочет больше со мной общаться. Я знаю, что теперь будет. Она расскажет Шерон и Линн, а потом Тони, и те тоже прекратят со мной знаться"».

Впоследствии Лидия научилась адекватно оценивать вероятность несчастий, которых опасалась. Вместо того чтобы впадать в ступор от своих фантазий и необоснованных опасений, она смогла направить усилия на решение проблем.

Фиксация автоматических мыслей, поиск доказательств их правомерности, формулирование альтернативных суждений и преодоление привычки все видеть в черном цвете являются главными когнитивными навыками, которым учит программа предотвращения депрессии. Ниже мы рассмотрим, как научиться первым двум навыкам самому, а затем обучить им ребенка. В следующих двух главах мы поработаем над альтернативными суждениями и адекватной оценкой ситуации, т. е. навыками эффективного опровержения негативных выводов.

## Модель ABC

Многие полагают, что плохое настроение вызывают «стрессоры», или неблагоприятные факторы. Мы злимся, когда нам кто-то мешает. Мы впадаем в уныние, если лишаемся чего-то ценного. Конечно, события нашей жизни связаны с эмоциями, но данная связь гораздо слабее, чем принято считать. Убедиться в этом можно, если представить двух людей в одинаковой ситуации.

> Соседки Дженифер и Тара дружат уже двенадцать лет. Они знают о победах и поражениях друг друга. В прошлом году они собрались отдохнуть без мужей и детей, не тратя много денег. Ни одна из них раньше не жила в палатке, и они решили, что для них это будет веселым приключением. Изучив Восточное побережье, дамы остановили свой выбор на Внешних отмелях в Северной Каролине. Помахав на прощанье родным, Тара и Дженифер отправились в путь в автомобиле, набитом позаимствованным у друзей походным снаряжением.
>
> Спустя три дня, когда они уже сидели в палатке, начался дождь. Сначала он моросил, а потом разошелся не на шутку. Ветер усилился, грозя вырвать каркас палатки. Загремел гром, смех женщин сменился страхом, и они решили искать убежище

понадежней. Они ринулись к машине, решив забрать палатку на следующее утро.

Буря бушевала восемнадцать часов. Из-за разрушений Дженифер и Тара три дня не могли вернуться на место стоянки. Они провели их в дешевом мотеле без телефона, с испорченным телевизором и другими «прелестями».

Вернувшись, женщины увидели, что из их пожитков почти ничего не уцелело. От палатки остались лоскутки. Спальные мешки и посуда пропали. Фонарь лежал разбитый. Мало что можно было вернуть друзьям.

Путешествие было одинаково испорчено для обеих, но Тара и Дженифер отреагировали на неприятность по-разному. Поначалу обе расстроились. Их ужаснул масштаб разрушений и напугала мысль о том, во сколько обойдется компенсация экипировки.

Путь до дома был неблизкий, и обратно они поехали в мрачном молчании. Через два часа Дженифер начала хихикать. Их незадачливое приключение вызывало у нее приступы смеха. «Называется, сэкономили кучу денег. Две дамы на природе! Только мы и природа!» Чем больше хохотала Дженифер, тем угрюмее становилась Тара.

Когда они подъехали к дому Тары, Дженифер буквально заливалась смехом от истории «о двух горожанках на пленэре». Ей не терпелось рассказать своим домашним о том ужасном дне, но как только она начинала рассказ, ее тут же разбирал смех. Тара же, выйдя из машины, сразу же заявила своим домашним, что хочет отдохнуть, и заперлась в своей комнате до утра.

Родоначальники когнитивной терапии Альберт Эллис и Аарон Бек разработали «Модель АВС»[2]. «А» обозначает неблагоприятный фактор (adversity) — им может быть любое неприятное событие:

неудачный отпуск, ссора с близким другом, смерть любимого человека. «С» расшифровывается как результат (consequences): что вы чувствуете и как себя ведете после неблагоприятного события. Очень часто кажется, что неблагоприятный фактор немедленно и по умолчанию порождает результат. Эллис, однако, утверждает, что те или иные результаты вызваны мыслями и трактовками (B — the beliefs) неблагоприятных факторов.

Дженифер и Тара пережили одну и ту же неприятную ситуацию — провальный отпуск, но последствия для них оказались абсолютно разными, что обусловлено восприятием каждой женщины. Вот ход мышления Дженифер:

> ***Неблагоприятный фактор.*** Ну и отдых! По правде сказать, это худшая неделя из всех, не считая той, когда я вывихнула ногу. Три дня тащиться, чтобы попасть в самую ужасную бурю за всю историю Каролины! Стихия уничтожила чуть ли не все походное снаряжение, которое нам дали Билл и Роджер. Мы с Тарой почти все время просидели в замызганном мотеле с тараканами, и даже он показался нам тогда Тадж-Махалом.
>
> ***Мысли.*** Просто в голове не укладывается. Как же не повезло! Сначала я думала, что мы сделали глупость, вообще отправившись отдыхать дикарями. А потом подумала, что, в сущности, это было забавно. В конце концов, не мы же вызвали эту чертову бурю — нам просто очень-очень не повезло!
>
> ***Результат.*** Первые два дня мне было невесело. Я чувствовала себя подавленной и даже не хотела разговаривать с Тарой. Хуже всего было, когда мы вернулись на место стоянки и увидели разруху. Хотелось просто сесть в машину и уехать. Не было никакого желания объясняться с Роджером и Биллом. Но после первого потрясения мне стало смешно. Стоило только начать потешаться, как история стала казаться мне еще смешнее. Зато

Тара была совсем не в настроении. Я пыталась ее развеселить, но безуспешно... Может, написать обо всем этом? Ведь в газетах до сих пор нет рубрики «Антиотдых»!

Поначалу Дженифер приуныла и помрачнела. Ее первый порыв был убежать и никому ничего не рассказывать. Такая реакция закономерна в свете первоначального восприятия неудачи. В первые минуты Дженифер считала, что «сделала глупость». Большинство из нас будет досадовать на себя, если мы уверены, что путешествие провалилось из-за нашей глупости — характеристика личная, неизменная и тотальная. Но досада Дженифер оказалась кратковременной, поскольку она объяснила ситуацию невезением. Ее настроение сразу улучшилось: несчастье превратилось в повод для смеха.

Тара восприняла все иначе, судя по тому, что она рассказала своему супругу, и последствия для нее оказались другими.

***Неблагоприятный фактор.*** Мы провели там шесть часов, а потом нас накрыла буря. Никогда не видела ничего подобного. Она просто сметала все со своего пути. Мы прыгнули в машину и поехали искать место для ночлега. Думали, что только ночь переждем, но застряли в мотеле на три дня.

***Мысли.*** Неприятно признаваться, но надо было лучше подготовиться к поездке. Не могу смириться с мыслью, что сваляла такого дурака! Я все сделала не так! Например, оставила всю экипировку в палатке. Как же глупо! Мы ведь взяли эти вещи у друзей, и надо было все собрать перед тем, как уезжать. И лучше узнать о том месте, куда мы направились. Помню, мне приходила в голову мысль узнать о тамошней погоде в это время года, но, конечно же, я ничего не сделала. Как всегда. Я все делаю наполовину! Ленюсь и веду себя безалаберно, и на этот раз моя лень обошлась нам в кучу денег.

***Результат.*** Ужасно! Мы с Джен очень расстроились в первый день, но потом наша история ее даже рассмешила. Она пыталась и меня развеселить, но мне это только на нервы действовало. Не понимаю, что тут смешного! Я знаю, ты рассердился из-за того, что я с вами не общалась вчера, но у меня кошки на душе скребли. Я чувствую себя виноватой, хотя ты, наверное, не видишь тут особой проблемы... Господи, поскорее бы все забыть!

Тара не видит ничего смешного в том, что произошло. Она подавлена, так как уверена, что несчастье произошло из-за ее неосмотрительности, лени и безалаберности. Это постоянные причины («Я всегда все делаю наполовину»). Дженифер смогла поменять отношение к поездке — и ее настроение улучшилось. Тара, напротив, не может посмотреть на ситуацию с позитивной точки зрения. Она воспринимает неудачный отдых как еще одно доказательство своей несостоятельности. Ее мышление типично для пессимистов. Когда что-то идет не так, она связывает проблему со складом своей личности, которую она изменить не в состоянии.

Пессимизм Тары — не просто манера поведения или поза. Пессимистичное мировоззрение оказывает особое влияние на жизнь посредством двух мощных механизмов: самоосуществляющихся прогнозов и предвзятости подтверждений.

Тридцатитрехлетняя Дениза не замужем и чувствует себя одинокой. Ее соседка Стефани тоже не замужем. Последняя предлагает чаще выходить в свет и встречаться с людьми, а не сидеть и ждать, когда мужчины их мечты волшебным образом появятся за завтраком. «Слушай, Дениза, мы давно уже плачемся на наше одиночество, — заводит разговор Стефани. — Если мы снова будем говорить о том, что “всех хороших мужчин разобрали”, меня стошнит. Откуда мы знаем, что их разобрали? Мы с тобой сидим сиднем и привлекательных парней видим только по телевизору».

Стефани уговаривает Денизу пойти в четверг в местный клуб. Дениза в ответ: «Нет, не хочу. Всегда чувствую себя ужасно в подобных ситуациях. Не знаю, что сказать, так что даже если кто-то со мной заговорит, я стушуюсь. Я зануда. Через пять минут мой собеседник уже начинает закатывать глаза. Я начинаю заикаться, прокашливаться, мямлить... Потом сижу в печали». Денизу не так просто расшевелить, но после долгих уговоров она все же соглашается пойти в клуб.

Дениза считает себя ужасной собеседницей. Это убеждение влияет на ее поведение и приводит как раз к такому результату, которого девушка хочет избежать, — она ни с кем не встречается. Придя в четверг в клуб, Дениза начинает нервничать из-за своей уверенности в том, что провалит любую беседу. Ей улыбается какой-то мужчина — и ее нервозность усиливается.

Дениза думает: «Тот мужчина мне улыбается. Он приближается. Ну вот. Сейчас я все испорчу. Я же не скажу ничего интересного. Он пустится наутек сразу, как только я открою рот». Очень трудно поддерживать непринужденную беседу, если голова занята столь негативными мыслями. Неудивительно, что Дениза теряется, когда мужчина с ней заговаривает, — она действительно не может сказать ни слова. Но пустота звенит в ее голове вовсе не потому, что она неинтересный человек, а потому, что ее пессимизм усиливает волнение и она не может сконцентрироваться.

Помимо самореализующихся прогнозов, материализоваться нашим установкам помогает такой механизм, как предвзятость подтверждений. Давайте представим, что Дениза познакомилась с мужчиной и между ними завязалась беседа. Стефани сидит рядом и слушает их диалог. Позже, когда Дениза и Стефани рассказывают о вечере своему приятелю Джейсону, рождаются две совершенно разные истории.

*Джейсон:* Ну, и как все прошло? Подцепили кого-нибудь вчера?

*Дениза:* Да, я подцепила парня — и упустила его через две минуты.

*Джейсон:* Не может быть!

*Дениза:* Увы, было. Бедняга! Он сказал «Здравствуйте», а я едва выдавила «Привет», прежде чем у него потухли глаза.

*Стефани:* Перестань, Дениза. Я же сидела рядом. Вы говорили не меньше двадцати минут. Я точно знаю, потому что со мной никто не заговаривал и я не нашла ничего лучше, чем слушать ваш разговор.

*Дениза:* Ну, может быть, ему и было интересно какое-то время... какая разница. Паузы-то были такие огромные, что можно было разместить грузовик. Он слинял довольно быстро.

*Стефани:* Ну, ты даешь! Не верь ей, Джейсон! Могу поклясться, что ушел он только потому, что на него насел приятель. Он ему как минимум три раза напоминал, что им пора.

*Джейсон:* Похоже, ты ему понравилась.

*Дениза:* Ну что ты! Он просто не хотел быть невежливым.

*Стефани:* И именно поэтому он попросил твой номер?

*Джейсон:* Правда? Ты дала?

*Дениза:* Ну да, но какая разница... Говорю же, я двух слов связать не могла. Он не позвонит.

*Стефани:* Опять двадцать пять! Ладно, было две длинных паузы. Но это нормально. Зато я помню, как вы смеялись все время. Знаешь, Джейсон, в нашей девочке, кажется, проснулся архитектор. Ты бы слышал, какие вопросы она задавала!

*Дениза:* Ну, ладно. Давайте закроем тему. Как твои дела, Джейсон?

Предвзятость подтверждений выражается в том, что люди предпочитают видеть только то, что доказывает их мнение о себе и мире. Они пропускают мимо ушей факты, которые опровергают их точку зрения. Дениза сосредоточена лишь на тех моментах разговора, которые подтверждают ее мнение о себе как о зануде. А Стефани, как сторонний наблюдатель, смогла оценить беседу более беспристрастно. Предвзятость подтверждений усиливает пессимистичное мировоззрение. Если Денизу не поправлять, то она будет считать тот вечер доказательством своей правоты: «Видите, я так и знала! Я зануда». Это, в свою очередь, уменьшает вероятность того, что Дениза в следующий раз покинет свой диван.

## Упражнения по модели ABC

Первый этап освоения навыков оптимизма призван научить видеть цепочку ABC. В начальной части данного раздела приводятся шесть сценариев с различными неблагоприятными факторами (A) и их последствия (C). Сформулируйте мнения, которые породили описанные последствия. Помните, что единственно верного ответа нет. Чтобы определить правильность мнения, спросите себя, действительно ли вы убеждены до такой степени, чтобы чувствовать и действовать так, как описано в результатах. Шесть примеров для взрослых составлены в виде дневниковых записей. Когда вы закончите с упражнениями ABC для взрослых, можно перейти к детской части, предназначенной для обучения вашего ребенка.

1. A. На день рождения своей второй половины вы планируете сюрприз в виде загородной поездки. Когда вы заезжаете к нему на работу в пятницу вечером, он раздражается и говорит, что, скорее всего, никуда не поедет.
   B. Вы думаете ______________________________
   C. Вы очень подавлены и изо всех сил стараетесь его избегать.
2. A. На день рождения своей второй половины вы планируете сюрприз в виде загородной поездки. Когда вы заезжаете к нему на работу в пятницу вечером, он раздражается и говорит, что, скорее всего, никуда не поедет.
   B. Вы думаете ______________________________
   C. Вы расстроены, но решаете утешить себя чудесным обедом и походом в кино.
3. A. В последнее время ваш партнер отдалился и погружен в себя.
   B. Вы думаете ______________________________
   C. Он вас все больше и больше раздражает, вы замечаете, что ищете с ним ссоры.
4. A. В последнее время ваш партнер отдалился и погружен в себя.
   B. Вы думаете ______________________________
   C. Вы расстроены, замыкаетесь в себе.
5. A. В торговом центре вы натыкаетесь на своего сына и его друзей, а он делает вид, что вас не замечает.
   B. Вы думаете ______________________________
   C. Вы смеетесь про себя и думаете пожурить его позже.
6. A. В торговом центре вы натыкаетесь на своего сына и его друзей, а он делает вид, что вас не замечает.
   B. Вы думаете ______________________________
   C. Вы выходите из себя, набрасываетесь на их компанию с упреками и требуете к себе внимания.

Теперь давайте разберем все ситуации и варианты мнений, которые привели к тем или иным последствиям.

1 и 2. В первом примере мысли с личным, постоянным и универсальным ракурсом «Я все делаю невпопад. Он так занят, а я веду себя так, словно он должен все бросить ради меня» приводят к подавленности и отшельничеству. Если вместо этого вы думаете: «Черт, такая идея пропала!» или: «У него, должно быть, действительно работы невпроворот на этой неделе» (аспекты временные, конкретные и внешние), то вы расстраиваетесь, может быть, огорчаетесь, но не унываете.

3 и 4. В третьем сюжете мысли о неправильном поведении партнера вызывают у вас гнев и раздражение: «Он не должен мне навязывать свое плохое настроение» или: «Ведет себя как ребенок. Когда ему что-то не нравится, сразу дуется». Если же вы интерпретируете его холодность как признак потери интереса к вам, тогда следствием будет ваше огорчение.

5 и 6. В пятом примере восприятие в аспекте внешнего, конкретного и временного поможет вам сохранить чувство юмора: «Сынуля сейчас изображает из себя взрослого». А если вы воспринимаете его поведение как проявление дерзости и неуважения, вы злитесь.

Теперь давайте попрактикуемся фиксировать свои мысли. Лучше всего вести дневник ABC. В последующие три дня записывайте неблагоприятные факторы, когда вас смутит или удивит ваша собственная реакция на ситуацию. Вечером уделите пять минут дневнику, перенеся туда все записи, сделанные в ходе дня. В разряд «неблагоприятных факторов» может попасть все что угодно: машина не заводится, не успели ответить на телефонный звонок, малыш не засыпает. Например, вы пришли на работу в выходные, чтобы доделать некий отчет, а ваша коллега опоздала на десять минут. Вы выходите из себя — этот случай надо записать в дневник. Особенно важно фиксировать свои мысли тогда, когда собственная эмоциональная реакция кажется вам чрезмерной. Если такое случается, значит, вы находитесь во власти сильных и нелогичных убеждений.

Разделите дневник на три колонки. В первой — «Неблагоприятный фактор» — описывайте факты как можно информативнее: «кто», «что», «когда» и «где». «Почему» уже относится к разделу «Мысли». Итак, если ваша коллега опоздала на десять минут, запишите: «Мы с Даной договорились прийти в офис в 16:00 в воскресенье, чтобы закончить квартальный отчет. Она пришла в 16:10». Не надо писать: «Дана снова опоздала. Она все время опаздывает. Она такая безответственная. Терпеть не могу работать с ней вместе. Я вышла из себя». Колонка с неблагоприятными факторами должна быть информативна и не содержать никаких оценок.

Вторая колонка — «Мысли». В ней вы описываете, как восприняли неблагоприятный фактор. Обязательно разграничивайте свои мысли и чувства. Мысли записывайте во вторую колонку, а чувства — в колонку «Результат». «Он считает меня недоразвитой» и «Мне никогда не везет» относятся к мнениям. Вы можете проверять обоснованность своих мнений посредством доступных доказательств. Например, фраза «Я ощущаю свою вину за это» отражает чувство: в отличие от мнений, чувства не бывают правильными или неправильными, невозможно проверить их точность. Записывая свои мысли, помечайте, насколько вы уверены в каждой трактовке. Используйте шкалу от 0 до 100, где 0 означает совсем слабую уверенность в правоте той или иной мысли, а 100 — абсолютную уверенность. Так, если одно из суждений по поводу опозданий Даны сформулировано следующим образом: «Она никогда не держит слово», и вы уверены, что это именно так, тогда ставьте напротив оценку 80 или 90.

Третья колонка — «Результат». Здесь записывайте все чувства, которые испытываете из-за неблагоприятного фактора, и реакцию в виде поступков. Каждое чувство в зависимости от интенсивности помечайте баллами от 0 до 100, то есть чем больше значение, тем острее чувство.

**ДНЕВНИК АВС**

| *Неблагоприятный фактор* | *Мысли* | *Результат* |
|---|---|---|
| 1. ________________________ | ________________ | ________________ |
| 2. ________________________ | ________________ | ________________ |
| 4. ________________________ | ________________ | ________________ |
| 5. ________________________ | ________________ | ________________ |

Заполнив все колонки, проверьте, чтобы каждое чувство и действие были связаны с мыслями, которые бы объясняли вашу реакцию. Возможно, вам не понравится, как вы себя повели в том или ином случае, но первый шаг к изменению своего поведения невозможен без понимания мыслей, которые вызвали ваши поступки. Заполняя таблицу АВС для себя, я часто замечал, что некоторые чувства или действия не согласуются с записанными мыслями. В таких случаях я задумывался на минуту-две, стараясь вспомнить, какие именно мысли меня посещали, когда я испытывал эти чувства. Я закрывал глаза и представлял ситуацию, возвращаясь к тому или иному чувству. Затем я, как правило, ловил ту конкретную мысль, которая породила соответствующее чувство.

Если, восстановив цепочку АВС, вы все равно не можете определить интенсивность или тип своей реакции, значит, вы не полностью зафиксировали свои мысли по поводу ситуации. Успешным данное упражнение будет лишь тогда, когда вы сможете связывать мысли с чувством или поступком. Вот несколько примеров.

***Неблагоприятный фактор.*** Мы с невестой хотим сегодня провести спокойный вечер дома, потому что в последние дни были очень заняты. Около 19:30 она мне позвонила и спросила, можно ли пригласить к нам Лори.

***Мысли.*** Я так и знал! Только я дорожу нашими отношениями (80). А она бы с радостью виделась со мной раз в месяц (85). Я обманываю себя, если думаю, что мы поженимся (70).

***Результат.*** Меня охватили самые разные чувства. Сначала я разозлился на Дебору и захотел шваркнуть телефонную трубку (90). Еще я очень расстроился, огорчился (90). Я сказал ей, что не особенно рад такой перспективе и что она может просто пойти куда-нибудь с Лори, а мы с ней пообщаемся завтра. Закончилось все тем, что я слонялся всю ночь по дому.

***Неблагоприятный фактор.*** Мы с мужем собирались за город на прогулку. Он разделся до пояса. Я попросила его надеть футболку обратно, а он просто посмотрел на меня и помотал головой в знак несогласия.

***Мысли.*** Он изо всего делает слона (60). Мне не нравится, когда он разгуливает в таком виде, а он посчитал мои слова еще одним доказательством моей «постоянной взвинченности» (80).

***Результат.*** Я закричала, что он ни в чем меры не знает, и заявила, что хочу ехать без него. Закончилось все тем, что от прогулки я не получила никакого удовольствия, потому что все время ощущала себя разбитой и неверно понятой (80).

***Неблагоприятный фактор.*** Алекс должен был собрать листья во дворе, а потом отправиться на футбол, но когда я вышла из дома, то листья убирал Джеймс, его отец.

***Мысли.*** Ну куда это годится! Джеймс все время мешает мне воспитывать детей (75). Сил уже нет терпеть! Я устала быть злым следователем в нашем доме (90). Всякий раз, когда я прошу детей сделать какую-то работу по дому или наказываю за что-то, Джеймс вмешивается и освобождает их (75).

***Результат.*** Я так разозлилась, что начала на него кричать и обвинять в том, что он плохой отец (95). Я даже не спросила, почему он убирал листья вместо Алекса. Успокоилась я только минут через сорок.

## Знакомим ребенка с моделью АВС

Теперь я расскажу, как мы знакомили детей с моделью АВС в рамках нашей программы предотвращения депрессии, чтобы вы смогли применить те же методы к своим детям. Оптимальный возраст для таких упражнений — от восьми до двенадцати лет, но изменив язык на более взрослый, вы можете работать с ребятами до пятнадцати лет. Курс разработан в интерактивном и творческом формате, с таким расчетом, чтобы упражнения увлекли ребенка. Кроме того, необходимо создать условия, в которых ваш малыш будет чувствовать себя уверенно, смеяться и шутить. Не относитесь слишком серьезно к хронометражу занятий — если ребенок воспримет их как обязаловку, он не будет заниматься в полную силу.

Начните с пятнадцати минут (для детей постарше время можно увеличить) и постепенно доведите продолжительность занятий до получаса. Помогите ребенку заинтересоваться чувствами и мыслями, на своем собственном примере показав, как вас занимают собственные ощущения и суждения. В течение дня, поймав себя на сильной эмоции, расскажите об этом ребенку, проработав вслух модель АВС. Необязательно делать это с соблюдением всех правил (я вообще против излишних регламентаций). Просто расскажите о том, что подумали и какое чувство данные мысли породили. Например, вы везете ребенка в школу и не можете обогнать впереди идущую машину — проговорите взаимосвязь между своими мыслями и чувствами: «Интересно, почему я так рассердилась на того водителя, который еле-еле двигается? Наверное, потому, что подумала: "Ну вот, теперь точно опоздаю, потому что товарищ передо мной ползет как черепаха. Если он так водит, то в час пик ему вообще за руль нельзя садиться". Какая чушь!»

**Внутренний голос.** Сначала объясните ребенку, что такое модель ABC. Растолкуйте, что такое внутренний голос. Некоторые дети осознают, что именно говорят себе при неприятностях, а некоторые нет. Заведите разговор примерно в таком духе:

> Когда возникает какая-нибудь проблема, например, мы ссоримся с друзьями или нас наказывают, мы всегда про себя говорим о том, что произошло. Поскольку такие вещи мы проговариваем мысленно, то их никто не слышит. Внутренний голос есть у всех, у детей и у взрослых. Однако порой мы даже не замечаем, о чем думаем, когда с нами случается неприятность. Внутренняя речь появляется как бы автоматически. Представь, будто учитель ругает тебя за то, что ты не совершал. И вот, предположим, ты говоришь про себя: «И что она ко мне цепляется? Все время ругает меня за то, что я не делал. Она, похоже, меня терпеть не может». Совсем недавно я искала книгу и все никак не могла ее найти. Я подумала: «Прекрасно! Я хотела поупражняться по схеме ABC и тут же потеряла материалы. Теперь и не вспомню, что хотела тебе рассказать».

Важно донести до ребенка, что «разговаривать с собой» абсолютно нормально — все это делают.

Далее разберите с ним парочку примеров, можно из тех, что изложены ниже.

> Сэм смотрится в зеркало, вернувшись из парикмахерской. Он думает...

*Сэм:* Ну надо же, как постригли! Почти что скальп сняли! Я же лысый! Как я теперь в школу пойду? Меня же засмеют! Волосы будут отрастать несколько месяцев. Я похож на идиота!

Сьюзан сидит на скамейке в спортзале. Она думает про себя...

*Сьюзан:* Поверить не могу, что Джули не взяла меня в свою команду. Когда я становлюсь капитаном, всегда ее выбираю. Она позвала Тамми, а Тамми все-таки не лучшая ее подруга. По идее, ее лучшая подруга — это я. Наверное, я ей надоела!

Грег узнал, что его не пригласили на вечеринку к Джону. Он думает про себя...

*Грег:* Почему Джон не пригласил меня? Мы с ним учимся в одном классе и всегда хорошо общаемся. Наверное, он на меня рассердился за что-то, всех остальных-то он пригласил. Все только и говорят, что об этой вечеринке, а мне придется отвечать, что меня не позвали. Мне будет не по себе. Все решат, что я неудачник. И, наверное, они правы.

Патти в конце учебного дня возвращается в гардероб и не находит своей новой куртки. Она думает про себя...

*Патти:* Невероятно! Кто-то украл мою куртку! Что я маме скажу? Она меня убьет! Куртка была такая дорогая, а я упросила ее купить. Я обещала, что буду внимательна, и вот — она пропала! Мама больше меня не послушает и уж точно не будет покупать мне красивые вещи для школы. Я буду, как пугало, в старой одежде!

Когда ваш ребенок усвоит, что у него тоже есть внутренний голос, предложите ему вспомнить недавние неприятные ситуации. Спросите, что он думал в те моменты. Задача заключается в том, чтобы научить его обращать внимание на свои мысли — позже вы сможете вместе оценить их адекватность. Если вашему сыну или дочке трудно вспомнить подходящие примеры из своей жизни, используйте сюжеты из абзаца ниже или придумайте истории, согласующиеся с реальным опытом ребенка. Пусть он представит, что эти истории происходят именно с ним, и попросите вслух проговорить, что он мог бы про себя подумать в соответствующих ситуациях.

1. Ты идешь в школу и замечаешь группу ребят, которые шепчутся и показывают в твою сторону. Ты думаешь про себя:
______________________________________________
______________________________________________

2. Учитель вызвал тебя к доске, и ты понимаешь, что не слышал вопроса, потому что замечтался. Ты думаешь про себя:
______________________________________________
______________________________________________

3. Ты с лучшим другом собираешься в кино, которое вы хотели посмотреть во что бы то ни стало. За полчаса до встречи он звонит и говорит, что не сможет пойти, потому что собирается к другому приятелю играть в «Нинтендо». Ты думаешь про себя:
______________________________________________
______________________________________________

4. Твой брат пригласил своих друзей домой, и, что бы ты ни делал, они над тобой смеются. Ты думаешь про себя: ________
______________________________________________
______________________________________________

**Модель ABC.** После усвоения понятия внутреннего голоса пора переходить к объяснению модели ABC. Ребенок должен понять, что его чувства не приходят из ниоткуда и не обусловлены ситуацией. То, что он говорит про себя, когда возникает проблема, и является источником его эмоций. Злость, огорчение или страх вызывает мысль, и, зафиксировав, «поймав» ее, он сможет изменить свои ощущения.

**КОМИКСЫ ABC**. Проиллюстрировать связь между мыслями и чувствами помогут комиксы.

В каждом комиксе три ячейки: в первой отображен неблагоприятный фактор, например учительница ругает ученика или мальчик пригласил девочку на свидание и получил отказ. В третьей ячейке показано чувство. Персонаж злится, огорчен или согласен. Какая именно это эмоция, написано под изображением.

Разберите с ребенком каждый рисунок. Пусть он сначала опишет, что происходит в первой ячейке и как персонаж себя чувствует в последней ячейке.

Потом переходите к средней ячейке. Здесь персонаж нарисован с облаком над головой, в котором должны быть отображены его мысли:

Объясните ребенку, что, когда происходят неприятности, наибольшее значение имеет как раз средняя ячейка.

Растолкуйте ему, что формулировки, которые он произносит про себя, определяют его настроение.

Разобрав первый комикс, переходите к следующим: пусть ваш ребенок напишет в отведенных для этого кружочках-«облаках» мысли, которые бы связали первую ячейку с третьей.

Техника комиксов в силу своей наглядности особенно успешно помогает детям зрительно представить связь между мыслями и чувствами, и здесь не нужны такие слова, как *неблагоприятный фактор*, *мысли* или *результат*.

Если ребенку больше десяти лет, можно пользоваться данными понятиями, но разъяснить их необходимо очень подробно.

**АВС: соответствие мыслей чувствам.** Пусть ребенок соединит каждую мысль с эмоцией. Например, вы можете ему сказать: «Если бы ты поссорился с лучшим другом, у тебя были бы какие-то мысли и каждая вызывала бы различные чувства. Представь, что ты действительно поссорился и у тебя появились все эти мысли.

Проведи линии от каждой мысли к обозначению того, что ты чувствуешь».

1. Ты поссорился с лучшим другом.

| *Мысли* | *Чувства* |
|---|---|
| Теперь у меня нет друзей. | Злишься |
| Мой друг нарочно задирал меня. | Соглашаешься |
| Мы помиримся и будем дружить, как раньше. | Огорчен |

2. Ты получил плохую оценку за диктант.

| *Мысли* | *Чувства* |
|---|---|
| Дома мне попадет. | Злишься |
| Я много филонил вместо того, чтобы учиться. | Соглашаешься |
| Я постараюсь и напишу следующий диктант лучше. | Огорчен |

3. Старшему брату разрешили смотреть кино допоздна, а тебе нет.

| *Мысли* | *Чувства* |
|---|---|
| Мне никогда не разрешают ничего интересного. | Злишься |
| Его любят больше, чем меня. | Соглашаешься |
| Меня водили в парк отдыха, а его нет. | Огорчен |

**ABC: текстуальные примеры.** Когда ваш ребенок на примере комиксов и упражнения усвоит, что именно мысли, а не неблагоприятные факторы, порождают чувства, переходите к нижеприведенным текстам. Пусть каждый сюжет он перескажет своими словами. Обратите внимание, говорит ли он о связанности мыслей и чувств. Когда он закончит пересказ, задайте ему вопросы, которые перечислены в конце каждого примера.

***Неблагоприятный фактор.*** Сегодня день моего рождения, и я устраиваю праздник для уймы одноклассников. Как только мы расправились с тортом, мои приятели начали перешептываться, отказываясь рассказать мне, о чем они говорят.

***Мысли.*** Ну и нахалы! Секретничают обо мне на моем же празднике! Никогда больше не буду их приглашать.

***Результат.*** Я на них так рассердился, что даже маму спросил, можно ли их выставить вон.

Спросите, почему мальчик разозлился. Почему он захотел выставить своих друзей вон? Если бы он предположил, что они шепчутся потому, что готовят ему сюрприз на день рождения, он бы чувствовал себя иначе? Захотелось бы ему попросить маму выставить их вон?

***Неблагоприятный фактор.*** Моя любимая учительница госпожа Олири ушла в декретный отпуск, а новый учитель Уотс мне не нравится. Вчера он вызвал меня к доске решать задачу с дробями. Я решил ее неверно, а он прямо перед всем классом сказал, что мне нужно больше заниматься, а не мечтать.

***Мысли.*** Господин Уотс придирается. Он теперь будет цепляться ко мне весь год, и все уже считают меня неудачником.

***Результат.*** Я чувствовал себя просто отвратительно. Хотелось встать, уйти и больше не возвращаться. Я покраснел и ничего не мог с собой поделать.

Почему мальчику захотелось уйти и больше не возвращаться? Почему он покраснел? Ему захотелось уйти потому, что он не решил задачу с дробями? Почему он чувствовал себя отвратительно? Как ты думаешь, какие были бы у него чувства, если бы другие ребята в классе посчитали, что господин Уотс поступил грубо, отчитав его перед всем классом?

*Проблема*

***Неблагоприятный фактор.*** Большинство моих подружек — худышки. Особенно Барбара и Меган. Они всем мальчикам нравятся. Я мало ем, но не могу похудеть. Пыталась есть только морковь всю неделю, но вечером так хочется кушать, что я проглатываю ужин, как обычно.

***Мысли.*** Я такая корова! У меня нет силы воли. Со мной никогда не будут встречаться мальчики. Лучше признать это вовремя. Никто никогда не захочет со мной гулять. Толстые коровы никому не интересны.

***Результат.*** Как же мне было плохо! Очень-очень плохо. Хотелось разреветься, но я еще была в школе и не хотела, чтобы меня видели в слезах. А когда пришла домой, бросилась в свою комнату и расплакалась. Мама пыталась со мной заговорить, но я сказала, что хочу побыть одна. Больше вообще не буду смотреть в зеркало!

Почему девочке так плохо? Потому что ее подружки худые, а она нет? Если бы ты считала, что никто никогда не захочет с тобой гулять, что бы ты чувствовала? Что можно сказать себе в такой ситуации? Что тогда можно почувствовать?

**ABC: ситуации из жизни.** Потратьте несколько минут, снова разобрав взаимосвязь «неблагоприятный фактор — мысли — результат» и несколько примеров.

Потом попросите своего ребенка привести пример из его собственной жизни. Это необязательно должен быть случай, когда произошло что-то ужасное. Это может быть ситуация, когда он расстроился, разозлился, смутился, испугался или поступил так, как ему не понравилось, — плохо обошелся с другом или сдался без борьбы, — даже если это чувство было совсем мимолетным, а жест сиюминутным. Потом помогите ему проанализировать его мысли и их последствия. Постарайтесь рассмотреть хотя бы три подобных примера.

Используйте рисунок напротив: пусть ваш ребенок сначала опишет словами, что именно произошло, как он себя чувствовал и что сделал, а затем вместе заполните ячейки рисунка.

Когда ребенок научится практически без вашей помощи анализировать последовательность ABC в разных жизненных ситуациях, можно будет перейти к изменению его стиля объяснения, которому посвящена следующая глава.

# Глава 11

# Как изменить стиль объяснения

Когда ребенок научится видеть связь между тем, что он думает, и тем, что он чувствует, можно перейти к наиболее важному аспекту мышления — стилю объяснения. Прежде чем приступать к нему, пусть ваш сын или дочка заполнит анкету «Атрибутивный стиль ребенка» из главы 7, если она еще не заполнена. Она поможет определить, в какой мере оптимист или пессимист ваш ребенок. Приемы, изложенные в данном разделе, необходимо освоить детям с баллом ниже 50-го процентиля в ячейке «G - B» или «Итого». И даже если результат вашего ребенка соответствует оптимистичному уровню, нелишним будет научить его адекватному восприятию, поскольку в школе таких знаний не дают, а соответствующие навыки пригодятся, когда ему придется столкнуться с неприятностями и проблемами в пубертатном возрасте.

Для начала освойте версию для взрослых. Дети отчасти перенимают пессимизм у взрослых, которые служат для них авторитетом и с которыми они проводят значительную часть времени, т. е. от родителей, учителей и наставников. Дети, как губка, впитывают и то, что вы говорите, и то, как вы говорите. Так что первый способ помочь им — самому научиться навыкам обуздания пессимизма.

## Ваш собственный стиль объяснения

Вы уже знаете, что у стиля объяснения три критерия: постоянство, масштаб и персонализация. Пессимист считает, что неприятности невозможно исправить и они касаются многих сфер жизни. По его мнению, именно он сам — не обстоятельства, не везение, не другие люди — является причиной неудач. Самые мрачные пессимисты уверены, что виной всему их собственные недостатки и изъяны, которые предопределяют череду упущенных возможностей в их жизни, несложившиеся отношения, бесперспективность и неудачи. И даже вроде бы понимая, что дело вовсе не в них, они все равно продолжают считать ситуацию непоправимой и не прилагают никаких усилий, чтобы ее изменить.

Вы уже узнали, что связь между мыслями и чувствами помогает преодолеть пессимизм и обрести оптимизм. Теперь пора познакомиться с тем, как определить и изменить свой стиль объяснения. Мы рассмотрим несколько сюжетов и объяснений. Примеры надо будет оценить по трем критериям. Не забывайте, что каждый критерий подразумевает шкалу с двумя полюсами: объяснение будет связано с постоянным или временным аспектом, с универсальным или конкретным, с личным или безличным. После примеров пометьте объяснение соответствующим образом. Подойдите к этой задаче вдумчиво. Далее приведены короткие определения каждого критерия, чтобы вам было легче делать оценки.

| | | |
|---|---|---|
| Постоянная причина | = | причина существует всегда |
| Временная причина | = | причину можно изменить или она преходяща |
| Универсальная причина | = | причина, влияющая на множество ситуаций |
| Конкретная причина | = | причина, влияющая на немногие ситуации |

| | | |
|---|---|---|
| Личная причина | = | причина во мне |
| Внешняя причина | = | причина связана с другими людьми или обстоятельствами |

1. *Событие.* Мы с мужем договорились, что он заберет мою маму из аэропорта, потому что в тот вечер мне пришлось задержаться на работе. За пару часов до ее прилета он позвонил мне и сказал, что не сможет уйти с работы и мне придется поехать вместо него.

   *Объяснение.* Он всегда так поступает. На него ни в чем невозможно положиться.

   а) Причина объясняется скорее как постоянная или как временная?

   б) Причина объясняется скорее как универсальная или как конкретная?

   в) Оценка здесь скорее личная или «внеличная» (для женщины, которая объясняет данную ситуацию)?

2. *Событие.* Я недавно узнала, что мой сын уже полгода принимает наркотики. Мне об этом сообщил его школьный психолог.

   *Объяснение.* Я была так занята своим новым проектом, что совсем не уделяла времени Джою. Он стал принимать наркотики, потому что я была такой невнимательной!

   а) Причина объясняется больше как постоянная или как временная?

   б) Причина объясняется больше как универсальная или как конкретная?

   в) Оценка здесь больше личная или внешняя?

3. *Событие.* Моя девушка вчера заявила, что ей нужно побыть одной.

   *Объяснение.* Ну вот, снова она так. Она не в настроении. Через неделю это пройдет. Всегда проходит.

а) Причина объясняется больше как постоянная или как временная?

б) Причина объясняется больше как универсальная или как конкретная?

в) Оценка здесь больше личная или внеличная (с точки зрения юноши)?

В первом примере объяснение связано с постоянной причиной («Он *всегда* так делает»). И оно относится к категории универсальности: если на него ни в чем нельзя положиться, его ненадежность распространяется на многие ситуации. Но это его вина, не ее, — то есть оценка внешняя.

Во втором примере объяснение видится в свете временной категории. Мать была поглощена новым проектом, но это не значит, что данная ситуация никогда не изменится. Причина видится как всеохватная: повышенная занятость на работе затрагивает многие аспекты жизни: ее отношения с сыном, ее профессиональную деятельность. И оценивается как личная: женщина уверена, что наркотики стали следствием ее безразличия.

В последнем примере причина расценивается как временная (смена настроения), универсальная (настроение касается многих ситуаций) и внешняя (это ее настроение, не его).

Теперь разберите примеры ABC из вашей собственной жизни и пометьте мысли в соответствии с критериями оценки стиля объяснения. В каждом случае, если вы зафиксируете пессимистичную мысль, подумайте, способны ли вы на более оптимистичное суждение.

СОБЫТИЕ 1:

*Объяснение:*

постоянно ______________________________ временно

универсально ______________________________ конкретно

направлено на меня лично _________________ направлено вовне

СОБЫТИЕ 2:

*Объяснение:*

постоянно ______________________________ временно

универсально ______________________________ конкретно

направлено на меня лично __________________ направлено вовне

## Знакомим ребенка с понятием стиля объяснения

**Оптимизм.** Начните с объяснения, что такое оптимизм и пессимизм. Пусть ваш ребенок сам опишет данные понятия и назовет как можно больше черт, которые свойственны оптимисту или пессимисту. Как выглядят, думают и ведут себя оптимист и пессимист? Один семиклассник так обрисовал пессимистов: «Вниз, вниз, вниз. Они смотрят в пол, всего боятся и с ними не слишком приятно общаться». Обратите внимание ребенка на то, что у людей есть манера не только одеваться определенным образом, но и думать в том или ином стиле. И если кто-то смотрит на все негативно и оттого пребывает в плохом настроении, его можно научить видеть и хорошие стороны той или иной ситуации.

Далее вместе прочтите вслух несколько сценок. Брюзга Грег и Жизнерадостная Холли олицетворяют пессимизм и оптимизм. Обсудите с ребенком разницу в поведении Грега и Холли.

***Брюзга Грег отказывается участвовать в отборочных соревнованиях***

*Джефф:* Привет, Грег! Ты видел плакат в коридоре? На следующей неделе начинаются соревнования по баскетболу.

*Грег:* Да? Ну и ладно. Кому это интересно.

*Джефф:* Мне. По-моему, мы можем поучаствовать. Было бы классно попасть в школьную команду. Выдадут форму и все такое. Как ты думаешь?

*Грег:* Насчет чего?

*Джефф:* Ну, как считаешь, у нас нормальный рост, чтобы играть?

*Грег:* Нет. Мы ростом с коротышек-шестиклассников. Большинство других ребят в два раза выше!

*Джефф:* Но мы же подрастем, верно?

*Грег:* Ни фига. Если даже мы и вырастем, остальные-то тоже вырастут и мы по-прежнему будем коротышками. К тому же даже если бы мы и были повыше, меня бы ни за что не выбрали в команду.

*Джефф:* Мда. Может, если бы мы потренировались на этой неделе, у нас бы получилось. У меня на заднем дворе висит корзина.

*Грег:* Перестань фантазировать! Это пустая трата времени. Надо несколько лет тренироваться, чтобы что-то получилось. И даже после этого успех не гарантирован. Брось.

*Джефф:* Ну, наверное, ты прав, Грег. Может, тогда дождаться бейсбола этой весной?

*Грег:* Ты шутишь? У нас никаких шансов. Бейсбол сложнее, чем баскетбол. Да и потом, большинство баскетболистов играют в команде бейсболистов. Весной они будут в еще лучшей форме.

### *Жизнерадостная Холли решает участвовать в соревнованиях*

*Дженни:* Привет, Холли! Видела плакат в коридоре? На следующей неделе начинаются соревнования по баскетболу.

*Холли:* Здорово! Ты хочешь участвовать?

*Дженни:* Было бы классно попасть в школьную команду! Выдадут форму и все такое. Как ты думаешь?

*Холли:* Насчет чего?

*Дженни:* Ну, как считаешь, мы подойдем, чтобы играть в команде?

*Холли:* Думаю, подойдем. Есть, конечно, высокие девочки, но, может быть, мы быстрее бегаем.

*Дженни:* И после школы мы можем потренироваться вести мяч и забрасывать в корзину.

*Холли:* Конечно! Может, мы еще подрастем в этом году и станем выше всех в команде. Было бы здорово! Помнишь, как Таня за лето выросла на пять сантиметров? Вот бы и нам так!

*Дженни:* Да-а. Может, нам потренироваться на этой неделе? У меня корзина есть на заднем дворе.

*Холли:* Отличная мысль. Мой брат играет за команду старшеклассников. Давай я попрошу его показать нам основные приемы? После уроков жду тебя в раздевалке, ладно?

Попросите вашего ребенка рассказать, чем Грег отличается от Холли. Обратите его внимание на то, что Брюзга Грег видит только негативные стороны ситуации, а Жизнерадостная Холли, напротив, позитивные. Поинтересуйтесь, как он представляет себе ощущения Грега и Холли и с кем бы ему больше хотелось дружить. Будьте откровенны: расскажите о ситуациях из собственной жизни, когда вы повели себя как пессимист. Объясните, как пессимизм повлиял на ваши настроение и работоспособность. Пусть ваш ребенок тоже расскажет о случаях, когда у него возникали пессимистичные мысли, и сравнит последствия пессимизма с последствиями оптимизма.

**Адекватность суждений.** Разобравшись с различиями между оптимизмом и пессимизмом, переходите к понятию адекватности оценок.

Здесь присутствуют два важных аспекта. Первый — это личная ответственность. Некоторым родителям кажется, что я учу детей увиливать от ответственности, когда объясняю им, как оценивать, виновны ли в той или иной неприятной ситуации. «Я не хочу, чтобы мой ребенок обвинял всех вокруг кроме себя, когда что-то идет не так», — заявляют мамы и папы. Здесь я соглашусь. Глупо и ошибочно считать, что, привив установку: «Это не моя вина, я тут ни при чем», вы поможете детям прожить более успешную жизнь. Напротив, важно научить их видеть множество причин, порождающих проблему, и брать ответственность именно за свой вклад в появление данной проблемы, но не винить себя за обстоятельства, находящиеся вне сферы их контроля.

Второй аспект связан с «напускным оптимизмом». Родители, узнав о проведении нашего курса в классах, говорят: «Я не хочу, чтобы мой ребенок жил с лозунгами "Все замечательно!", "Мир чудесен!", "Я классный!". Это не доведет до добра. В жизни не все и не всегда замечательно, и он быстро в этом убедится». Они правы. Беспрестанные духоподъемные фразы не помогут в полной мере реализовать потенциал или прыгнуть выше головы. Так что «позитивное мышление», по сути, бессмысленно.

Позитивное мышление зачастую предполагает бодрое самовнушение наподобие «С каждым днем жизнь становится лучше», но без доказательств или даже при наличии доказательств обратного. Многие образованные люди, усвоившие скептическую манеру мышления, сопротивляются подобным методам самоуспокоения и не хотят, чтобы дети их перенимали. И тут я тоже с ними согласен. Осознанный оптимизм, наоборот, основывается на адекватности оценок.

Повторение про себя духоподъемных лозунгов особо не улучшит ни настроение, ни результаты. Мы учим детей трезво смотреть на проблемы. Адекватно оценить ситуацию вовсе не означает воспринять ее с пессимизмом. Цена у пессимизма высокая и своеобразная: дети, не уверенные в себе, считающие проблемы непоправимыми и постоянными, не станут искать способы их решения. Негативные суждения, как правило, слабо соотносятся с реальностью. Большинство детей преувеличивают отрицательные стороны той или иной ситуации и из всех возможных причин выбирают именно те, которые порождают самые ужасные последствия. Наиболее эффективным способом опровержения подобных суждений служит поиск доказательств, указывающих на неверность пессимистичных трактовок ситуации. Вашему ребенку всегда придет на помощь действительность. Осознанный оптимизм базируется не на бездоказательном позитиве, а на силе «ненегативного» мышления.

Склонные к депрессии дети зацикливаются на наихудших сценариях развития событий, когда дело касается и их личных неприятностей, и более широких проблем мироздания. Они винят себя за происходящее, которое в принципе не поддается контролю, и тяготеют к самым мрачным истолкованиям ситуаций. Им трудно увидеть более оптимистичную и более адекватную альтернативу. Таким ребятам необходимо научиться анализировать проблему в свете многообразия факторов, породивших ее, и справляться с ней, направив свою энергию на те аспекты, которые они способны контролировать. Семиклассница Таема, участница нашей программы, описала это довольно точно.

> Я научилась «разрезать» проблему на кусочки, как пиццу. Каждый кусок — это одна из причин, породивших проблему. Например, поссорившись с братом, я не виню в этом только его или только себя, а стараюсь понять, что вызвало ссору. Словно у меня в голове пицца и я решаю, на сколько кусков ее разрезать. Поначалу думать так было трудно. Я находила одну причину — и все. А теперь я нахожу множество причин, и это здорово, потому что мне не надо злиться только на себя или на брата. Затем я решаю, какие куски могу изменить, а с какими ничего не могу поделать. Я могу перестать дразнить брата (он здорово бесится, если я это делаю, и мы ругаемся). Другое дело, если он получит нагоняй от мамы. Когда его наказывают, он переживает и может сорвать зло на мне. Теперь я просто стараюсь не попадаться ему на глаза, если у него отвратительное настроение.

## Постоянство

Разобравшись с базовыми отличиями пессимизма и оптимизма и разъяснив ребенку необходимость адекватного восприятия событий, переходите к понятию стиля объяснения. Прежде всего разберите критерий постоянства, который имеет первостепенное значение для способности сопротивляться неудаче[1]. Расскажите ребенку, что, когда случается нечто неприятное, мы всегда стараемся объяснить себе причины происходящего и предугадать последствия. Подчас мы уверены, что проблема вечная и нам не под силу ее исправить. Подобные мысли о «постоянстве» лишают нас сил и заставляют сдаваться, не сделав ни единого шага. И напротив, считая ситуацию временной и поправимой, мы энергично ищем способы ее изменить.

Это самый важный аспект стиля объяснения. Не жалейте времени ради того, чтобы ребенок понял его во всей полноте! Пониманию могут способствовать три метода: сценки с Жизнерадостной Холли и Брюзгой Грегом, комиксы и истории из реальной жизни. Критерий постоянства неразрывен с оптимизмом, поэтому стоит всеми тремя способами поупражняться в его понимании.

**Сценки с Жизнерадостной Холли и Брюзгой Грегом.** Прочитайте сценку «Брюзга Грег на танцах» вслух и затем попросите вашего ребенка определить, какие мысли Грега постоянные, а какие временные. Потом прочтите сценку «Жизнерадостная Холли на танцах», и пусть ваш ребенок сравнит мысли Грега с мыслями Холли. Свяжите мысли со следствиями, чтобы ребенок понал, как пессимизм и оптимизм определяют набор чувств и образ действий человека.

***Брюзга Грег на танцах***

*Грег:* Эй, Синди, потанцуем?

*Синди:* Нет, спасибо, я устала.

*Грег [про себя]:* Ну вот! Мне так не везет! Зачем только я ее спросил? У меня никогда не получаются такие вещи! Понятно же было, что она откажет! Она многим нравится, а я такой тюха. Никто не захочет со мной танцевать. Меня все время отшивают. Никогда я не стану классным парнем. И зачем я только пришел на танцы. Тут всегда так скучно!

*[Грег с унылым видом присаживается на скамейку.]*

Вот на что следует обратить внимание: когда Грег думает: «Мне так не везет!», «Никто не захочет со мной танцевать» и «[На танцах] всегда так скучно», он объясняет отказ Синди танцевать с ним сквозь призму постоянных оценок. Вот почему Грег огорчен. Он поднимает белый флаг и решает вообще больше никого не приглашать. Проведя остальную часть вечера на скамейке, Грег, конечно же, скучает и впадает в еще большее уныние. Объясните ребенку, что без веры в улучшение ситуации человек сдается и перестает что-либо предпринимать. Между тем, зачастую можно как раз что-то предпринять, чтобы направить обстоятельства в лучшую сторону. Если же мысли заставляют сдаваться, улучшить свои позиции будет гораздо труднее.

***Жизнерадостная Холли на танцах***

*Холли:* Потанцуем?

*Джо:* Нет, спасибо.

*Холли [про себя]:* Гм, как не везет! Терпеть не могу, когда отказывают! Наверное, Джо вообще сегодня не собирается танцевать. Надо еще кого-нибудь пригласить. *[Обращаясь к Сэмми]* Сэмми, потанцевать не хочешь?

*Сэмми:* Нет, спасибо, Холли.

*Холли [про себя]:* Ну, надо же! Еще один отказ. Что же делать? Может, я недостаточно дружелюбна? Ладно, еще раз попробую, но теперь буду улыбаться изо всех сил. *[Обращается к Фреду с широкой улыбкой]* Привет, Фред! Хорошо время проводишь?

*Фред:* Да. Даже не верится, что это наш старый замызганный спортзал. Классно его оформили!

*Холли:* Да. Говорят, господин Ротера целую неделю над ним трудился. Красивая у тебя рубашка. Новая?

*Фред:* Эта? О, спасибо! Да, прикупил в эти выходные. Был в новом магазинчике, который открылся в торговом центре.

*Холли:* А, да, слышала, но еще не была там. О, как мне нравится эта песня. Потанцуем?

*Фред:* Давай!

Холли по-иному, нежели Грег, воспринимает затруднение в поиске партнера по танцам. Она думает: «Джо вообще сегодня не собирается танцевать» и «Я недостаточно дружелюбна». Такие оценки указывают на временность и поправимость ситуации. Джо может быть не в настроении, но это не значит, что все остальные мальчики не захотят танцевать. При второй попытке Холли решает, что она недостаточно дружелюбна, поэтому в третий раз старается расположить к себе собеседника. В отличие от Грега, Холли не оставляет попыток. Спросите своего ребенка, что помогло Холли продолжить поиски партнера, в то время как Грег сдался. Если объяснение сведется к «фактам» вроде «Наверное, Холли любят больше, чем Грега» или «Наверное, Грег противный», то снова разберите схему АВС. Не оставляйте «факты» без внимания; разумеется, они имеют значение, но помогите своему ребенку осознать, что способ интерпретации фактов значит не меньше, а может быть, и больше.

**Комиксы.** Разобрав с ребенком мысли в приведенных выше сценках, переходите к комиксам, чтобы потренироваться различать мысли с временными и постоянными оценками. На первом рисунке к мальчику пристают с криками: «Тебе же сказали, убирайся отсюда, хлюпик!» Во второй колонке вверху приведены мысли с постоянной оценкой, а внизу — мысли с временной оценкой. Процитирована только постоянная оценка: «Они все время ко мне пристают». Попросите своего ребенка придумать еще какие-нибудь мысли с постоянной оценкой, которые объяснили бы его отверженность (например, «У меня нет друзей», «Я никому не нравлюсь», «Я всегда не к месту»).

Далее пусть ваш ребенок запишет две мысли с временной оценкой, выбрав из таких вариантов: «Они меня обижают сегодня», «Они на меня рассердились», «Я их обидел на днях». В третьей колонке изображены два лица. Выбрав мысль с постоянной оценкой, пусть ваш ребенок дорисует лицо, чтобы оно выражало то чувство, которое породила данная мысль, и опишет, что именно чувствует персонаж.

Так, около надписи «Они все время ко мне пристают» лицо мальчика должно выражать огорчение и одиночество, показывая, что он будет долго избегать тех ребят. Затем сделайте то же самое с мыслями с временной оценкой. Фразу «Они меня обижают сегодня» можно связать с расстроенным лицом, но не таким, как в ячейке с постоянными оценками. Здесь мальчик будет сторониться тех ребят до конца дня, но позже снова будет с ними общаться.

Аналогичным образом разберите два следующих рисунка.

**Модель ABC в ситуациях из реальной жизни.** Теперь можно переходить к схеме ABC (неблагоприятный фактор — мысль — следствие) и анализировать примеры из жизни вашего ребенка. Это несколько иной формат. Для начала попросите вашего сына или дочку вспомнить недавнюю неприятную ситуацию. (Не забудьте, что надо зафиксировать только кто, что, когда и где.) Пусть он или она расскажет о своих мыслях в тот момент. Если они связаны с постоянными или временными оценками, занесите их в соответствующую ячейку. Далее пусть ребенок запишет, к каким результатам привела его данная мысль. Потом предложите рассмотреть пример с противоположными суждениями (с временными оценками, если первый пример был с постоянными, и наоборот). Запишите также и эти мысли и обсудите последствия, которые они могли бы породить.

Обращайте внимание на то, чтобы результаты согласовывались с мыслями. Если ребенок записал: «Я всегда буду изгоем» в ячейке с постоянной оценкой, но при этом заявляет, что у него будет нормальное настроение, поправьте его таким образом: «Если ты на сто процентов уверен, что с тобой до конца жизни никто не будет дружить, сможешь ли ты чувствовать себя нормально? Человек, твердо уверенный в этом, чувствовал бы себя отверженным и несчастным». Разберите хотя бы три примера из жизни своего сына или дочери, прежде чем переходить к следующему разделу.

1. Неблагоприятный фактор: ____________________________

   ____________________________________________________

   Постоянное суждение: ______________________________

   ____________________________________________________

   Результат: _________________________________________

   ____________________________________________________

Временное суждение: ________________________________

________________________________________________

Результат: ____________________________________

________________________________________________

2. Неблагоприятный фактор: __________________________

________________________________________________

Постоянное суждение: ______________________________

________________________________________________

Результат: ____________________________________

________________________________________________

Временное суждение: ________________________________

________________________________________________

Результат: ____________________________________

________________________________________________

3. Неблагоприятный фактор: __________________________

________________________________________________

Постоянное суждение: ______________________________

________________________________________________

Результат: ____________________________________

________________________________________________

Временное суждение: ________________________________

________________________________________________

Результат: ____________________________________

________________________________________________

## Персонализация

Дети со склонностью к депрессии обвиняют себя всегда, когда что-то идет не так. И хотя большинство реальных проблем вызвано совокупностью многих факторов, такие ребята, как правило, все видят в черно-белых красках и берут на себя всю вину. Их придавливает чувство вины и собственной никчемности, из-за чего они отгораживаются от друзей и родных. Такой виток усиливает риск депрессии. В данном разделе мы будем учить ребенка развивать комплексный взгляд на причины неудач и оценивать свою долю вины в них. Существует две модели поведения, которые вам следует поискать у своего ребенка. Он всегда считает себя виноватым при возникновении проблемы? Он всегда говорит: «Это моя вина»? Обратите внимание, где он находит причину проблемы, возникающей в семье или в кругу друзей. Во-вторых, винит ли ваш ребенок свое поведение или свой характер? Поведение можно изменить, а характер нет. Разберем несколько примеров. В первом семиклассник Джереми, участвовавший в нашей программе, описывает свое восприятие непростых отношений со старшим братом.

> Мы с Ричардом часто ссоримся. Очень часто. Мне кажется, что, когда ему исполнилось шестнадцать, он потерял ко мне интерес. Особенно плохо становится, когда к нему приходят друзья. Он ведет себя так, будто меня нет. Когда мы вдвоем, он хотя бы со мной разговаривает, хотя в основном твердит мне, что я тупица, или что-то подобное.
>
> Когда мы ссоримся, я пытаюсь понять, почему он так груб со мной. Мама говорит, что это «трудный возраст» и надо подождать, пока он станет прежним. Я понимаю, о чем она, потому что старший брат моей подружки Лорен тоже орет на нее из-за всякой ерунды, когда она не берет немедленно телефонную трубку или не кладет диск на место.
>
> Но иногда мне кажется, что в этом есть и моя вина. Как-то я спросил Ричарда, можно ли мне надеть его куртку, и он разрешил. Я просто не поверил, потому что он ее почти не снимает. А в другой раз я спросил о том же, так он рассмеялся и велел

мне заняться делом. Но я надел его куртку и пошел играть в футбол. Мне стало жарко, я ее снял и где-то забыл. Вернулся без куртки, и брат взорвался. Было просто ужасно. Возможно, таких мелочей бывает много — я забываю и не возвращаю его вещи. Я постараюсь быть внимательнее. Может быть, все немножко наладится.

Пытаясь найти причину конфликта, Джереми пришел к мысли, что он виновен в проблеме и что вина его сводится к определенному поведению. Это называется поведенческим самообвинением. Поведение можно изменить, поэтому поведенческое самообвинение приводит к попыткам исправить ситуацию. Поведенческое самообвинение в силу своего временного характера предотвращает уныние и апатию. Сравним восприятие Джереми с реакцией Талии на сложные отношения с матерью.

Мы с мамой стали ругаться все чаще и чаще. Раньше я, мама и моя сестра очень хорошо проводили время вместе — плавали на каноэ, катались на роликах, и мама еще притворялась, что не может сохранить равновесие. А сейчас уже не так здорово. В прошлую субботу мы поехали за город. Началось все нормально. А потом я все испортила. Мама вела машину, а мы с Сарой сидели на заднем сиденье. Сара шепотом разговаривала со своей куклой, а я начала ее дразнить, но совсем чуть-чуть. Мама велела мне прекратить, а я не прекратила. Я шепотом говорила что-то Саре так, что мама не слышала. В общем, потом Сара заплакала, а мама вышла из себя. Она начала на меня кричать, сказала, что, если я не замолчу, она развернется и мы будем сидеть дома.

У меня было ужасное чувство. Я всегда довожу маму. Во мне что-то, наверное, есть, из-за чего все становится плохо. Неважно, какой повод, но я всегда вывожу маму из себя. Я какая-то неправильная, Сара ведь не такая, как я. Ведь ребенок может быть неправильным?

Талия, как и Джереми, винит себя за конфликт. Однако она считает себя «какой-то неправильной». В отличие от Джереми, Талия винит себя не за конкретное поведение — то, что она дразнила Сару, как раз и послужило поводом для резкой реакции мамы, — но и за характер: «Я какая-то неправильная». «Характерологическое самообвинение» хуже поведенческого. Поведение можно изменить, а характер нет. Джереми может изменить свое поведение, в котором он видит причину проблемы. А Талия в тупике. Она не только полагает, что является причиной конфликта, но и что бессильна в сложившейся ситуации, т. е. перед нами безнадежность и беспомощность. Делая упражнения вместе с ребенком, не забывайте, что восприятие плохих событий как непоправимых и самообвинение, особенно связанное с личными характеристиками, указывают на крайне пессимистичную натуру.

Те же самые три метода, которые помогают объяснить ребенку критерий постоянства, применимы и к персонализации. Для маленьких детей мы используем две простые фразы: мысли «из-за меня», обозначающие самообвинение (интернальность), и мысли «из-за кого-то или из-за чего-то», обозначающие экстернальность. Постарайтесь давать объяснения, обходясь без оценок. Не надо говорить: «Лучше мысли "из-за кого-то или из-за чего-то", чем "из-за меня"» или: «Если у тебя мысли "из-за меня", то ты как Брюзга Грег». Вы ведь не хотите внушить ребенку, что лучше всего возложить вину на других или на обстоятельства! В равной мере было бы неверно учить его считать себя источником всех проблем. Обе крайности далеки от действительности и не дадут никакой пользы. Вместе с ребенком вы должны выявить именно его манеру восприятия и оценить последствия данной манеры. Затем можно приступать к оценке адекватности реакции ребенка.

**Сценки с Брюзгой Грегом и Жизнерадостной Холли.** Сначала разберите критерий персонализации. Не усложняйте. Скажите ребенку, что когда что-то идет не так, мы можем считать в этом виноватыми себя или кого-то другого либо обвинять обстоятельства. Для иллюстрации используйте такой пример.

Дженифер вернулась из школы и сказала маме, что хочет пообедать у Холли. Мама ей резко запрещает: «Нет, ни в коем случае. Я уже приготовила обед. Ты не должна объявлять о своих планах на вечер так поздно, ожидая, что мы под тебя подстроимся». Дженифер может подумать о множестве причин того, почему разозлилась ее мама. Если она подумала: «Я неправильно спросила, надо было более тактично», то это мысль «из-за меня». Дженифер считает, что ее мама рассердилась потому, что она неправильно спросила разрешения пойти к Холли. Если Дженифер думает: «Ого. Мама, должно быть, не в настроении сегодня», то это мысль «из-за кого-то или из-за чего-то». Дженифер считает, что ее мама рассердилась потому, что у нее плохой день.

Предложите ребенку поупражняться с двумя типами суждений. Прочтите сценку с Брюзгой Грегом и попросите вашего сына или дочку выделить мысли «из-за меня».

***Брюзга Грег упустил мяч***

Команда Грега по футболу проиграла. За обедом папа спрашивает мальчика про игру.

*Папа:* Мама рассказала мне, что у тебя сегодня неудачный день. Мне жаль, малыш.

*Грег:* Да, мы промазали. Должны были выиграть. А я все продул.

*Папа:* То есть? Что случилось?

*Грег:* Тоби передал мне мяч, и я его упустил.

*Папа:* Да, плохо. Но ведь это, наверно, не единственная причина вашего проигрыша. Какой был счет?

*Грег:* Пять — два, кажется. Мы бы победили, если бы не я. Я все порчу всякий раз, как получаю мяч. У меня никогда не выйдет нормально. Уйду из команды. Может, тогда они будут выигрывать.

Грег берет всю ответственность за проигрыш на себя: «Я все продул», «Я упустил мяч. Мы должны были выиграть», «Мы бы победили, если бы не я», «Я все порчу всякий раз, как получаю мяч», «Не получается у меня с футболом» и «У меня никогда не выйдет нормально» — это все мысли «из-за меня». Задайте своему ребенку следующие вопросы: как ты считаешь, Грег верно представляет себе причины проигрыша своей команды? Если команда проигрывает со счетом 5:2, может ли во всех ее ошибках быть виноват один человек? Какие еще могли быть причины? Почему Грег решил уйти из команды — из-за проигрыша или по другой причине? Думает ли он о том, чтобы улучшать свое мастерство? Почему нет? Объясните ребенку, что, взяв на себя *всю* вину за неудачи, человек будет чувствовать себя плохо и может решить больше не участвовать в том или ином деле.

Теперь прочтите сценку с Жизнерадостной Холли и сравните мысли девочки с суждениями Грега. Пусть ваш ребенок подчеркнет все мысли «из-за кого-то или из-за чего-то» и обведет в кружок все мысли «из-за меня».

#### ***Жизнерадостная Холли упустила мяч***

Команда Холли по волейболу проиграла. За обедом папа расспрашивает девочку об игре.

*Папа:* Мама рассказала мне, что у тебя сегодня неудачный день. Мне жаль, малышка.

*Холли:* Да, мы промазали. Должны были выиграть. Нам сегодня действительно не повезло.

*Папа:* То есть? Что случилось?

*Холли:* Ну, одна девочка отбила мяч, и он полетел прямо на меня, а я его упустила. Поверить не могу. Он летел прямо мне в руки, а я не поймала. Мне было так стыдно.

*Папа:* Да, плохо. Но ведь не только это было причиной вашего проигрыша. Какой был счет?

*Холли:* Десять — четыре, кажется. Мы все играли плохо. Мисс Кросс была недовольна. Шерон два раза пропустила мяч. Дана даже до базы не добежала, а обычно она так здорово отбивается, и Кимберли тоже не поймала мяч. А у них в команде есть такая высокая девчонка, которая враз отбивает мячи. Мисс Кросс говорит, что нам нужно быть более сосредоточенными на поле.

Холли трезвее оценивает причины проигрыша, нежели Грег. Она берет ответственность за свои промахи, но и отмечает ошибки остальных игроков команды. Она видит и преимущества соперничающей команды, которые обеспечили успех. Давайте посмотрим, что подчеркнул ваш ребенок. Фразы «Мы все играли плохо», «Шерон два раза пропустила мяч», «Дана даже до базы не добежала, а обычно она так здорово отбивается, а Кимберли тоже не поймала мяч» и «А у них в команде есть такая высокая девчонка, которая враз отбивает мячи» отражают мысли «из-за кого-то». «Я его упустила. Поверить не могу. Он летел прямо мне в руки, а я не поймала» относятся к категории мыслей «из-за меня».

Задайте ребенку следующие вопросы: как ты думаешь, кто оценивает ситуацию более правильно — Грег или Холли? Кому больше нравится играть в команде? Уйдет ли Холли из команды? Если нет, то почему? На кого из них двоих больше похож ты? Объясните ребенку, что надо брать ответственность за свои действия, которые способствовали появлению проблемы, но не винить себя за то, что изменить не в силах. Растолкуйте ему, что дети, похожие на Жизнерадостную Холли, которые могут сказать: «Вот здесь я виноват, а здесь нет», чувствуют себя увереннее и стараются больше не делать соответствующих ошибок. Дети, подобные Брюзге Грегу, взваливают всю вину на себя и обычно сдаются, даже не попытавшись справиться с проблемой.

Если вас беспокоит то, что ваш ребенок в недостаточной мере берет на себя ответственность или слишком раздражается, прочтите с ним вместе следующую сценку. Потом обсудите те же вопросы, которые приведены абзацем выше, добавив Злюку Адама в качестве центрального персонажа, например: как ты думаешь, Грег, Адам или Холли оценивает ситуацию более реалистично? Кому больше нравится играть в команде?

***Злюка Адам пропускает гол***

Футбольная команда Адама проиграла. За обедом папа расспрашивает мальчика об игре.

*Папа:* Мама рассказала мне, что у тебя сегодня неудачный день. Мне жаль, малыш.

*Адам:* Да, мы промазали. Должны были выиграть. Сэм все продул.

*Папа:* То есть? Что случилось?

*Адам:* Из Сэма вратарь вообще никакой. Четыре мяча пропустил. Даже не смог поймать те мячи, за которыми прыгал.

*Папа:* Да, плохо. Но ведь не только это было причиной вашего проигрыша. Какой был счет?

*Адам:* Пять — четыре. Мы бы выиграли, если бы не Барри. Он не забил пенальти. Кретин. Я ему предлагал, чтобы я бил, но тренер сказал, что сейчас его очередь. Я до этого бил пенальти, но не забил, потому что Фрэнк мне все время под руку говорил, что делать, и я не мог сосредоточиться. Я играю в самой плохой команде!

**Комиксы.** Потренируйтесь с обоими типами суждений на примере комиксов. Данные изображения похожи на те, что мы встречали при разборе критерия постоянства.

Отличие здесь только в том, что мысли помечены словами «из-за меня» и «из-за кого-то или из-за чего-то». В первом примере девочка узнает, что ее подружка приглашена на вечеринку к Майку, а она нет. Мысль «из-за меня» звучит как: «Я ботаник, а никто не будет дружить с ботаниками». Предложите своему ребенку записать еще одну мысль «из-за меня» и дорисовать лицо, чтобы показать чувства девочки.

Затем пусть он запишет две мысли «из-за кого-то или из-за чего-то» и нарисует лицо, отображающее эмоции персонажа. Попросите его рассказать, что чувствует этот человек. Далее пусть ваш ребенок таким же образом разберет два других рисунка. Обращайте внимание, чтобы последствия были логически связаны с мыслями.

**Модель ABC в ситуациях реальной жизни.** Теперь можно переходить к формату ABC.

Попросите вашего ребенка вспомнить неприятную ситуацию и возникшие тогда мысли. Пусть он определит, к какой категории относится мысль — «из-за меня» или «из-за кого-то или из-за чего-то». Запишите их в соответствующей ячейке вместе с последствиями.

Если изначально была мысль «из-за меня», попросите придумать мысль «из-за кого-то или из-за чего-то» и запишите ее. Спросите своего ребенка, как бы он себя чувствовал и что делал, если бы у него появилась такая мысль. Результаты тоже занесите на бумагу. Если же первоначальные мысли были связаны с внешними факторами, разберите ситуацию уже в свете интернальных мыслей.

1. Неблагоприятный фактор: ________________________________

   ________________________________

   Причина «из-за меня»: ________________________________

   ________________________________

   Результат: ________________________________

   ________________________________

   Причина «из-за кого-то или из-за чего-то»: ________________

   ________________________________

   Результат:________________________________

   ________________________________

2. Неблагоприятный фактор: ________________________________

   ________________________________

   Причина «из-за меня»: ________________________________

   ________________________________

   Результат: ________________________________

   ________________________________

   Причина «из-за кого-то или из-за чего-то»: ________________

   ________________________________

   Результат: ________________________________

   ________________________________

3. Неблагоприятный фактор: ______________________

______________________________________________

Причина «из-за меня»: __________________________

______________________________________________

Результат: ____________________________________

______________________________________________

Причина «из-за кого-то или из-за чего-то»: ____________

______________________________________________

Результат: ____________________________________

______________________________________________

**Игра в пироги**. На последнем этапе можно поиграть с ребенком в пироги. Данная игра особенно полезна для детей, которые видят свою причастность к проблеме в черно-белых красках и с трудом могут осознать частичную вину.

Ниже нарисован пирог. Пусть ваш ребенок разрежет его на куски, чтобы каждый кусок отождествлял одну из причин, породивших проблему. Причины нужно записать на кусках пирога. Разберите совместно первый пример.

Шестиклассницу Мелани, принимавшую участие в нашей программе, ее подружки «наказывали молчанием». Сначала она нашла только одно объяснение: «Они больше не хотят со мной дружить и поэтому избегают меня». Ей было несладко, и она не могла определить другие причины, отчасти еще и потому, что ее тяготила мысль о потере друзей.

Мы дали Мелани изображение пирога, и она смогла поделить его на пять частей, в каждой написав возможную причину: «Они мне мстят за то, что я сказала Скотту о чувствах Тиеши к нему», «Тиеша настроила их против меня», «Они разозлились потому, что Кэролин пригласила не их, а меня на пляж»,

«Я обозвала Джули “носатой”, и они за нее заступаются» и «Они недоразвитые».

Сначала помогите своему ребенку рассмотреть все возможности. Мелани мы задавали наводящие вопросы: случалось ли раньше, чтобы они переставали с тобой общаться? Вы ссорились? Они так всегда себя ведут?

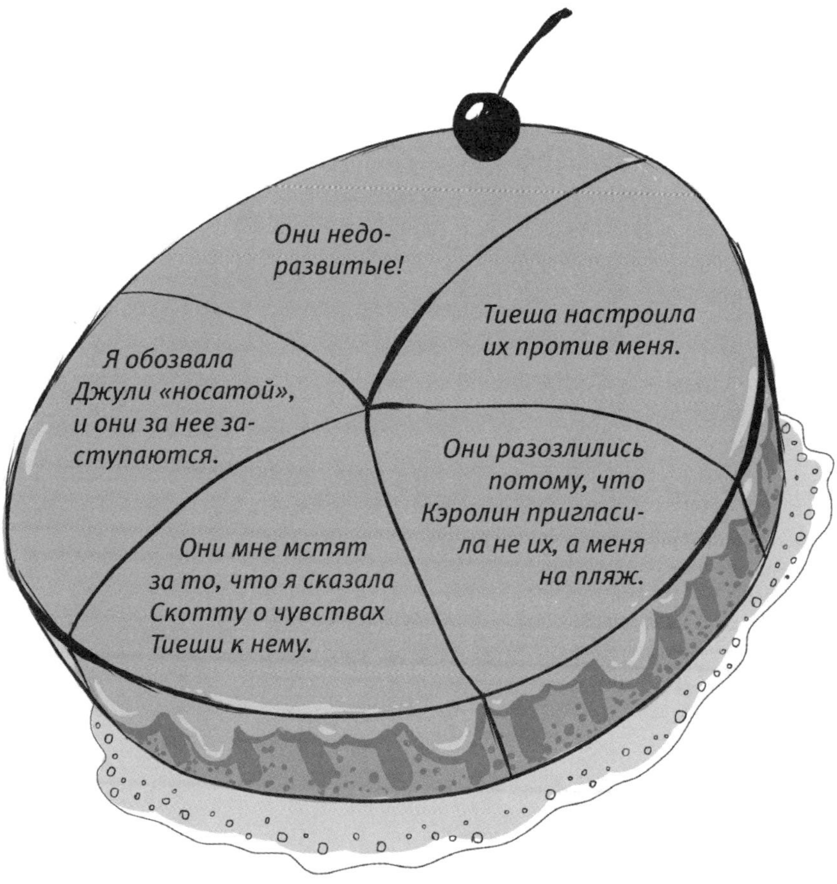

Разберите пример Мелани. Объясните, что сначала у нее было только одно объяснение тому остракизму. А потом она нашла пять различных причин, и каждая могла привести к тому, что подружки стали ее игнорировать. Именно это и помогло Мелани понять, как ей справиться с проблемой.

Спросите своего ребенка, как предположительно чувствовала себя Мелани, когда решила, что девочки с ней больше не будут дружить. Что она могла сделать? Изменились ли ее чувства, когда она разрезала пирог? Надо убедиться, что ваш ребенок понимает, как улучшилось настроение Мелани и усилилась готовность решать проблему, когда девочка увидела несколько факторов, создавших неприятную ситуацию. Теперь она может извиниться перед Тиешей за то, что рассказала Скотту ее секрет. Она может рассказать подружкам, как они с Кэролин побывали на пляже. Она может спросить у Джули, сильно ли та обиделась.

Разберите два примера из жизни вашего ребенка. Пусть он сначала запишет неблагоприятный фактор. Затем предложите ему назвать как можно больше возможных причин, породивших данную ситуацию. Иногда дети думают, что чем больше кусков будет у пирога, тем лучше, и придумывают множество нелепых причин. Чтобы избежать этого, объясните, что надо разделить пирог на как можно большее количество реалистичных причин-кусочков. Называя возможную причину, ребенок должен отчертить кусок и записать ее внутри. Детям, которые во всем видят только свою вину или, напротив, никогда не видят своей вины, можно задавать наводящие вопросы (мы их рассматривали выше). Далее нужно пронумеровать каждый кусок. Затем их необходимо пометить по критериям постоянства и персонализации. Если ребенок в основном называет постоянные суждения и причины «из-за меня», попросите его подумать о временных оценках и причинах «из-за кого-то или из-за чего-то».

1. Неблагоприятный фактор ______________________________

______________________________________________

Номер куска ____

☐ Постоянное суждение ☐ Временное суждение

☐ Причина «из-за меня» ☐ Причина «из-за кого-то или из-за чего-то»

Номер куска ____

☐ Постоянное суждение ☐ Временное суждение

☐ Причина «из-за меня» ☐ Причина «из-за кого-то или из-за чего-то»

Номер куска ____

☐ Постоянное суждение ☐ Временное суждение

☐ Причина «из-за меня» ☐ Причина «из-за кого-то или из-за чего-то»

Номер куска ____

☐ Постоянное суждение ☐ Временное суждение

☐ Причина «из-за меня» ☐ Причина «из-за кого-то или из-за чего-то»

Номер куска ____

☐ Постоянное суждение ☐ Временное суждение

☐ Причина «из-за меня» ☐ Причина «из-за кого-то или из-за чего-то»

Номер куска ____

☐ Постоянное суждение ☐ Временное суждение

☐ Причина «из-за меня» ☐ Причина «из-за кого-то или из-за чего-то»

Номер куска ____

☐ Постоянное суждение ☐ Временное суждение

☐ Причина «из-за меня» ☐ Причина «из-за кого-то или из-за чего-то»

2. Неблагоприятный фактор ________________________________
________________________________________________

Я разделил пирог на ____ кусков.

Номер куска ____

☐ Постоянное суждение ☐ Временное суждение

☐ Причина «из-за меня» ☐ Мысль «из-за кого-то или из-за чего-то»

Номер куска ____

☐ Постоянное суждение ☐ Временное суждение

☐ Причина «из-за меня» ☐ Мысль «из-за кого-то или из-за чего-то»

Номер куска ____

☐ Постоянное суждение ☐ Временное суждение

☐ Причина «из-за меня» ☐ Мысль «из-за кого-то или из-за чего-то»

Номер куска ____

☐ Постоянное суждение ☐ Временное суждение

☐ Причина «из-за меня» ☐ Мысль «из-за кого-то или из-за чего-то»

Номер куска ____

☐ Постоянное суждение ☐ Временное суждение

☐ Причина «из-за меня» ☐ Мысль «из-за кого-то или из-за чего-то»

Номер куска ____

☐ Постоянное суждение ☐ Временное суждение

☐ Причина «из-за меня» ☐ Мысль «из-за кого-то или из-за чего-то»

Номер куска ____

☐ Постоянное суждение ☐ Временное суждение

☐ Причина «из-за меня» ☐ Мысль «из-за кого-то или из-за чего-то»

## Вывод

Теперь ваш ребенок понимает, что его внутренняя речь напрямую влияет на его чувства и действия. Когда случается нечто неприятное, он может «поймать» свой внутренний голос и предугадать его последствия. Возможно, ему еще будут нужны ваши подсказки («Когда тебе ставили плохие оценки, что ты себе говорила?») и, получив их, он сможет проанализировать свою ситуацию по схеме ABC. Он уже умеет различать постоянные и временные суждения, личные и внешние причины. Наконец, теперь он способен оценить адекватность своих мыслей. В следующей главе мы разберем, как опровергать неверные суждения.

# Глава 12

# Опровержение и декатастрофизация

Большинство взрослых и детей умеют оспаривать обвинения со стороны, но плохо отражают самообвинения. Мы знаем, что чужие суждения о нас могут быть предвзятыми и неверными, а к собственному мнению о самих себе относимся как к аксиоме. Самоопровержение — устойчивый и эффективный метод проверки на прочность ваших нереалистичных суждений. Вы выявляете неадекватность своих мыслей, доказывая себе их преувеличенность и даже банальную ошибочность. Как следствие, со временем необоснованные суждения будут проявляться все реже и реже. Данный когнитивный метод предполагает, что к собственным мыслям вы относитесь всего лишь как к гипотезам, которые надлежит проверить и затем поправить, если они окажутся неверными. Освоив взрослую методику контраргументации и декатастрофизации, вы сможете обучить соответствующим навыкам своего ребенка.

Чтобы справиться с пессимизмом, под сомнение надо поставить собственное мнение о самом себе. Не стоит слепо верить самокритике. Остановитесь и посмотрите на ситуацию с другого ракурса. Если данные критические оценки соответствуют действительности, хорошо. Тогда нужно постараться изменить те стороны своей личности и жизни, которые породили недовольство собой. Однако вы можете обнаружить и ошибочность своих суждений, и их преувеличение, т. е. интерпретацию неприятных событий в категориях постоянного и универсального. При таком результате необходимо скорректировать свое мнение о себе.

Чтобы успешно опровергать те или иные суждения, надо много практиковаться. Далее мы разберем пару примеров того, как взрослые пытаются опровергнуть свои пессимистичные представления.

Элана — мама одного из участников нашей программы предотвращения депрессии. При знакомстве она проявила интерес к навыкам, которым мы обучали ее дочь, пожелав их освоить. Я разобрал с ней модель ABC. Первая запись в формате ABC содержит первые попытки Эланы опровергнуть свои пессимистичные суждения — я ей дал только несколько наставлений. Во втором случае она уже справляется с пессимизмом после серии упражнений.

Я добавил два элемента в модель ABC: *D* — опровержение (disputation), т. е. аргумент, противоречащий вашим мыслям, и *E* — активизация (energization), т. е. следующие за опровержением эмоции и поведение. После каждого суждения и опровержения в скобках указаны баллы (по шкале 1–100), которыми оценивается ваша уверенность в правильности тезиса. Баллы в скобках после результатов и активизации обозначают силу ваших чувств (шкала 1–100). Лучше всего эффективность опровержения проверяется в разделе «Активизация». Пошли ли негативные чувства на убыль?

> ***Неблагоприятный фактор.*** Я несколько недель работала над рекламной кампанией для крупного клиента. Я знала, что если моему начальству понравится результат, у меня будет шанс получить повышение. Я отдала проект начальнику. Какое-то

время ничего не было слышно, но однажды утром я пришла на работу и увидела на своем столе макет с пришпиленной запиской: «Хорошо, надо доработать, побольше напора».

***Мысли.*** Вот тебе и на! Вот тебе и повышение (100)! Я чуть не умерла над этим проектом и все, что получила, — это «побольше напора»! Я не могу стучать по столу кулаком (100). Придется плюнуть. Я выложилась по полной, наверное, надо бросить все (90). Я не подхожу для этой работы (90).

***Результаты.*** Я очень расстроилась. Чувства разделились пополам на злость (80) и уныние (100). Я даже забросила тот злосчастный проект на пару недель. Как только бралась за него, у меня ком в горле появлялся — и я его откладывала. Но и на других делах не могла сосредоточиться. Словно работа мне опостылела.

***Опровержение.*** Хватит, перестань! Тебя повысят (20). Ты лучшая (10). Надо проявить упорство!

***Активизация.*** Я все равно чувствовала себя несчастной, по-прежнему подавленной (90). Тактика опровержения совсем не помогла. Может, я стала чуть больше прилагать усилия на работе в течение одного или двух дней, но недолго. Я продолжала думать об увольнении и поиске другой работы.

Попытки Эланы подискутировать с собой нельзя назвать серьезными, и настроение ее не улучшилось потому, что она сама не верила своим контраргументам. Словно она незамысловато подстегивала себя: «Давай, Элана, давай!» Контраргументация не сработала так же, как не работает большинство примитивных призывов — ведь это просто пустые ободряющие фразы, разновидность самовнушения. Пустые лозунги не изменят ваше настроение, их эффект длится совсем недолго. Эффективное опровержение требует содержательности. Вы должны убедить себя в несостоятельности своих суждений. Сравните с более поздним опытом Эланы.

***Неблагоприятный фактор.*** На прошлой неделе была двадцать первая годовщина нашей с Тедом свадьбы. Мы по очереди каждый год придумываем к дате что-нибудь особенное, и в этом году была очередь Теда. Он снял гостиницу в центре и купил билеты в театр. Но вместо приятного времяпрепровождения мы ссорились все выходные. Сначала из-за того, можно ли Мими уже встречаться с мальчиками. Потом мы разругались из-за того, можно ли взять часть пенсионных накоплений и достроить террасу к дальней комнате. Казалось, мы будем отмечать нашу годовщину в беспрестанных перепалках.

***Мысли.*** Что и следовало ожидать! Нам так редко удается побыть вдвоем, а когда такая возможность появляется, мы все время ссоримся. Он такой несговорчивый (80). И если он принимает решение, то все, это на века. Никогда не способен изменить точку зрения. Такой эгоист (90)! Никогда не хочет ничего обсуждать (80). Всегда все должно быть как он считает нужным (90). Как же я устала!

***Результаты.*** Я просто из себя вышла (100). Никак не могла успокоиться. Даже неспособна была его слушать. Он хотел отложить разговор на потом, но я не могла остановиться. Только все больше и больше распалялась (100).

***Опровержение.*** Ну хватит! Я действительно расстроилась. Интересно, не делаю ли я из мухи слона? Ладно, Тед, похоже, не уступит в вопросе свиданий с мальчиками и против того, чтобы тратить пенсионные деньги. Он не такой покладистый, как я, но он точно не упрямый. Ведь он много раз шел на уступки, чтобы угодить мне или детям (95). Например, прошлым летом, когда мы решили поехать на море. Он ведь хотел в горы. Нет, эгоистом его назвать нельзя. Он даже планы поменял, чтобы я в школу вернулась. Он многим пожертвовал (100). Может, его просто тревожит взросление Мими (80). Страшно представить, что она встречается с кем-то из тех нахалов! И терраса съест очень много сбережений... Я должна была бы понять, почему он нервничает (90).

***Активизация.*** Я успокоилась. Некоторое раздражение осталось, но не такое, как прежде (20). Я смогла абстрагироваться от вопроса о мальчиках и стройке, так что в оставшуюся часть выходных приятно провела время.

Элана больше не ободряет себя пустыми лозунгами. Контраргументация уменьшила ее гнев со 100 до 20 баллов, она смогла расслабиться и наслаждаться оставшуюся часть уикенда. Почему опровержение оказалось столь эффективным? Давайте разберемся. Во-первых, Элана приказала себе успокоиться. Это важно. Она не успевала опровергать свои негативные мысли, поэтому ей надо было притормозить. Успокоившись, Элана начала дистанцироваться от своих мыслей. Это первый серьезный шаг. Затем она вычленила так называемое зерно истины в своих автоматических мыслях. Да, ее муж не такой покладистый, как она сама, но недостаточная покладистость — это не то же, что упрямство. Если в суждении есть доля истины, не отметайте его. Важно уметь отделять зерно истины от плевел преувеличения.

Далее Элана вспомнила конкретные примеры, когда Тед шел на компромисс или был готов обсуждать изменение планов. Элана подобрала доказательства, опровергающие ее суждения. Наконец, она рассмотрела альтернативные объяснения поведению Теда. Возможно, его беспокоит взросление Мими. Возможно, он переживает за их финансовое благополучие. Отстранившись от своих негативных мыслей, отделив факты от преувеличений, вспомнив о доказательствах и сформулировав альтернативное объяснение, вы добьетесь результативного опровержения. Настроение ваше улучшится, силы вернутся, потому что пессимизм сойдет на нет.

Эффективная контраргументация базируется на четырех основаниях. Первое сводится к *перечислению доказательств*. Поймав себя на пессимистичной мысли, сразу же спрашивайте себя: что подтверждает данную мысль? Будьте начеку. Вы уже пессимист со стажем, так что у вас отработаны методы сохранения пессимистичного восприятия. Начав искать доказательства, на первых порах вы, возможно, найдете массу доводов в поддержку своего пессимизма и совсем чуть-чуть против него. Это предвзятость подтверждения. Мы замечаем факты, поддерживающие наши суждения, с большей готовностью, нежели факты, их опровергающие. Чтобы преодолеть предвзятость подтверждения, недостаточно просто искать в своей жизни какое-либо доказательство, опровергающее ту или иную мысль. Разделите задачу на две самостоятельные части. Сначала вспомните все, что подтверждает ваше суждение. Затем спросите себя: *какие факты опровергают данное суждение?* Заставив себя посмотреть на оба полюса, вы ослабите предвзятость подтверждения. Разумеется, эффективность опровержения зависит от доказательств. Так что больше конкретики и деталей в случае с каждым доказательством.

Вторая тактика связана с формулированием *альтернативы.* Задайтесь вопросом: как иначе можно объяснить неприятную ситуацию? Пессимисту трудно увидеть ее в перспективе. Он абсолютно убежден, что его суждение единственно верное. Он потакает себе. Попробуйте составить перечень из самых разных интерпретаций. Если вы по-прежнему считаете, что других разумных объяснений нет, спросите себя, как бы ваш лучший друг воспринял то, что случилось? Или ваш отец? Как бы отнесся к этому сторонний наблюдатель? Вот теперь у вас есть иные объяснения, и можно оценить их состоятельность с помощью доказательств. Не забывайте, редко когда у событий бывает только одна причина — многосложность мира позволяет найти несколько объяснений и сосредоточиться на них. Так что не упрощайте ситуацию монолитным пессимистичным суждением. Рассмотрите весь спектр возможных причин той или иной проблемы.

Третья тактика сводится к декатастрофизации, т. е. точной оценке *последствий* неприятной ситуации, ответам на вопрос «что если».

Когда что-то идет не так, сразу ли вы думаете о череде страшных последствий? Получив от начальника задание что-то «доработать», терзаетесь ли вы мыслями о конце карьеры? Пессимисты живут в режиме «что если», рисуя все в черных красках. Босс немного недоволен — а пессимист уже воображает картину «что если». Что если он решит меня уволить? Что если я не найду работу? Что если мне придется менять сферу деятельности? И так далее и тому подобное. Лучший способ справиться с бесчисленными «что если» — трезво оценить себя и ответить на данный вопрос. Фраза «что если» пугает потому, что указывает на неопределенность: кажется, что нечто страшное подстерегает вас в будущем.

Дойдя до панического «что если», задайте себе три вопроса, каждый из которых поможет вам посмотреть на вещи трезво. Первый: каковы могут быть самые ужасные последствия, неважно, когда именно они случатся? Будьте конкретны в своих прогнозах. Не отделывайтесь поверхностными формулировками. Пусть у чудовища будет лицо и имя. Затем спросите себя: насколько это вероятно? Если бы это произошло, как бы вы поступили, чтобы исправить ситуацию? Далее спросите себя, каковы могут быть самые благоприятные последствия? Снова больше конкретики. Определив границы лучшего и худшего, задайтесь вопросом о наиболее вероятном исходе дела. Скорее всего, худшего не произойдет, равно как и наилучшего. Последствия будут где-то посередине. Представив все три варианта развития событий, вы уже можете составить план. Разработка *плана наступления* является четвертой стратегией опровержения. Мобилизуйте все силы на составление плана наступления для наиболее вероятного случая. Не стоит игнорировать планирование и для самого лучшего и самого худшего сценариев. А может быть, вы способны добиться самого благоприятного результата? В некоторых случаях реальностью действительно становится именно худший вариант. Неприятности действительно случаются. Рушатся отношения, люди теряют работу. Однако это не означает, что ничего нельзя изменить. Что именно можно предпринять для улучшения ситуации? Как исправить ошибку? Как сгладить те стороны своего характера, которые создают для вас проблемы? Как проконтролировать ущерб от случившегося? Составив план наступления, вы предотвратите состояние беспомощности и обретете способность пробиваться через суровые обстоятельства жизни.

Элана осознала себя как человека, живущего в режиме «что если». Познакомьтесь с тем, как она научилась смотреть на вещи трезво.

> ***Неблагоприятный фактор.*** Мы с Тедом ужасно поссорились. Наговорили друг другу кучу грубостей. Так поругались, что он в гневе бросился вон из дома. Позвонил через пару часов, сказал, что переночует у брата.
>
> ***Мысли.*** Ужасно. Мы никогда так не ругались. Никогда не видела его в таком гневе. А что если он не успокоится? И мы не помиримся? Что тогда будет?
>
> ***Декатастрофизация.*** Успокойся, Элана. В худшем случае он больше никогда не вернется домой: приедет за вещами, пока я на работе, и уйдет навсегда *[худший сценарий].* Но даже если это случится, я переживу. Это, конечно, самое ужасное, что можно представить, но я обращусь к родным за поддержкой и помощью *[план наступления].* И потом, будь благоразумной. Этого не случится. Мы слишком долго женаты, он слишком любит детей, чтобы вот так взять и уйти *[доказательство].* В лучшем случае он вернется домой через несколько часов с охапкой роз и признает свою вину. Раскатала губы! Тед уже двадцать лет не покупал мне розы. Ладно, что же самое вероятное? Наверное, он переночует у Генри и вернется утром *[наиболее вероятный сценарий].* Поначалу мы будем общаться натянуто. Мы оба наговорили много гадостей, так что потребуется время, чтобы потеплеть друг к другу,

но у нас получится. Может, оставить детей у мамы и провести некоторое время вместе, чтобы все наладилось *[план наступления]*?

Элана определила самый худший вариант развития событий и продумала, как она с ним справится, а затем посчитала его маловероятным и смогла избавиться от своего страха. Она поняла, что и самый приятный исход столь же нереален. Затем она сосредоточилась на наиболее вероятных последствиях и составила для них план, приблизив тем самым перспективу разрешения проблемы.

## Контраргументация: упражнения для взрослых

Прежде чем обучать своего ребенка приемам борьбы с пессимистичными мыслями, попрактикуйте соответствующие навыки сами. Вот два примера для вас.

***Неблагоприятный фактор.*** Одна моя близкая подруга разошлась с мужем. Дженис я знаю очень давно, но и с ее мужем Стивеном мы подружились за время их брака. После их расставания я продолжила общаться со Стивеном, он дважды у нас обедал. Дженис вышла из себя, когда об этом узнала. Она назвала меня предательницей.

***Мысли.*** Она права. О чем я думала? Дженис нужна моя поддержка. Ее задевает мое общение со Стивеном. Я действительно не подумала. Она порвет со мной, я уверена!

***Результаты.*** Я чувствую себя очень виноватой. Стивен звонил дважды, но я не отвечала на его звонки. Из-за этого у меня тоже появилось чувство вины. Просто кошмар.

***Опровержение.*** Ну да, сначала я познакомилась с Дженис. Я уважаю ее решение о разводе. Но это не значит, что я должна отвернуться от Стивена. Ситуация сложная. Лучшее, что я могу сделать, — объяснить им, что они оба мне дороги. Общение со Стивеном не означает предательства Дженис. Мне он тоже не безразличен *[альтернатива]*. Я общалась с ней по телефону почти каждый день после их развода *[доказательство]*. И я меняла свои планы, чтобы помочь ей не чувствовать себя брошенной *[доказательство]*. Дженис сейчас злится, но скоро она успокоится *[декатастрофизация]*. Надо ей помочь. Может быть, отправить ей письмо с объяснением, что я чувствую *[план наступления]*?

***Активизация.*** Вместо чувства вины я стала спокойно относиться к себе. Я поняла, что довольно разумно веду себя в непростых обстоятельствах. Я решила позвонить Дженис и объяснить свое видение ситуации.

***Неблагоприятный фактор.*** Я преподаю первый год. Я долго готовила поездку своих восьмиклашек на ферму, чтобы познакомить их с основами сельского хозяйства. Опытные учителя предупреждали меня, что не надо этого делать, но мне все равно хотелось устроить для ребят что-то особенное. Когда мы туда приехали, они начали вести себя ужасно. Пытались накормить корову жевательной резинкой. Я застала двух девочек курящими рядом со стогом сена, они чуть не устроили там пожар. Мальчики пытались украсть яйца у куриц.

***Мысли.*** Это катастрофа! Надо же было думать! Какая же я наивная! Не послушалась опытных коллег! Директриса узнает и слетит с катушек. Мне повезет, если я хотя бы год продержусь в этой школе. Теперь буду делать все по инструкции. Никаких «уроков жизни»!

***Результаты.*** Мне было очень стыдно. Вообще в понедельник не хотелось показываться на работе. Я то и дело прокручивала в голове все ужасные эпизоды. Все порывалась позвонить и сказать, что мне нездоровится, но мне было неловко делать это в присутствии мужа.

***Опровержение.*** Глупости! Я преувеличиваю. Да, некоторые ребята вышли из-под контроля. Но большинство вели себя хорошо, радовались поездке и узнали много нового. Поездку я организовала не по причине наивности. Это творческий подход *[альтернатива].* Да, некоторые учителя называли меня сумасшедшей, но это потому, что они сами вымотались. Мое решение насчет поездки не было безрассудством. Молодые учителя вроде меня всегда хотят попробовать что-то новое, что пойдет на пользу ученикам *[альтернатива].* И почему, собственно, директриса должна выйти из себя? Я ведь пресекла все безобразия, не допустила появления серьезных проблем *[доказательство].* Она может мне посоветовать взять побольше взрослых в следующий раз — и все *[декатастрофизация].* Может, мне составить для нее отчет и сообщить о том, что я подкорректирую в следующий раз *[план наступления]*?

***Активизация.*** Мне стало гораздо лучше. Я перестала бояться показаться в школе и обсуждать нашу поездку. Да, я была немного расстроена тем, что не все получилось гладко, но я не боялась нового.

Теперь вспомните примеры из своей собственной жизни. Обращайте особое внимание на любые неприятности и проблемы, которые могут возникнуть в ближайшие дни. Послушайте свой внутренний голос и поупражняйтесь в контраргументации. Вот вопросы, которые вы можете адресовать себе:

1. Что доказывает правильность данной мысли? Что доказывает неправильность данной мысли?
2. Как можно по-другому посмотреть на ситуацию?
3. Каков самый худший исход событий? Это возможно?

4. Каков наилучший исход событий? Это возможно?
5. Каков самый вероятный исход событий?
6. В чем состоит мой план наступления, особенно в рамках самого вероятного сценария?

Необязательно задавать себе все вопросы в каждой ситуации. Выберите те, которые вам больше всего подходят. Не забывайте оценивать свои первоначальные мысли и контраргументы по стобалльной шкале. Также измеряйте интенсивность своих чувств, чтобы видеть, насколько успешно вы опровергаете сами себя. Результаты запишите ниже.

1. Неблагоприятный фактор: ______________________________

   ______________________________

   Мысли: ______________________________

   ______________________________

   Результат: ______________________________

   ______________________________

   Опровержение: ______________________________

   ______________________________

   Активизация: ______________________________

   ______________________________

2. Неблагоприятный фактор: ______________________________

   ______________________________

   Мысли: ______________________________

   ______________________________

   Результат: ______________________________

   ______________________________

   Опровержение: ______________________________

   ______________________________

   Активизация: ______________________________

   ______________________________

3. Неблагоприятный фактор: ______________________________

______________________________________________________

Мысли: __________________________________________

______________________________________________________

Результат: ________________________________________

______________________________________________________

Опровержение: ____________________________________

______________________________________________________

Активизация: ______________________________________

______________________________________________________

## Форсированная контраргументация для взрослых

Существует еще одна практика, которую следует освоить прежде, чем обучать детей контраргументации. Систематические бумажные упражнения по схеме ABCDE станут хорошим началом борьбы с пессимизмом. По мере закрепления навыков вам необязательно все записывать. Изначальные пессимистичные мысли рождаются автоматически, значит, и контраргументы тоже должны появляться автоматически. Задача заключается в том, чтобы отметать пессимистичные суждения так же быстро, как они всплывают в сознании.

Благодаря форсированной контраргументации вы должны мгновенно избавляться от пессимистичных представлений. Вот как это работает. Попросите своего близкого друга или вторую половину помочь вам. Обязательно выбирайте того, с кем вы почувствуете себя спокойно, поделившись самокритичными мыслями и чувствами. Ваш партнер должен критиковать вас в той же манере, в какой вы обычно критикуете себя. Постарайтесь минут за пять минут рассказать о ситуациях, которые порождают в вас пессимизм, и о том, что вы себе, как правило, говорите в таких случаях. Возможно, поначалу ваш помощник будет чувствовать себя некомфортно. Объясните, что вы не будете принимать критику близко к сердцу, то есть вы *будете* принимать ее близко к сердцу, но не как критику с его стороны. Это ваши собственные обвинения в свой адрес. Поняв цель данного подхода, ваш собеседник расслабится. Необходимо уговорить его быть жестким, не потакать вам и не давать вам спуску.

Вы сами должны опровергать критические замечания вслух. Подбирать доказательства, трезво оценивать последствия. Формулировать более разумное альтернативное объяснение. Затем расскажите, как вы справитесь с ситуацией, особенно если критика обоснованна. Для начала прочтите со своим партнером вслух следующие примеры.

***Ситуация.*** Даниэле позвонили поздно вечером из полиции. Ей сообщили, что ее семнадцатилетняя дочь попала в аварию. С Фейт все в порядке, но машина разбита. Фейт пьяна.

***Обвинения [произносит партнер].*** Пить за рулем! Повезло, что она не погибла. Как можно быть такой неразумной! Ты ее плохо воспитывала. Если бы ты все делала правильно, она бы никогда в пьяном состоянии не подошла к машине. Не говоря уже о том, что ей вообще нельзя пить. Ты даже не знала, что она пьет! Где же были твои глаза?!

***Опровержение.*** Я рада, что она жива. Пить за рулем так глупо! Правда, я не знала, что она потребляет алкоголь. Это ужасно. Но это не означает, что я ее плохо воспитывала. Я была очень ответственной матерью *[альтернатива].* И я несколько раз ей рассказывала о пагубных последствиях алкоголя *[доказательство].* Я даже водила ее с братом на обсуждение темы алкоголя и наркотиков в районном центре *[доказательство].* В итоге она все равно попробовала алкоголь, но я же не могу контролировать каждый ее шаг *[альтернатива].* Я могу только привести ей разумные доводы и сообщить свое мнение на этот счет.

***Партнер возражает***. Да, все это хорошо и полезно, но факт в том, что твоя дочь угробила машину и чуть не погибла сама. Она катится по наклонной! Если она уже выпивает, то кто знает, что будет дальше? Начинается с алкоголя, а заканчивается тяжелыми наркотиками!

***Опровержение***. Звучит пугающе — никто не спорит. Но нет смысла придумывать самые страшные последствия. Только потому, что она выпила в семнадцать лет, нельзя говорить, что она закончит героином *[декатастрофизация]*. Надо разобраться, что с ней происходит, и помочь ей. Если мы разберемся сейчас, с Фейт все будет хорошо *[альтернатива]*. Рада, что мы обратили на это внимание до того, как произошла какая-нибудь катастрофа.

***Ситуация***. Кристофер и Джорджия женаты пять лет. Адам — коллега Джорджии. Джорджия и Кристофер приходят к нему на вечеринку. Джорджия весь вечер общается и смеется в обществе Адама. Кристофер начинает подозревать, что между ними нечто большее, чем ему известно. По дороге домой он обвиняет Джорджию. Та признается, что ей нравится Адам, но отмечает, что она бы никогда не пошла на поводу у своих чувств к нему.

***Обвинения [произносит партнер]***. Это начало конца. Да, она говорит, что никогда бы не пошла на поводу у своих чувств, но надо быть реалистом, именно так все всегда и начинается. Сначала она проводит с ним все больше и больше времени, потом они начнут ходить по ресторанам. Господи, она так часто задерживается на работе — у нее вполне может быть любовник! А если его пока нет, то уж точно будет, и очень скоро. Судя по их флирту, это всего лишь вопрос времени.

***Опровержение***. Перестань. Перестань. Ты раздуваешь из мухи слона *[декатастрофизация]*. Да, они флиртовали. Да, он нравится Джорджии. Но это вовсе не означает связи *[декатастрофизация]*.

Мне тоже после женитьбы нравились некоторые женщины, но ведь меня это никуда не заводило *[доказательство]*. Ну а как другие люди могут не нравиться? Мы оба флиртуем, и всегда флиртовали *[альтернатива]*. Но мы еще и любим друг друга очень сильно и не хотим разрушать наши отношения.

***Партнер возражает.*** Конечно. Продолжай успокаивать себя, что тебе все померещилось. Уровень супружеских измен вырос выше крыши. Почему ты считаешь, что у тебя все по-другому? И потом, она флиртовала с ним у тебя на глазах, это некрасиво. Это обидно. Все, наверное, гадали, что у вас произошло. Это явно недостойное поведение.

***Опровержение.*** Ладно, мы любим друг друга. Если один из нас сделает ошибку и заведет интрижку, мы справимся с этим, если захотим *[декатастрофизация]*. Я не говорю, что это будет легко, но это не означает конец нашего брака. Да, я почувствовал себя немного брошенным. Мне бы хотелось, чтобы она проводила со мной больше времени и меньше с Адамом, но никто этого не заметил. Все были заняты собой *[доказательство]*; никому и дела не было до нас с Джорджией *[альтернатива]*. И даже если кто-то заметил, я уверен, что они подумали, какая мы дружная пара и не держим друг друга на поводке *[альтернатива]*. Самое главное, что Джорджия откровенно призналась в своих чувствах *[альтернатива]*. То есть она мне доверяет, и пока мы с ней обсуждаем такие вещи, мы справимся со всеми неурядицами *[декатастрофизация]*.

***Ситуация.*** Брат Арни и сестра Клаудиа давно соперничают друг с другом. Повзрослев, они очень стараются преодолеть это соперничество. Сейчас они ладят как никогда. Арни работает управляющим в местном ресторане, Клаудиа — в администрации колледжа. Недавно она решила воспользоваться преимуществом своей должности и прослушать курсы по истории и психологии. Она в возбуждении звонит своему брату рассказать об этом. Он в ответ: «История?! Ты же в школе ненавидела историю. И у тебя всегда были плохие отметки. Ты просто зря потратишь время. И по правде говоря, не понимаю, откуда у тебя время на это. У тебя даже на родных его не хватает!»

***Обвинения [произносит партнер].*** Да, он прав. История тебе никогда не давалась. Ты никогда не могла запомнить имена и даты. Путалась в войнах. А тем более сейчас у тебя полный рабочий день. Когда ты будешь общаться с детьми? Несправедливо, если ты будешь бросать их два раза в неделю. Им нужна мать, а не амбициозная студентка.

***Опровержение.*** Во-первых, история, может быть, и не была моим любимым предметом, но нельзя сказать, что она мне не давалась. У меня были в основном тройки *[доказательство].* К тому же, тогда мне было просто неинтересно, поэтому я и не старалась *[альтернатива].* Теперь же она меня увлекает, так что я буду прилагать усилия *[альтернатива].* На детей останется меньше времени, но они уже не маленькие. Они и домой-то приходят поздно, за исключением пары дней в неделю *[альтернатива].* Джой каждый день после школы занимается хоккеем, Меган поздно возвращается после музыкалки *[доказательство].* Возможно, я устрою так, чтобы ходить на одно занятие во время обеденного перерыва, так чтобы после работы на это уходил один вечер *[план нападения].*

***Партнер возражает.*** Ладно, ладно. Но какой вредный братец! Ты хочешь заняться тем, что тебе нравится, а он даже подбодрить не может! И ведь всегда так. Никогда не поддержит, никогда не покажет, что уважает тебя!

***Опровержение.*** Действительно, мы с Арни долго были в натянутых отношениях, но все поменялось. Мы очень старались относиться лучше друг к другу *[альтернатива].* Конечно, он не похвалил меня за мои намерения, но ему ведь тоже трудно. Его замучила работа, и, может быть, он завидует, что у меня в жизни появится что-то новое *[альтернатива].* В последнее время он меня поддерживал по многим другим вопросам. Например, когда я поругалась с Гленн, он долго утешал меня по телефону. Помог разобраться *[доказательство].* Дам ему день или два привыкнуть к информации, а потом снова с ним поговорю *[план нападения].*

Теперь ваша очередь. Разберите со своим партнером хотя бы пять ситуаций. Если у вас появится чувство смущения или неловкости в ходе упражнений, остановитесь. Да, это непросто. Вам необходимо найти убедительные контраргументы в самый главный момент. Так что если вы почувствуете подавленность, сделайте паузу, чтобы прояснилось сознание, и попробуйте в более плавном ритме сформулировать эффективные тезисы опровержения. Затем снова работайте в паре. Важно следить, чтобы он или она озвучивали те же обвинения, которые вы адресуете сами себе, чтобы у вас получилось победить их. Как и при овладении другими приемами, не надо стараться сделать все сразу за один присест. Форсированная контраргументация требует серьезной практики. Если тратить по пятнадцать минут дважды в неделю, вы вскоре сможете быстро и метко уничтожать свои пессимистичные мысли. Если навыки контраргументации со временем ослабеют, их всегда можно укрепить с помощью таких упражнений.

## Как научить ребенка контраргументации

Теперь вы готовы обучать своего ребенка тактике опровержения и трезвой оценке происходящего. Это суть программы предотвращения депрессии. Усвоенные однажды, данные навыки будут самостоятельно закрепляться, защищая ребенка от бед и неприятностей всю жизнь. Конечно, неудачи по-прежнему будут случаться. Он будет получать двойки за контрольные. Его не будут принимать в какие-то коллективы. Он не получит заветную работу. Ему будут отказывать женщины. Но вы научите его противостоять подобным сложностям. Он не опустит руки в беспомощности и, скорее всего, будет искать выход.

Принципиальным моментом контраргументации является адекватность. Все опровержения должны иметь в своей основе факты и содержать веские доказательства. Если контраргументы ребенка поверхностны и сводятся лишь к ободряющим фразам, они не уничтожат пессимизм. Помогите ему сформулировать более конкретные доводы. Подайте пример эффективного опровержения, даже если вы формально выступаете в роли его учителя. Чем больше он узнает о том, как вы боретесь с собственным пессимизмом, тем быстрее он научится справляться со своим.

**Адекватная контраргументация: Хемлок против Шерлока.** Объясните ребенку, что вы хотите научить его бороться с пессимистичными мыслями. Подчеркните, что в первую очередь ему надо научиться как можно адекватнее смотреть на самого себя, чтобы нормально воспринимать себя и спокойно решать свои проблемы.

Начните с истории с Шерлоком Холмсом и Хемлоком Джонсом из главы 9 (с. 126–128). Спросите, с каким бы сыщиком захотелось познакомиться вашему ребенку, если бы у него украли велосипед. Пусть ваш сын или дочка пояснит, почему Шерлок лучше. Если он или она скажет: потому что Шерлок раскрыл преступление, а Хемлок нет, попросите объяснить, что именно сделал Шерлок, чтобы раскрыть преступление. Растолкуйте вашему ребенку, что Шерлок сделал две важные вещи. Во-первых, он составил список возможных подозреваемых. Во-вторых, он искал улики, которые бы помогли ему определить вора. Хемлок же, наоборот, назвал человека вором только потому, что его имя первым пришло ему в голову. Скажите ребенку, что временами мы все ведем себя как Хемлок. Когда происходит что-то плохое, мы часто верим первой мысли, которая появляется у нас в голове, даже не потрудившись проверить ее правильность. Скажите, что надо быть как Шерлок Холмс. Когда случается неприятность, следует искать доказательство, подтверждающее, верны или нет наши мысли. Отметьте, что пессимистичные суждения не только порождают плохое настроение и побуждают сдаться, но и зачастую просто не соответствуют реальности. Объясните, что на проблему надо смотреть с разных точек зрения, а не хвататься за первую пришедшую в голову мысль.

Теперь прочтите сценку, иллюстрирующую, как надо формулировать альтернативные причины и искать доказательства.

***Рассел и мама***

*Рассел:* Мам, ребята из школы собираются поехать в Уайлдвуд на выходные. Будет здорово. Можно мне тоже?

*Мама:* Не знаю, Рассел, мне надо подумать. Кто поедет и кто будет за рулем?

*Рассел:* Роб Реклес собирается, а его папа будет вести машину.

*Мама:* Кто еще? Не хочу, чтобы ты путался с той девочкой Тернеров. Она плохо на тебя влияет.

*Рассел:* Ну мам, не надо. Лиза не такая уж плохая. Просто в тот раз она попала в неприятную историю. Другие ребята тоже будут.

*Мама:* А по какому номеру до вас можно будет дозвониться?

*Рассел:* Ну мам, ну что ты! Я же уже не ребенок. Я могу сам о себе позаботиться. Вряд ли там будет телефон. Мы собираемся жить прямо на пляже. И потом, другие родители не делают из этого проблемы. И почему ты всегда такая дотошная?!

*Мама:* Мне не нравится твой тон. Вот что я тебе скажу: мы с папой свозим тебя на море в следующие выходные.

*Рассел:* О да, здорово! Какая радость. Я с родителями в Уайлдвуде! Жду не дождусь! Может, меня просто вообще никуда не пускать?

*Мама:* Рассел, я приняла решение. Ты никуда не поедешь. Все.

*[Рассел уходит в свою комнату.]*

*Рассел [думает про себя]:* Ненавижу ее! Ведьма! Всегда так. Никогда не разрешает мне хорошо провести время. Я из-за нее выгляжу глупо перед друзьями.

Погоди минуту. Я включил Хемлока. Шерлок бы не позволил себе раскиснуть из-за первой мысли, которая пришла бы ему в голову. Он бы поискал доказательства. Так... Разрешала ли мне мама когда-нибудь куда-нибудь пойти? На прошлой неделе она пустила меня на аттракцион «Великое приключение» и всегда разрешает одному ходить в кино *[доказательство].* И еще она мне разрешает приглашать друзей к себе играть за компьютером *[доказательство].* В общем, она мне кое-что разрешает. Может, она волнуется из-за господина Реклеса *[альтернатива]*? У него были неприятности за рулем. Ей не нравится моя дружба с Лизой *[альтернатива].* В конце концов, она действительно попала в историю, когда воровала в раздевалке вещи у девчонок. Может, маму пугает, что там нет телефона, — ведь она всегда мне звонит, если что-то случается, например, когда я сломал ногу прошлым летом, играя в футбол *[альтернатива].*

Я все еще злюсь на то, что не могу поехать. Но я уже не ненавижу маму. Мне легче думать, что у нее есть причины не пускать меня. Может, она разрешит взять Эндрю, когда мы поедем на море. Это было бы намного веселее, чем просто я и родители. Надо спросить.

Обсудите данную сценку с ребенком. В ходе беседы задайте такие вопросы: как Рассел сначала объяснил запрет поехать на море?

Если бы Рассел был как Хемлок, как бы он поступил? Почему Рассел повел себя больше как Шерлок? Какие доказательства он нашел? Если бы Рассел не стал искать доказательства того, что мама никогда его никуда не отпускает, какие бы у него были чувства? Как бы он поступил? Что он почувствовал, когда нашел доказательства и понял другие причины, из-за которых мама его не отпустила? Что он дальше сделает?

**Примеры ABCDE.** Теперь разберите примеры ABCDE: попросите ребенка отмечать каждое доказательство, с помощью которого персонаж борется с пессимизмом, и моменты, когда предлагаются более реалистичные и оптимистичные объяснения.

***Неблагоприятный фактор.*** Я пришла в гости к Мередит. Ее родители отвели нас всех в кино, пообещав, что заберут в десять. Когда в зале стемнело, Лорен достала из рюкзака фляжку, объяснив, что налила туда ликер из родительского бара. Бет, Стеф и Тамми с ума сошли и начали по очереди пить из нее. И хохотали, будто это было ужас как смешно. Люди вокруг шикали. Лорен предложила мне глоток, но я отказалась. Тогда они стали обзывать меня размазней, занудой и так далее. Все время меня донимали.

***Мысли.*** Я такая неженка! Веду себя как ребенок. Все, кого я знаю, пьют. Ничего особенного. Всегда, когда дело доходит до веселья и развлечений, я пугаюсь и отступаю. Как ребенок.

***Результат.*** Я чувствовала себя глупо — очень, очень глупо. Я сделала вид, что мне все равно, — просто смотрела на экран, — но мне хотелось разреветься. Меня одновременно грызли стыд, страх и огорчение.

***Опровержение.*** Подражать во всем остальным — это тоже слабость. Иногда гораздо труднее пойти наперекор друзьям. Наш учитель называет это «перевес личности». Думаю, это мой случай. И потом, не все употребляют алкоголь. Вот Сари и Лиза Экл не пьют. И вовсе я не неженка! Я умею хулиганить! Например, когда я разыграла мисс Хармони. И это я придумала после соревнований обмотать туалетной бумагой дом миссис Гретхен. Вот была умора!

***Активизация.*** Мне стало легче. Я по-прежнему ждала, когда можно будет сбежать оттуда, потому что боялась, что они не отстанут, но мне уже не было ни грустно, ни стыдно. Я просто досмотрела кино до конца, не обращая на них внимания.

Какое доказательство нашла девочка, чтобы побороть свой пессимизм? Опровергая свою мысль о том, что она неженка, она перечисляет свои розыгрыши. Какие альтернативные объяснения она формулирует? Ее отказ выпить свидетельствует скорее о смелости, нежели о трусости. Следовать за толпой — это, по ее мнению, признак как раз трусливого поведения.

Теперь переходите к следующим сценкам. После каждой попросите вашего ребенка указать на использованные доказательства и найденные альтернативные объяснения.

***Неблагоприятный фактор.*** Брат на пять лет меня старше. Ему шестнадцать. У него синдром Дауна. Он не может водить машину. У него нестандартное лицо. Он не такой сообразительный, как его ровесники. Но он очень старается. Я люблю его, но иногда он выводит меня из себя, как недавно. Мы гуляли по городской площади и собирались купить подарок папе на день рождения. Зашли в магазин с электронными игрушками. Там встретили нескольких ребят из моей школы. Они нормальные. Я стал с ними болтать, и тут меня позвал Стиви. Я попросил его подождать минутку, но он продолжал кричать довольно громко. Ребята засмеялись, и я обернулся. Стиви лежал на массажной кровати с колесиками, которые поднимаются и опускаются, хлопал в ладоши и вел себя как идиот. Все начали пялиться. Я разозлился и выпихнул его оттуда. Я так на него орал! Пригрозил, что больше он со мной никуда не пойдет.

***Мысли.*** Ненавижу Стиви. Как же мне не повезло с братом! Он все время делает какие-то глупости, за которые мне стыдно. В школе меня из-за него считают чокнутым. Все время обзываются. Он ничтожество! И зачем он только родился!

***Результат.*** Я так разозлился! Хотел его побить. Думаю, еще мне было стыдно. Хотелось убраться оттуда как можно быстрее. Я совсем не смотрел на Стиви, делал вид, что его не знаю.

***Опровержение.*** Иногда с ним очень тяжело. Он делает идиотские вещи. Но он же не специально! Он ничего не может с собой поделать. Он просто маленький ребенок в теле взрослого. Когда я злюсь, то желаю, чтобы его вообще не было, но на самом деле нам бывает очень хорошо вдвоем. Он меня смешит, утешает, когда у меня плохое настроение. Ну да, иногда меня в школе обзывают «слабоумным», но не часто. И так поступает только Алекс. А он со всеми груб. В прошлый раз он ко мне пристал, а Кэти и Билли его осадили, так что они, наверное, не считают меня странным.

***Активизация.*** Я уже не так сильно злился. Мне было попрежнему не по себе, но не так, как прежде.

***Неблагоприятный фактор.*** Мама с папой развелись пару лет назад. Теперь она встречается с Ламаром. Он к нам часто приходит. Мама ведет себя иначе, когда он у нас. Вот вчера вечером Ламар пришел на обед. Перед этим мама заставила нас с сестрой выдраить весь дом. Потом она приготовила обалденный обед и заставила меня начистить вилки с ложками. Ненавижу их запах! Меня от него тошнит. Потом она нарядилась, накрасилась и сделала сногсшибательную прическу. Раньше такого не бывало — она вообще не красилась и волосы редко расчесывала. Ламар пришел и изо всех сил старался быть веселым. Умора! Когда я заговорила, мама почти не слушала. Просто что-то буркнула в мою сторону. А когда Ламар открыл свой рот, она туда почти залезла. Он рассказывал о фильме, в котором женщина совсем не разговаривает и хочет все время играть на пианино. Он разглагольствовал о том, как ему понравился фильм, и мама тоже сказала, что ей он понравился, но это была абсолютная ложь. Мы вместе с ней смотрели то кино. Было скучно, и она тогда тоже никакого восторга не выразила. Сказала еще, что фильм перехвалили.

***Мысли.*** Она такая двуличная! Притворяется для Ламара. И теперь совсем не уделяет нам внимания. Уверена, она хочет, чтобы нас вообще не было, чтобы она могла все время проводить со своим новым ухажером. Только о нем и думает. Ей плевать на то, что происходит со мной. Думаю, она вообще меня больше не любит.

***Результат.*** Я очень расстроилась и еще разозлилась. Вообще не хотела разговаривать тем вечером. Смотрела в свою тарелку и мечтала, чтобы Ламар подавился. Попыталась развернуться так, чтобы видеть только маму и сестру. Представляла, что Ламара вообще нет.

***Опровержение.*** Да, она по-другому себя ведет, когда он у нас. Дом наш сияет как никогда. Наверное, ей хочется произвести хорошее впечатление. Я тоже так делаю. Например, когда мне нравился Тимми, я тоже прихорашивалась и пыталась говорить приятное. Взрослые ведут себя так же. Мама определенно проводит много времени с Ламаром, но это не значит, что она меня не любит или не хочет проводить со мной время. Например, на прошлой неделе Ламар хотел к нам прийти, а она ему сказала, что идет с нами гулять. А на следующей неделе мы пойдем с ней обедать и в кино, только мы. Надеюсь, она его бросит. Вот будет здорово! Надоела вся эта уборка!

***Активизация.*** Я успокоилась. Сестра начала рассказывать о школе, и я пару слов вставила. Даже посмотрела несколько раз в сторону Ламара.

**Схема ABCDE в реальной жизни.** Обсудив оба примера со своим ребенком, переходите к письменным упражнениям. Помогите ему опровергнуть его пессимистичные мысли. Сначала попросите его вспомнить неприятную ситуацию из своей жизни, свои мысли и последствия. Пусть он запишет доказательство, подтверждающее правоту его мнения, в строчке «Доказательство за», и доказательство, опровергающее правоту его мнения, в строке «Доказательство против». Попросите его сформулировать еще два оптимистичных суждения о ситуации в строке «Другой взгляд на ситуацию». Наконец, в строке «Активизация» надо записать, какие чувства и поступки вызвали у него оптимистичные мысли. Разберите хотя бы три случая по данной схеме, и когда возникнет новая ситуация, тоже используйте записи.

1. Неблагоприятный фактор: ______________________________

   ______________________________

   Мысли: ______________________________

   ______________________________

   Результат: ______________________________

   ______________________________

   Доказательство за: ______________________________

   ______________________________

   Доказательство против: ______________________________

   ______________________________

   Другой взгляд на ситуацию: ______________________________

   ______________________________

Активизация: ________________________________________

____________________________________________________

2. Неблагоприятный фактор: ______________________________

____________________________________________________

Мысли: _____________________________________________

____________________________________________________

Результат: __________________________________________

____________________________________________________

Доказательство за: ___________________________________

____________________________________________________

Доказательство против: ________________________________

____________________________________________________

Другой взгляд на ситуацию: _____________________________

____________________________________________________

Активизация: ________________________________________

____________________________________________________

3. Неблагоприятный фактор: ______________________________

____________________________________________________

Мысли: _____________________________________________

____________________________________________________

Результат: __________________________________________

____________________________________________________

Доказательство за: ___________________________________

____________________________________________________

Доказательство против: ________________________________

____________________________________________________

Другой взгляд на ситуацию: _____________________________

____________________________________________________

Активизация: ________________________________________

____________________________________________________

**Декатастрофизация.** Далее переходите к обучению методам адекватной оценки ситуации. Скажите, что до сих пор вы говорили о вариантах объяснения — *почему* случилась проблема. Например, не написав контрольную, ребенок ищет причины неудачи. Возможно, он думает: «Я мало занимался», «Я глупый» или: «Контрольная была сложная». Объясните, что бывает другая разновидность мыслей, когда люди сталкиваются с проблемой: *что будет дальше.* Не справившись с контрольной, ребенок, возможно, думает о последствиях: «Меня накажут на всю жизнь» или: «Теперь мне ни за что не получить хорошую оценку по этому предмету». Обратите внимание своего ребенка, что такие мысли сводятся к тому, как проблема повлияет на будущее.

Прочтите сценки с участием Брюзги Грега и Жизнерадостной Холли. Грег олицетворяет преувеличение плохих последствий, а Холли демонстрирует, как справиться с мыслью «что будет дальше».

***Брюзга Грег и тройка с плюсом***

*Генри:* Привет, Грег! Как дела?

*Грег:* Ужасно. Только что раздали контрольные по английскому. У меня три с плюсом.

*Генри:* Да, не фонтан, но и не так уж плохо. В следующий раз напишешь лучше.

*Грег:* Издеваешься? Не так уж плохо! Три с плюсом. Неужели непонятно, что это значит?

*Генри.* Нет. А что?

*Грег:* Это значит, что у меня никогда не будет пятерки по английскому, а это значит, что я не буду отличником, а это значит, что мне можно забыть о поступлении в Принстон, а я собирался поступать именно в Принстон.

*Генри:* О чем ты говоришь?! Одна несчастная тройка с плюсом! Если постараться, ты можешь получить пятерки за все остальные контрольные. Господи, Грег, перестань нагнетать! Не рано ли ты задумался о колледже — тебе ж всего тринадцать?!

*Грег:* Ладно, проехали. Ты не поймешь. Мне конец. У меня нет будущего!

Объясните ребенку, что люди часто рисуют события в черных красках. Когда случается нечто неприятное, они тут же представляют самые ужасные последствия. Как правило, подобные ужасы маловероятны. Однако такой стиль мышления превращает что-то плохое в полную катастрофу.

Пусть ваш ребенок опишет, как Грег превратил свою тройку с плюсом в катастрофу. Считает ли ваш ребенок возможными те ужасы, которые воображает Грег?

Теперь прочтите сценку с Холли.

***Жизнерадостная Холли и тройка с плюсом***

*Ханна:* Привет, Холли! Как дела?

*Холли:* Ужасно! Только что раздали контрольные по английскому. У меня три с плюсом.

*Ханна:* Да, не фонтан, но и не так уж плохо. В следующий раз напишешь лучше.

*Холли:* Издеваешься? Не так уж плохо! Три с плюсом. Неужели непонятно, что это значит?

*Ханна:* Нет. А что?

*Холли:* Это значит, что у меня никогда не будет пятерки по английскому, а это значит, что я не буду отличницей, а это значит, что мне можно забыть о поступлении в Принстон, а я собралась поступать именно в Принстон.

*Ханна:* О чем ты говоришь?! Одна несчастная тройка с плюсом! Если постараться, ты можешь получить пятерки за все остальные контрольные. Господи, Холли, перестань! Почему ты сейчас думаешь о колледже — тебе ж всего тринадцать!

*Холли:* Точно, наверное, ты права. Я преувеличиваю, да? Одна тройка с плюсом еще не конец всей жизни. Может быть, я сгущаю краски... Но теперь будет трудно получить пятерку. Надо стараться еще больше. Конечно, если я приложу усилия, то за четверть могу получить четыре с плюсом или даже пять с минусом. По другим предметам у меня хорошие отметки, так что при желании я могу стать отличницей. Спасибо, Ханна!

Холли поняла, что сгущает краски, и остановилась. В отличие от Грега, она осознала, что вероятность не поступить в колледж ее мечты из-за единственной тройки минимальна. Она смогла сосредоточиться на более реалистичных результатах и составить план наступления. Холли решила, что ей нужно больше стараться, чтобы получить хорошую оценку по итогам четверти. Спросите своего ребенка, кто, по его мнению, — Холли или Грег быстрее опустит руки на уроках английского. Объясните, что когда мы преувеличиваем проблему, то она нас подавляет и мы не видим смысла бороться дальше, поэтому и сдаемся.

Объясните своему ребенку, что, когда случается неприятность и он видит все в мрачных тонах, надо подумать о трех вещах. Во-первых, необходимо задаться вопросом: «Каков худший исход событий?» Потом спросить себя: «Каков наилучший исход событий?» Затем надо стать Шерлоком Холмсом и задать такой вопрос: «Каков самый вероятный исход событий?» Обрисовав три вероятных перспективы, для каждой надо составить план наступления. Пусть ваш ребенок перечислит, что он может сделать ради уменьшения вероятности наихудшего сценария, потом то, что можно сделать ради увеличения шансов на самый благоприятный исход, и наконец выстроит шаги, которые подходят для наиболее вероятных последствий.

**Примеры на тему «Что будет дальше?».** Ниже приведена история шестиклассницы, участвовавшей в нашей программе предотвращения депрессии.

> ***Ситуация.*** Моя лучшая подруга Карли дала мне поносить свой любимый свитер. Он разноцветный и сшит из кусочков кожи. Я надела его на вечеринку, и Молли с Маркусом даже отметили, какой он красивый. Но я его заляпала, сама не понимаю как, на самом видном месте и не смогла отчистить. Мама говорит, что мне нужно одеваться в целлофан, потому что я всегда пачкаю одежду. Она ругается, что меня в конце дня надо из шланга отмывать. Ну, в общем, я очень боюсь сказать Карли. Я знаю, что она рассердится.
>
> ***Каков наихудший исход событий?*** Карли рассердится и скажет, что больше не будет со мной дружить. Она расскажет Джоани и Хитер, и они тоже будут на меня злиться.
>
> ***Что можно сделать, чтобы предотвратить наихудший сценарий?*** Я могу на свои карманные деньги купить для Карли точно такой же свитер.
>
> ***Каков наилучший исход событий?*** Она скажет, что вовсе не сердится.
>
> ***Что можно сделать, чтобы приблизить наилучший сценарий?*** Я могу извиниться и отдать ей один из своих любимых свитеров.
>
> ***Каков самый вероятный исход событий?*** Думаю, она рассердится и не будет со мной какое-то время разговаривать.
>
> ***Что можно сделать, чтобы справиться с наиболее вероятными последствиями?*** Я могу извиниться, постараюсь впредь быть очень внимательной и аккуратной. Буду больше играть с Лизой.

Теперь сделайте с ребенком письменные упражнения на декатастрофизацию.

**Ситуация.** Мама Сандры велела ей убрать ванную комнату до ее возвращения с работы. Когда она пришла с работы, ванная по-прежнему была не убрана, а сама Сандра играла на улице.

Каков наихудший исход событий? ____________________

____________________________________________

Что может сделать Сандра, чтобы предотвратить наихудший сценарий? ____________________

____________________________________________

Каков наилучший исход событий? ____________________

____________________________________________

Что может сделать Сандра, чтобы приблизить наилучший сценарий? ____________________

____________________________________________

Каков самый вероятный исход событий? ____________________

____________________________________________

Что может сделать Сандра, чтобы справиться с наиболее вероятными последствиями? ____________________

____________________________________________

____________________________________________

**Ситуация.** Пятнадцатилетний Джой влюблен в Мэгги. Друзья уговорили его пригласить ее погулять. Он набрался мужества и пригласил ее, но получил отказ.

Каков наихудший исход событий? ____________________

____________________________________________

Что может сделать Джой, чтобы предотвратить наихудший сценарий? ____________________

____________________________________________

Каков наилучший исход событий? ____________________

____________________________________________

Что может сделать Джой, чтобы приблизить наилучший сценарий? ______________________________

______________________________

Каков самый вероятный исход событий? ______________

______________________________

Что может сделать Джой, чтобы справиться с наиболее вероятными последствиями? ______________________

______________________________

**Ситуация.** Родители Джеки много ругаются. Она лежит вечером и слушает, как они кричат друг на друга. Кажется, что с каждым днем ссоры становятся все ожесточеннее.

Каков наихудший исход событий? ______________________

______________________________

Что может сделать Джеки, чтобы предотвратить наихудший сценарий? ______________________________

______________________________

Каков наилучший исход событий? ______________________

______________________________

Что может сделать Джеки, чтобы приблизить наилучший сценарий? ______________________________

______________________________

Каков самый вероятный исход событий? ______________

______________________________

Что может сделать Джеки, чтобы справиться с наиболее вероятными последствиями? ______________________

______________________________

**Ситуации из реальной жизни с вопросом «Что будет дальше?».** Теперь заполните с ребенком пустые строчки, опираясь на ситуации из его реальной жизни. После каждого случая попросите его описать, что он чувствует, когда представляет самые худшие и наиболее вероятные последствия. Попросите его рассказать, как мысли о худшем исходе влияют на его поведение, и сравнить с перспективой наиболее вероятного развития ситуации.

**Ситуация.** ______________________________

______________________________

Каков наихудший исход событий? ______________________________

______________________________

Что ты можешь сделать, чтобы предотвратить наихудший сценарий? ______________________________

______________________________

Каков наилучший исход событий? ______________________________

______________________________

Что ты можешь сделать, чтобы приблизить наилучший сценарий? ______________________________

______________________________

Каков самый вероятный исход событий? ______________________________

______________________________

Что ты можешь сделать, чтобы справиться с наиболее вероятными последствиями? ______________________________

______________________________

**Ситуация.** ______________________________

______________________________

Каков наихудший исход событий? ______________________________

______________________________

Что ты можешь сделать, чтобы предотвратить наихудший сценарий? ______________________________

______________________________

Каков наилучший исход событий? ______________________

______________________________________________

Что ты можешь сделать, чтобы приблизить наилучший сценарий? ______________________________________

______________________________________________

Каков самый вероятный исход событий? _________________

______________________________________________

Что ты можешь сделать, чтобы справиться с наиболее вероятными последствиями? ____________________________

______________________________________________

**Ситуация.** __________________________________

______________________________________________

Каков наихудший исход событий? ______________________

______________________________________________

Что ты можешь сделать, чтобы предотвратить наихудший сценарий? ______________________________________

______________________________________________

Каков наилучший исход событий? ______________________

______________________________________________

Что ты можешь сделать, чтобы приблизить наилучший сценарий? ______________________________________

______________________________________________

Каков самый вероятный исход событий? _________________

______________________________________________

Что ты можешь сделать, чтобы справиться с наиболее вероятными последствиями? ____________________________

______________________________________________

**Ситуация.** __________________________________

______________________________________________

Каков наихудший исход событий? ______________________

________________________________________________

Что ты можешь сделать, чтобы предотвратить наихудший сценарий? ________________________________________

________________________________________________

Каков наилучший исход событий? ______________________

________________________________________________

Что ты можешь сделать, чтобы приблизить наилучший сценарий? ________________________________________

________________________________________________

Каков самый вероятный исход событий? ________________

________________________________________________

Что ты можешь сделать, чтобы справиться с наиболее вероятными последствиями? ___________________________

________________________________________________

Заполните строчки по схеме ABCDE. Теперь вы вместе с ребенком можете попрактиковаться по всем компонентам схемы ABCDE. Обратите его внимание на технику опровержения. Если его мысли связаны с вопросом «Почему?», ему нужно подумать о противоположных доказательствах и альтернативных объяснениях. Если он думает о том, «что будет дальше», ему необходимо освободиться от преувеличений с помощью стратегии худшего, лучшего и наиболее вероятного сценариев. Разберите с ним несколько примеров неблагоприятных ситуаций с последствиями, которые возможны на следующей неделе. Вот вопросы, которые помогут вашему ребенку выстроить контраргументацию.

1. Будь Шерлоком Холмсом: что доказывает правильность моей мысли?
2. Будь Шерлоком Холмсом: что доказывает неправильность моей мысли?

3. Как можно по-другому посмотреть на ситуацию?
4. Каков самый худший исход событий?
5. Что я могу сделать, чтобы предотвратить его?
6. Каков наилучший исход событий?
7. Что я могу сделать, чтобы приблизить его?
8. Каков самый вероятный исход событий?
9. Как я буду действовать, если это случится?

Неблагоприятный фактор: ______________________________

______________________________________________________

Мысли: _______________________________________________

______________________________________________________

Результат: ____________________________________________

______________________________________________________

Опровержение: _________________________________________

______________________________________________________

Активизация: __________________________________________

______________________________________________________

Неблагоприятный фактор: ______________________________

______________________________________________________

Мысли: _______________________________________________

______________________________________________________

Результат: ____________________________________________

______________________________________________________

Опровержение: _________________________________________

______________________________________________________

Активизация: __________________________________________

______________________________________________________

Неблагоприятный фактор: ______________________________

______________________________________________________

Мысли: ______________________________________________

______________________________________________________

Результат: __________________________________________

______________________________________________________

Опровержение: ______________________________________

______________________________________________________

Активизация: ________________________________________

______________________________________________________

Неблагоприятный фактор: ______________________________

______________________________________________________

Мысли: ______________________________________________

______________________________________________________

Результат: __________________________________________

______________________________________________________

Опровержение: ______________________________________

______________________________________________________

Активизация: ________________________________________

______________________________________________________

Неблагоприятный фактор: ______________________________

______________________________________________________

Мысли: ______________________________________________

______________________________________________________

Результат: __________________________________________

______________________________________________________

Опровержение: ______________________________________

______________________________________________________

Активизация: ________________________________________

______________________________________________________

**Игра на смекалку.** Теперь, научившись успешно опровергать свои пессимистичные мысли в контексте ситуаций реальной жизни, ваш ребенок может познакомиться с игрой на смекалку.

Форсированная контраргументация — это самое сложное упражнение, связанное с тактикой опровержения. Не стоит брать его с наскока. Если ваш сын или дочка еще неуверенно выстраивают контраргументы, не торопитесь. Не забывайте, что вы обучаете ребенка навыкам, которые должны выручать его всю жизнь. Он ведь и ходить научился не за неделю! От сложения и вычитания он перешел к делению и дробям только после интенсивной практики. Развивающие игры помогают ускорить контраргументацию. Пока ребенок еще не овладел в полной мере тактикой эффективного опровержения, нет смысла опережать события. Старательно и терпеливо упражняйтесь в контраргументации. Выделите два или три раза в неделю минут по двадцать, чтобы заниматься со своим сыном или дочкой тактикой опровержения, а когда результаты удовлетворят вас, переходите к развивающим играм.

В ходе нашей программы предотвращения депрессии детям больше всего полюбилась игра на смекалку. Предложите своему ребенку поиграть в эту игру, которая поможет ему бороться с пессимистичными мыслями так же стремительно, как они появляются. Поясните, что не всегда есть время расписать план борьбы на бумаге и составить перечень доводов за и против того или иного суждения. Например, если на уроке физкультуры он ловит себя на мысли: «Я такой растяпа в баскетболе! Я промажу. Всегда мажу!», то необходимо сразу же пресечь подобные мысли, чтобы увеличить шансы на удачный бросок в следующие минуты.

Пусть ваш ребенок вспомнит о других ситуациях, когда нужно немедленно расправиться с пессимистичными суждениями, — контрольная, школьный спектакль, выступление перед классом, приглашение на свидание и так далее. Лучше отметать плохие мысли немедленно, не позволяя им вставать на пути.

Познакомьте своего ребенка с правилами игры на смекалку. Объясните, что вы будете изображать часть его мозга, которая пристает к нему с пессимистичными мыслями. Обрисуйте какую-нибудь проблему и выскажите пессимистичное суждение, с которым он должен справиться. Задача состоит в том, чтобы опровергать ту или иную мысль с помощью доказательств либо находить более оптимистичные формулировки относительно данной ситуации.

Чтобы понять правила игры, познакомьтесь для начала с примерами. Вы будете играть роль сознания, а ваш ребенок — читать реплики главного персонажа.

> ***Неблагоприятный фактор.*** Молли учится в седьмом классе и очень любит школу, но в последнее время ей не дает покоя восьмиклассница Дебби. Однажды Молли шла по улице с подружками, а Дебби и ее компания начали ее высмеивать. Они преградили ей дорогу и стали издеваться: «Посмотрите-ка на мисс Пузырь! Ты такая толстуха, и если выиграешь конкурс красоты, тебе пропоют гимн: "Тебя и за день не обойдешь. Ты не ешь как корова, ты сама корова. *М-у-у. М-у-у-у*"». Молли залилась краской. Ей стало стыдно за свой внешний вид. Она старалась не обращать на них внимания, но не получилось. Она разревелась и убежала.
>
> ***Сознание Молли.*** Я как ребенок. Не могу за себя постоять. Они правы. Я толстая корова. Со мной никто не будет дружить!
>
> ***Опровержение.*** Я полнее некоторых девочек, и мне хотелось бы быть такой же стройной, как Сюзи, но я не толстая корова. Я делаю зарядку и хорошо одета. Я хорошо выгляжу. И у меня много друзей. Им плевать, что у меня лишний вес. Сюзи, Джессика и Дана меня любят, и мы классно проводим время вместе.

> ***Неблагоприятный фактор.*** Карл этим летом переехал в другой район города. Ему нравится новый дом, но он скучает по друзьям и волнуется перед началом учебного года — ему предстоит идти в шестой класс. Первый учебный день стал для

Карла испытанием. Он никого не знал. Обедал совсем один и ни с кем не играл на переменах.

***Сознание Карла.*** Меня уже все ненавидят. Я тоже все ненавижу. До конца года придется обедать одному. Я никогда не привыкну.

***Опровержение.*** Ладно. Сегодня я не подружился с миллионом человек. Но это только первый день! Меня еще никто не знает. Это не значит, что у меня никогда не будет друзей. У меня была уйма друзей в прежней школе. Мама говорит, что нужно время. Она права. Может, завтра я поздороваюсь с мальчиком, который сидит со мной рядом на уроке математики. Он приятный.

После знакомства с примерами поупражняйтесь в форсированной контраргументации. Скажите ребенку, что вы сейчас зачитаете ему описание одной ситуации и проговорите пять пессимистичных суждений за один раз. Он должен опровергнуть каждое суждение как можно скорее. Вы будете зачитывать мысли в первом лице, как будто их произносит его сознание. Затем очень внимательно выслушайте его контраргументы. Если они слабые, остановите его и помогите сформулировать более содержательные опровержения. Итак, далее приведены пять ситуаций и по пять пессимистичных мыслей на каждый сюжет.

1. Ты должен был следить за огородом соседей, но потерял ключи от калитки, и растения погибли.
   - А. Мне нельзя доверять.
   - Б. Сосед никогда меня не простит.
   - В. Я все порчу.
   - Г. Мои родители решат, что я несерьезно отнесся к заданию.
   - Д. Я не могу даже просто полить растения! У меня и в жизни ничего не выйдет.

2. Мама в последнее время тебя сильно ругает.
   А. Она худшая мама в мире.
   Б. Все, что я ни сделаю дома, плохо.
   В. Она меня уже не любит так, как прежде.
   Г. Мы уже никогда не будем снова ладить.
   Д. У всех моих друзей отличные отношения с мамами. Только я со своей всегда ссорюсь.
3. Кто-то списал у тебя контрольную по математике, а учитель обвинил тебя в обмане.
   А. Учитель теперь меня терпеть не может.
   Б. Родители очень рассердятся на меня.
   В. Я неудачник.
   Г. Мои друзья теперь будут меня презирать.
   Д. Теперь мне никто не поверит.
4. Ты весь день дразнишь брата, и он начинает плакать и кричать: «Ты самый ужасный брат (сестра) в мире!»
   А. Он прав. Я дрянь.
   Б. Какой же я грубиян!
   В. Брат теперь меня возненавидит.
   Г. Никогда не могу себя сдержать.
   Д. Родители решат, что я дрянь.
5. Ты отучился первую неделю в новой школе, и тебе кажется, что ты никому не нравишься.
   А. У меня никогда не будет друзей.
   Б. Меня никто не любит, потому что со мной скучно.
   В. Мне придется быть одному до конца года.
   Г. Если бы я был красивый, люди бы ко мне тянулись.
   Д. Если бы у меня было получше с чувством юмора, у меня бы были друзья.

Разобрав данные примеры, рассмотрите записи по схеме ABCDE, сделанные вашим ребенком. Упражняйтесь три раза в неделю по пятнадцать минут. Ваш сын или дочка вскоре научатся быстро и успешно реагировать на свои пессимистичные мысли. Данный навык надо регулярно тренировать каждые несколько месяцев, чтобы ребенок мог уверенно пользоваться тактикой контраргументациии и декатастрофизации.

## Вывод

«У нее мои глаза», «Он такой же спортивный, как я», «У нее мамина голова». Родители хвалятся схожестью. Только подумайте, как вы будете гордиться, произнося: «Она такой же оптимист, как и я!» или: «Он такой же упорный, как я!» Именно такого результата вы добились. Вы преуспели в деле защиты ребенка от депрессии, неуспеваемости и беспомощности. Навыки, которым вы обучились сами и потом обучили своего ребенка, останутся в вашем арсенале на всю жизнь. Вы приучили его использовать любую возможность, невзирая на препятствия. Всем родителям хотелось бы научить детей ценить труд, привить им целеустремленность и самоотверженность. Никто не оспаривает значимость этих ценностей. Но данные ценности и талант без оптимизма мало что значат. Вы сделали больше, нежели привили правильные ценности ребенку. Вы развили у него способность бороться с жизненными неурядицами, стремиться к цели и реализовывать свой потенциал.

В следующей главе мы рассмотрим технику решения социальных и личных проблем, в основе которой лежат только что освоенные вами когнитивные приемы. В совокупности ваш ребенок овладеет фундаментальными навыками оптимизма и уверенности в себе.

# Глава 13

# Как развить социальные навыки вашего ребенка

В главах 10, 11 и 12 вы узнали, как помочь ребенку справиться с пессимистичными мыслями и находить более адекватное объяснение неудачам. Благодаря таким навыкам он убережется от депрессии и не сдастся несчастьям. Однако только этих навыков недостаточно. Когда ваш ребенок научится правильно относиться к сложностям, он поймет, что существуют действительно серьезные проблемы, требующие ответственного решения. Оптимизм не заставит их испариться. Напротив, он побудит ребенка искать их источник и сосредоточиться на исправлении ситуации. Детям необходимы навыки противостояния реальным проблемам.

По мере взросления у человека развиваются и закрепляются отношения за пределами семьи. С определенного возраста в круг его общения войдут не только родители с братьями и сестрами, но и друзья. По мере расширения социальной сферы ребенка родители все меньше могут контролировать происходящее вне дома. Видя, как их ребенок переживает неудачи и несчастья в школе или обществе друзей, мамы с папами ощущают порой свою беспомощность. Вы можете научить своего ребенка самостоятельно справляться с подобными проблемами, привив ему навыки, которым не научат в школе.

Дети с развитыми социальными навыками и умением решать проблемы без труда заводят новых друзей, нормально себя чувствуют в новых обстоятельствах, приветливы с незнакомцами и с легкостью включаются в новую деятельность. Они умеют дружить, выстраивать отношения, идти на компромисс, доверяют другим, и окружающие доверяют им. Дети с развитыми социальными навыками и умением решать проблемы успешно справляются с конфликтами. Они с пониманием относятся к трудностям, четко и решительно формулируют свои желания, извиняются, когда ошибаются, но и стоят на своем, если правы. Многие ребята, особенно со склонностью к депрессии, не обладают такими качествами. Новые формы социализации вызывают у них ощущение подавленности и собственной никчемности. Давайте познакомимся с Кристиной.

> Кристина перешла в седьмой класс. Родители стали замечать перемены в ее поведении и успеваемости и забили тревогу. Год назад их дочь была жизнерадостной девочкой. По большинству предметов она получала пятерки и четверки и всегда с энтузиазмом занималась новыми проектами. После школы Кристина гуляла с подружками и подолгу говорила с ними по телефону. В нынешнем году все изменилось. Кристина куксится и не выходит из своей комнаты. Она предпочитает играть только со своей младшей сестрой. В дневнике появились тройки.
>
> На празднике по случаю начала учебного года родители Кристины с удивлением узнали, что их дочка не ладит с подружками и отстает в учебе. Дома Кристина злится и раздражается, а когда родители спрашивают ее, что случилось, отказывается отвечать. Но однажды она приходит домой и заливается слезами.

*Кристина:* Они меня ненавидят! Не знаю, что я такого сделала, но они больше со мной не дружат.

*Мама:* О ком ты говоришь? Что случилось?

*Кристина:* О бывших подружках. Они сегодня в библиотеке обменивались записками. Я знаю, что обо мне. Я велела им прекратить, а потом расплакалась. Я не хотела, но так получилось. А они засмеялись! Им хотелось довести меня до слез. Я убежала из библиотеки. Лори пыталась со мной заговорить, хотела показать мне те записки, но я попросила ее оставить меня в покое. Я назвала ее предательницей и сказала, что ненавижу ее. Потом весь день был какой-то ужас... они все время пялились на меня, а я старалась не обращать на них внимания, но то и дело плакала.

Проблемы Кристины характерны для детей со склонностью к депрессии. Давайте разберем их. Во-первых, увидев, как подружки обмениваются записками, Кристина сразу же делает далекоидущие выводы. Она предполагает, что в записках ее высмеивают. Уверившись в своем предположении, она начинает плакать. Девочка поступает автоматически, не анализируя реакции своих подружек. Когда Лори пытается с ней заговорить, Кристина отказывается даже посмотреть на те записки и по-прежнему уверена, что в них говорится о ней. Остальную часть дня она предоставлена сама себе, не получая ни поддержки, ни опровержения своему выводу о том, что подружки ее ненавидят. Если Кристина по-прежнему будет обвинять своих подружек в жестокости и избегать разговора с ними, девочки действительно перестанут с ней общаться.

Связь между депрессией и непростыми отношениями с друзьями порождает порочный круг[1]. Проблемы с друзьями могут усугубить депрессию Кристины, и она уже едва ли сможет разобраться в конфликте, что еще больше испортит ее репутацию в глазах подружек.

Утраченная же дружба вкупе со слабыми социальными навыками с большой вероятностью приведут к новому витку депрессии.

Депрессия по-разному влияет на мальчиков и девочек. Как и Кристина, девочки обычно становятся нелюдимыми, расстраиваются и плачут. Мальчики же, наоборот, начинают задираться. Посмотрим на поведение Тони.

Пятиклассник Тони отличается от большинства ровесников. Большую часть времени он проводит за конструированием моделей автомобилей и ракет. Любит книги о гоночных машинах, мечтает собирать автомобили и кататься на них, когда вырастет. Тони покладистый мальчик, но в последнее время стал раздражительным. Когда родители напоминают ему о домашних обязанностях или о необходимости сделать уроки, Тони впадает в уныние и просит оставить его в покое. Сначала мама с папой объясняют такую перемену настроения элементарной ленью. Их беспокойство усиливается, когда они узнают от школьного психолога, что Тони подружился с хулиганом Харви, который все время устраивает драки и портит школьное имущество.

Однажды в автобусе один четвероклассник потерял равновесие и упал на Тони во время резкого поворота. Тони посчитал, что тот сделал это специально. В ответ он что есть сил толкнул мальчика. Тот очень испугался. Страх его еще больше раззадорил Тони: «Что, малыш, захотел к мамочке? Может, пососешь пальчик, чтобы успокоиться?!» Тони схватил мальчика за руку и попытался засунуть ее ему в рот. Мальчик расплакался. Харви хохотал и аплодировал Тони на заднем сиденье. «Задал же ты ему, Тони!» Тони улыбался, ему было приятно одобрение нового друга.

На следующий день произошел еще один эпизод. В душевой Тони встретил четырех шестиклассников, с которыми иногда проводил время. Один из них, Джаред, тоже ехал в том автобусе и видел, как Тони напал на четвероклассника.

*Джаред:* О, неужели это тот крутой парень?! Герой задираться со слабыми четвероклашками! А как насчет тех, кто постарше?

*Тони [свирепея]:* Тебе-то что?! Беспокойся за себя!

*Скотт:* Полегче, Тони! Тебе просто хотят сказать, что не надо обижать ребят, которые младше тебя.

*Тони:* Заткнись, Скотт! Вы горстка слюнтяев, парни! Подрастите сначала!

Вскоре завязалась драка. Тони стукнулся головой о раковину, Джаред ушиб руку. Репутация Тони становилась все хуже и хуже. В тот год он еще три раза подрался, и его дважды исключали из школы. Он перестал играть в баскетбол со Скоттом и здороваться с Джаредом. Его единственного приятеля Харви интересовало только хулиганство. Сообща они начали воровать и рисовать по ночам граффити на стенах школы.

В Тони словно вселился злой дух. Может, он впал в депрессию? Если бы ему задали такой вопрос, Тони бы признался, что в последнее время у него нет настроения, его ничто не интересует и он не знает, как вести себя в школе и с друзьями. Настроение его улучшается, лишь когда он побеждает в драке, но прилив сил быстро проходит. После последней драки его родители ужасно расстроились, да и у самого у него кошки скребли на сердце. Тони бы рассказал, что ему очень нелегко: он знает, как следует себя вести, но не может себя заставить.

Многие родители не спрашивают детей наподобие Тони об их чувствах, поскольку внешне ребенок не кажется подавленным. Вместо слез и нытья Тони ввязывается в драки и совершает дурные поступки. Большинство мам и пап будет заботить такое поведение сына, и они постараются исправить ситуацию... все больше и больше наказывая его.

Несмотря на иные внешние признаки, у Тони те же проблемы, что у Кристины. Он неверно трактует намерения других ребят и реагирует на них стремительно и не задумываясь. Разница между Тони и Кристиной заключается лишь в интерпретации событий. Кристина автоматически обвиняет в происходящем себя, впадает в уныние и избегает общения с подружками, поскольку считает, что сделала что-то нехорошее, из-за чего девочки перестали с ней дружить. Тони, наоборот, автоматически обвиняет других. Его жизненное кредо: «От людей мне одни неприятности».

Такое умозаключение характерно для депрессии. «Обжигающие» мысли — мгновенные и предвзятые, вместо взвешенных и критичных — порождают импульсивное и агрессивное поведение[2]. Тони считает, что другие хотят ему навредить, поэтому принимает ответные меры. Тони надо научиться контролировать свой гнев и замедлить процесс принятия решений, чтобы не торопясь разобраться со своими суждениями и по возможности избежать очередной ссоры.

Тони будет еще труднее вернуться в нормальное русло, чем Кристине, даже если он станет менее депрессивным. У него теперь репутация задиры. Окружающие ожидают от него агрессии и заранее готовы к отпору. И если Тони вовремя не свернет со своего скользкого пути, то, скорее всего, окажется в исправительном центре вместо колледжа.

## Обучение социальным навыкам и умению решать проблемы

Кристина и Тони попали в порочный круг, который очень трудно разорвать. Однако избежать подобных ловушек можно, и дети с крепко усвоенными навыками общения и решения проблем менее подвержены опасности попасть в них. Социальные навыки, которым мы обучали в ходе программы предотвращения депрессии, полезны всем детям, но особенно ценны тогда, когда у вашего ребенка появляются признаки депрессии или проблемы с друзьями и в школьной жизни. Сначала надо оценить социальные навыки и умение решать проблемы. Заполните анкету на тему поведения вашего ребенка.

### Оцените навыки решения проблем и социализации вашего ребенка

*Оцените каждое утверждение по такой системе:*

1 = редко

2 = иногда, в состоянии стресса или в плохом настроении

3 = много раз

НАВЫКИ РЕШЕНИЯ ПРОБЛЕМ

*А. Остановиться и подумать: восприятие проблем*

____ обычно стремительно делает выводы, сразу же злится;

____ легко обижается на ребят в школе;

____ легко обижается на брата или сестру и родителей;

____ жалуется, что его не любят;

____ жалуется, что его обижают.

*Б. Понимание ситуации*

____ с трудом воспринимает правила и ограничения;

____ с трудом понимает мотивы поступков других детей;

____ видит проблемы только под своим углом зрения;

____ его не заботят чувства других.

*В. Постановка целей и поиск альтернативных решений*

____ действует импульсивно, не задумываясь;

____ плохо просчитывает ситуацию;

____ быстро начинает скучать, если нет запланированных дел;

____ быстро становится вялым, безразличным, все время обращается за помощью.

*Г. Плюсы и минусы: выбор алгоритма действий*

____ с трудом просчитывает последствия своих поступков;

____ зацикливается на одном способе решения проблем, даже если он не приводит к нужному результату;

____ почти не способен принимать решения самостоятельно, постоянно просит помощи.

*Д. Попытаться еще раз, если решение не привело к нужному результату*

____ быстро расстраивается, если цель не достигнута;

____ недоволен, даже когда что-то получается;

____ когда что-то не получается, сдается или злится.

СОЦИАЛЬНЫЕ НАВЫКИ

*Е. Грамотный диалог*

____ нуждается в помощи, чтобы решить проблему с учителем или приятелем;

____ дуется и хнычет, если недоволен домашним распорядком;

____ слишком агрессивен с ровесниками, его считают хулиганом или задирой;

____ слишком пассивен в общении со сверстниками; позволяет собой потакать.

*Ж. Выстраивание отношений*

____ с трудом идет на компромисс с друзьями;

____ дуется, когда что-то идет не так, как ему хочется;

____ видит все в черно-белых красках, для него не существует серых тонов.

*Итоги:* если вы оценили хотя бы один ответ на 2 или 3, стоит призадуматься. Если вы поставили 3 напротив двух или более утверждений, пора бить тревогу.

Прежде чем ознакомиться с навыками решения проблем и общения, запомните три основных правила. Во-первых, не надо решать проблемы за своего ребенка. Родители, особенно те, у которых депрессивные дети, зачастую стараются сами «разрулить» проблемы своих мальчиков и девочек. Им хочется, чтобы ребенок был счастлив, и они стараются избавить его от трудностей. К сожалению, такие благие намерения приносят больше вреда, чем пользы. Вмешиваясь, родители не дают своему ребенку научиться необходимым навыкам и посылают сигнал: «Ты сам не справишься». Неудивительно, что такие ребята полагаются на мам и пап, а став взрослыми, ждут, когда другие решат их проблемы. Оказывайте своему ребенку моральную поддержку и проявляйте интерес к его делам, но с трудностями пусть он разбирается самостоятельно. Если он попадет в тупик, можно его направить, но ни в коем случае не следует давать ему готовых рецептов.

Дженис, мама одного из участников нашей программы, рассказывает, как она прежде реагировала на проблемы своего сына:

> Эрик такой милый ребенок! У него всегда было доброе и чувствительное сердце. Малышом он задавал мне такие вопросы: «Мамочка, тебе сегодня грустно?» или: «Рад ли Крейг, что я показал ему книжки?» Когда ему было примерно два годика, а его братику меньше года, я кормила Крейга грудью, поэтому постоянно держала его на руках. Однажды, когда я только что уложила Крейга, Эрик подошел ко мне и спросил: «Мамочка, ты по мне не соскучилась?» Я удивилась — я ведь сидела дома с детьми круглыми сутками. Днем ранее муж брал Эрика в магазин, и я подумала, что он имел в виду тот вечер. Оказалось, нет. Эрик заявил: «Нет, не тот вечер, а вообще... Ну... ты не скучаешь по мне, когда держишь на руках Крейга?» Меня это потрясло. Конечно, многие дети ревнуют, когда их младшим братьям или сестрам уделяют много внимания, и у Эрика, наверное, тоже было такое

чувство, но он выразил его так мило. Я постоянно помнила, какой он нежный.

Может быть, с тех пор я считала его таким чувствительным и ранимым. И была готова на все, чтобы его защитить. Теперь же я думаю, что, возможно, слишком его оберегала. Я поняла это только несколько месяцев назад. Мы с мальчиками были в парке, они играли с другими ребятами. Вдруг один мальчик по имени Джесс начал обижать Эрика. Я не слышала, что он ему сказал, но видела, что Эрик расстроился. Мне тут же захотелось подбежать и прекратить это, но я сдержалась, хотела, чтобы он разобрался сам. А он... не смог! Он постоял еще минуту, слушая того Джесса, а потом подбежал Крейг и велел Джессу замолчать. Крейг молодец! Он не полез в драку, а просто очень серьезно попросил его прекратить — и Джесс послушался.

Тот случай заставил меня задуматься. Я стала обращать больше внимания на ситуации, когда Эрику надо с чем-то разобраться, и заметила, что мы все очень быстро приходим ему на помощь. Во всем, например, когда надо узнать домашнее задание, или поговорить с друзьями, или даже составить маршрут доставки газет. И я обратила внимание на разницу в поведении мальчиков. Крейг берет быка за рога, инициатива всегда на его стороне. Если ему действительно трудно, он идет к нам, но обычно справляется самостоятельно. У Эрика все наоборот. Он сразу бежит к родителям. Раньше мне было спокойно, оттого что Эрик знал: ему помогут, но теперь я задаюсь вопросом, правильно ли мы поступали. Мне не по себе от мысли, что мы лишили его силы бороться.

Второе правило состоит в том, чтобы не переусердствовать с критикой ребенка, когда тот пытается решить свои проблемы. Он, конечно же, набьет себе шишек и разберется с некоторыми вопросами не слишком хорошо. Но если давить на него, он вообще прекратит все попытки справиться с проблемой. Следите за процессом, а не за результатом. Если он нашел правильный способ решения проблемы, но все пошло не так, как планировалось, похвалите его за сделанные шаги и помогите разобраться, где произошел сбой. Вот как описывает подобный опыт Стюарт, отец одной шестиклассницы, принимавшей участие в нашей программе.

> По правде говоря, тяжело наблюдать, как твой ребенок мучается. Я понимаю, что дочь старается и уже многому научилась благодаря этому проекту, но всякий раз, видя, что она берется за проблему не с той стороны, я хочу посоветовать ей, как надо сделать. И мне надо держать себя в руках, потому что у меня острый язык и я бываю излишне строгим. Однажды дочь поссорилась с кем-то из подружек. Они вроде подговаривали ее позвонить какой-то девочке, которая им не нравится, а Тори не хотела говорить ей гадости. Я спросил у нее, как она поступила, и она рассказала, что соврала, что ей надо домой сидеть с маленькой сестренкой. Я тут же начал ей разъяснять, что нехорошо прятать голову в песок. Надо было честно сказать тем девочкам, что она не собирается участвовать в глупых играх. Моя супруга считает, что я ненормальный. По ее мнению, Тори молодец, что выкрутилась без ссоры. От моих слов обе очень расстроились. Не надо было так говорить!

Третье правило сводится к тому, чтобы непосредственно самому выработать гибкую стратегию решения проблем. Давайте разберем два возможных подхода к одной и той же ситуации.

> Хелен чинит крышу. Кровельщик ознакомил ее со сметой, куда входит ремонт участка битумной черепицы, желоба и отводной трубы. Он попросил пятидесятипроцентную предоплату. Хелен заплатила ему и уехала за ребенком в школу. Когда она

вернулась, двор был пуст. Черепицу заменили, а желоба с трубой, равно как и рабочих, не было.

Хелен закричала: «Где они? Неужели уехали?! Мерзавцы! Они не сделали слив! Ободрали меня как липку! Ничего, я это так не оставлю! Митчелл, вылезай из машины… Сейчас я позвоню им, и они у меня получат!»

Знакомо? Мы все периодически ведем себя неразумно. Видя перед глазами только такой стиль решения проблем, Митчелл тоже выучится делать скоропалительные выводы, выходить из себя и действовать импульсивно. А теперь другая реакция на такую же ситуацию.

Хелен говорит: «Где они? Они же не закончили работу! У них что, перекур? Или за материалами поехали? Надеюсь, они не забудут про этот желоб! Будет ужасно, если они сегодня не закончат, ведь завтра я не смогу остаться дома. Подожду до их возвращения… Хотя лучше все-таки позвонить прорабу и выяснить, что происходит».

Думая вслух, Хелен придерживается более медленной и более разумной стратегии. Она перечисляет несколько возможных объяснений или способов справиться со сложившейся ситуацией, а не хватается за первое пришедшее в голову соображение. В конце концов она выбирает такой способ действий, который позволит собрать больше информации для принятия взвешенного решения насчет своих дальнейших шагов.

## Решение проблемы: пять этапов[3]

**Шаг 1: притормозите.** Ребенок должен знать пять шагов, которые следует предпринять для успешного решения проблем. Первый —

*убавить обороты*. Ребенок должен остановиться и воздержаться от импульсивных поступков. Прочитайте с ним сценку и попросите закончить следующие строчки.

> Ты пьешь воду из фонтанчика. Двое мальчиков сзади заигрались и толкнули тебя, так что ты попал под струю воды. Ты не видел, как все случилось, потому что наклонился к воде. Ты знаешь только, что из-за Томи ты теперь весь мокрый.

Приступая к упражнению, обратите внимание ребенка на то, что его реакция на ситуацию зависит от его мыслей. Объясните, что для успешного решения проблемы прежде всего необходимо «остановиться и подумать» минуту, прежде чем предпринимать какие-то действия. Спросите вашего сына или дочь, что бы он или она сделали, если бы были уверены в каждой из перечисленных причин. Пауза помогает найти правильное объяснение случившемуся.

**ТЫ ВЕСЬ МОКРЫЙ...**

*Будь как Шерлок Холмс и составь список всех причин, которые могли бы объяснить, почему тебя забрызгали.*

1. Первая причина состоит в том, что... ____________________
   ____________________________________________
2. Еще одна причина состоит в том, что... __________________
   ____________________________________________
3. Еще одна причина состоит в том, что... __________________
   ____________________________________________
4. Еще одна причина состоит в том, что... __________________
   ____________________________________________
5. Еще одна причина состоит в том, что... __________________
   ____________________________________________

Помочь ребенку сбавить обороты можно, научив его заменять «неразумные мысли» «здравыми». Объясните ему, что неразумные мысли приходят через секунду после возникновения проблемы. Это мысли из категории «От людей одни неприятности». Дети, для которых характерны неразумные мысли, считают, что другие намеренно создают им проблемы. Неразумные мысли подталкивают нас реагировать, не разобравшись в случившемся. Следуя таким суждениям, мы будем сожалеть о результатах, поскольку проблемы будут только усугубляться.

Здравые мысли помогают нам выяснить, что же на самом деле произошло, чтобы на основе как можно более полной информации принять решение об ответных шагах. Такие мысли помогают нам успокоиться и подумать, а не бросаться действовать очертя голову.

Семиклассник Уильям — участник нашей программы. Вот как он описывает типичную проблему, вызванную неразумными мыслями.

> Папа всегда говорил, что я сначала делаю, а потом думаю. Он считает, что это неправильно. Раньше он действовал мне на нервы своими нотациями, но теперь я понимаю, что он имеет в виду. Например, в прошлом году я ввязался в жуткую драку с Лени, парнем из нашей школы. Он хулиган и задира. Во время школьного обеда Лени сидел у меня за спиной. Я не обращал на него никакого внимания, просто ел свой обед, потом встал, чтобы отнести свой поднос, — и тут бам! Лени в меня врезался. Поднос мой опрокинулся, заляпав объедками свежую рубашку. Все хохотали. Меня потом весь день дразнили «макаронником». Я рассвирепел. Узнав, что Лени специально выставил меня посмешищем, я без лишних слов врезал ему по носу. В ответ он отдубасил меня по полной. По правде сказать, мне даже стало страшно. Наконец господин Харлин оттащил его от меня. У меня все болело, под глазом красовался фонарь. Нас привели

в кабинет миссис Лиман, и Лени заявил, что он не нарочно. Она ему поверила, а я ничего не сказал. Его наказали за то, что он мне навешал, но меня наказали еще больше за начало драки. Было ужасно. Родители на меня рассердились.

В программе, по которой нас обучали, говорилось, что делать в таких случаях. Это называется хладнокровным мышлением. То есть прежде чем действовать, надо спокойно во всем разобраться. Папа был прав. В этом году я стараюсь не принимать скоропалительных решений, и иногда мне это удается. Папа говорит, что я стал гораздо умнее.

Прочитайте вместе с ребенком следующие примеры и связанные с ними мысли. Пусть ваш ребенок укажет неразумные и здравые мысли, а также пояснит, к чему может привести каждая мысль.

Потом ваш ребенок может поупражняться самостоятельно формулировать здравые мысли.

**БУДЬТЕ ХЛАДНОКРОВНЫ...**

1. Тони играет в вышибалы, и кто-то попадает мячом ему по лицу. Он думает:
   - А. Что такое? Это случайность или он напрашивается?
   - Б. Он специально! Я проучу его! Будет знать, как со мной связываться.
2. Тара оставила три записи на автоответчик для своей подружки, чтобы та ей перезвонила. Подружка не звонит весь вечер. Тара думает:
   - А. Почему она не звонит? Она на меня сердится? Или забыла прослушать автоответчик? А может, ее брат прослушал и не сказал ей, что я звонила?
   - Б. Она ведет себя некрасиво. Притворяется, будто не знает, что я звонила.

3. Джон должен встретиться с другом в торговом центре в 15:30. Он прождал полтора часа, а друг не появился. Джон думает:
   А. Ну и гадина этот Джордж! Считается моим лучшим другом и всегда заставляет меня ждать. Хватит!
   Б. В чем дело? Очень неприятно. Если он решил не приходить, то я за себя не отвечаю. А может, с ним что-то случилось. Позвоню ему, чтобы выяснить.

Такая игра в анализ мыслей называется «горячее место» и напоминает игры на смекалку из предыдущей главы. На этот раз перед вашим ребенком развернуты ситуация и скоропалительные мысли, а ему предстоит найти более разумную и взвешенную альтернативу. Далее ознакомьтесь с инструкциями.

Усадите своего ребенка и объясните, что сейчас вы будете играть в игру под названием «горячее место»: «Расскажу тебе о проблеме, с которой может столкнуться твой ровесник. Потом мы рассмотрим неразумные мысли, которые могут появиться у него в такой ситуации. Неразумные мысли заставляют действовать без размышлений и попыток разобраться в проблеме. Потом ты должен придумать здравую мысль, которая помогла бы тебе остановиться и не делать скоропалительных выводов. Она позволит тебе посмотреть на проблему по-другому, и ты сможешь разобраться в происходящем, прежде чем действовать».

1. Ты приходишь на место встречи со своими друзьями, откуда вы вместе обычно идете в школу. Но там никого нет. Ты ждешь еще пять минут, но они не появляются.
   *Твоя сиюминутная мысль:* «Они меня предали!»
2. Ты стоишь в очереди в магазин. Продавец обращается сначала к мужчине за тобой, а потом уже обслуживает тебя.
   *Твоя сиюминутная мысль:* «Он не любит детей!»

3. Ты хочешь играть в футбольной команде. Придя в первый день в раздевалку, ты слышишь смех ребят.
   *Твоя сиюминутная мысль:* «Они надо мной смеются!»
4. Подошла твоя очередь пить из фонтанчика, и когда ты наклоняешься, кто-то толкает тебя сзади, и ты забрызгиваешь себе лицо.
   *Твоя сиюминутная мысль:* «Меня нарочно толкнули!»
5. Ты разрешил брату взять кассету, которую дал тебе твой друг. Ты объяснил ему, что ее надо вернуть до 15:00, потому что ты обещал занести ее домой другу. Уже 15:15, а нет ни брата, ни кассеты.
   *Твоя сиюминутная мысль:* «Он специально впутывает меня в неприятности!»

Есть много правильных ответов к данным примерам. Помните, что надо помочь ребенку выработать более разумный стиль объяснения. Если при анализе первой ситуации ваш сын или дочка называют одну из нижеследующих причин, то они на верном пути:

> Возможно, они опаздывают.
> Интересно, где они? Может, сегодня урок перенесли?
> Может, я опоздал, и они уже ушли?
> Может, их на машине подвезли.
> Может, они все заболели или еще что-то?
> Лучше пойду в школу и узнаю, что случилось.

Если же ваш ребенок находит ответы наподобие следующих, то он склонен к скоропалительным выводам:

> Они, наверное, сговорились поиздеваться надо мной.
> Они от меня прячутся.
> Я им надоел. Так всегда.

Если ребенок меняет одну неразумную мысль на другую, спросите, как он повел бы себя, если бы полагался на новое суждение. Когда он расскажет о своих действиях, узнайте, считает ли он такое поведение лучшим способом справиться с ситуацией. Потом помогите ему найти здравую мысль, чтобы на проблему можно было взглянуть непредвзято.

**Шаг 2: разные точки зрения**. Когда ребенок научится себя сдерживать и заменять неразумные мысли здравыми, можно ознакомить его со вторым этапом решения проблем, то есть с умением встать на чужую точку зрения. Объясните ему примерно так: прежде чем решать проблему с каким-то человеком, необходимо понять, что именно тот думает и почему он повел себя именно так, а не иначе? Например, в примере с фонтанчиком — почему Томи налетел на пьющего воду? Реагировать в такой ситуации можно по-разному, в зависимости от того, сделал ли он это намеренно или случайно. Растолкуйте своему ребенку, что понять мотивы другого человека легче, если встать на его место и посмотреть на ситуацию его глазами. Затем надо взять пример с Шерлока Холмса и искать доказательства и улики. Спросите у ребенка, какие доказательства можно найти, чтобы понять, почему Томи врезался в мальчика.

Понять, что думают и чувствуют другие, можно по их лицу. Если Томи выглядел смущенным или испуганным, возможно, он толкнул случайно. Если злорадным — то какая была причина его поступка?

Второй способ искать доказательства — задать прямой вопрос. Что можно спросить у Томи, чтобы понять мотивы его поступка? Например: «Почему ты так сделал?» или: «Что случилось?». Вопросы также позволят прояснить ситуацию.

Помогите своему ребенку научиться вставать на место другого. В упражнениях ниже описаны истории с тремя участниками. Прочитайте их вслух, и пусть затем ваш сын или дочка попробуют установить, что думает каждый персонаж.

**ИЩИ ДОКАЗАТЕЛЬСТВА, ВСТАНЬ НА МЕСТО ДРУГОГО**

*Проблема:* Келли скоро пойдет в шестой класс. Они с подружкой Джоди решили коротко подстричься. Выходя из парикмахерской, они встретили их общего приятеля Эрика. Эрик сказал Джоди, что ему нравится ее стрижка. А Келли он сказал только: «Как дела?» Келли обиделась и ничего не ответила Эрику. Джоди похвалила стрижку Келли, но та ни с кем не разговаривала до самого дома. Джоди собиралась позвонить Келли тем вечером, но не позвонила.

Почему Келли рассердилась? О чем она подумала? ________

________________________________________

________________________________________

________________________________________

________________________________________

Почему Эрик похвалил стрижку Джоди, но ничего не сказал о прическе Келли? О чем он подумал? __________

________________________________________

________________________________________

________________________________________

________________________________________

Почему Джоди не позвонила Келли?
О чем она подумала? ________________________

________________________________________

________________________________________

________________________________________

________________________________________

________________________________________

*Проблема:* Эллен, Линн и Кэрол ходят в одну школу и обычно обедают за одним столом. Сегодня первый день нового учебного года. Эллен вошла в столовую и не увидела ни одного знакомого лица. Наконец она заметила Линн и Кэрол в большой компании. Она обрадовалась, потому что уже не знала, куда присесть со своим подносом. Она подошла к столу и поприветствовала Линн и Кэрол. Линн сказала ей: «Привет!», а Кэрол что-то шепнула девочке, сидящей рядом. Никто из них не пригласил Эллен сесть за их стол. Эллен очень расстроилась и ушла обедать с незнакомыми ребятами в противоположной части столовой. Линн казалась рассерженной, а Кэрол удивленной.

Почему Эллен расстроилась? О чем она подумала? ________

______________________________________________

______________________________________________

______________________________________________

______________________________________________

Почему Линн разозлилась? О чем она подумала? __________

______________________________________________

______________________________________________

______________________________________________

______________________________________________

Почему Кэрол удивилась? О чем она подумала? __________

______________________________________________

______________________________________________

______________________________________________

______________________________________________

______________________________________________

*Проблема:* Бетси, Роберт и Дениза живут рядом. Бетси на два года младше Роберта и Денизы, но после школы они гуляют вместе. Как-то вечером разыгралась метель, и на следующий день множество детей кидались снежками в тех, кто помладше. Парочка друзей Роберта пристали к Бетси. Бетси увидела, как Роберт и Дениза смеются, и сильно разозлилась. Позже Роберт и Дениза зашли за Бетси узнать, не хочет ли она покататься с ними на санках. Бетти отказалась, захлопнув перед ними дверь. Роберт расстроился, а Дениза рассердилась.

Почему Бетси хлопнула дверью?

О чем она подумала? ________________________________

________________________________

________________________________

________________________________

________________________________

Почему Роберт смеялся вместе с Денизой?

О чем он подумал? ________________________________

________________________________

________________________________

________________________________

________________________________

Почему Дениза рассердилась?

О чем она подумала? ________________________________

________________________________

________________________________

________________________________

________________________________

________________________________

Вставать на позицию другого полезно в отношениях не только с посторонними, но и с собственным ребенком. Когда вы недовольны друг другом, попробуйте на минутку поменяться ролями, чтобы каждый понял причины поведения другого. Прочитайте эпизод с Кори, который хотел отложить на потом мытье посуды, — как раз на таких примерах можно поучиться пониманию чужой точки зрения.

*Мама:* Кори Сэнд, я уже третий раз прошу тебя вымыть посуду. Мне бы не хотелось просить тебя снова.

*Кори:* Ох, мам, ну опять ты за свое! Я позже помою. Посуда ведь никуда не убежит. В чем проблема?

*Мама:* В чем?! Ладно, давай попробуем по-другому. Я встану на твое место, а ты на мое.

*Кори:* Ты о чем?

*Мама:* Давай, давай. Поменяемся местами. Иди, становись сюда, а я сяду на диван. *[Мама плюхается на диван, вручая Кори прихватку.]* Попытаюсь сначала я тебя понять. Итак… Я Кори. Я не хочу мыть посуду, потому что сейчас по телевизору идет моя любимая зубодробительная передача. Уроки я уже сделал, так что теперь могу себе позволить посмотреть любимое шоу. Конечно, сегодня моя очередь мыть посуду, но что изменится, если заняться этим попозже, после передачи? Правильно, Кори? Я ничего не пропустила?

*Кори [закатывая глаза и хохоча]:* Здорово! Но ты упустила, что я помог папе с его презентацией, на нее ушел почти час — а это совсем не входило в мои планы!

*Мама:* Хорошо, и еще я потратил час сегодня утром, чтобы помочь папе с его презентацией, хотя не обязан был это делать… Теперь твоя очередь, Кори! Встань на мое место, изобрази мою точку зрения!

*Кори:* Хорошо *[повышая голос]*. Так, дети, у каждого из вас есть домашние обязанности, и очень часто вы их не исполняете. Особенно скверный Бенджамин. И мне приходится вас пилить, пилить и пилить, а это мне вовсе не по душе. Ну как?

*Мама:* Здорово. Еще меня злит, когда я выполняю за вас вашу работу.

*Кори:* Хорошо. И иногда, когда вы, дети, не выполняете свои обязанности, я делаю эту работу за вас. Это меня очень достает.

Примерив на себя «противоположные» роли, Кори и его мама сняли напряжение и лучше поняли мотивы поведения друг друга. В результате они договорились, что по четвергам Кори будет мыть посуду в девять вечера, после окончания своей передачи, а по вторникам — приступать к мытью сразу же после ужина. Такое решение пришлось по душе обоим.

Итак, вы можете попробовать поиграть в точки зрения. Когда вы будете смотреть с ребенком видео, остановите фильм на эпизоде, посвященном одному из главных героев. Исходя из событий на экране, попросите присутствующих угадать, что думает или чувствует самый незначительный персонаж. Потом досмотрите кино до конца и проверьте, кто оказался ближе к истине. Вбросьте несколько «фраз к размышлению», которые бы соотносились с сюжетом фильма. Такая игра поможет детям научиться искать мотивы чужого поведения и объяснять его с разных точек зрения.

**Шаг 3: постановка цели.** Третий этап решения проблемы заключается в определении желаемого результата, то есть постановке цели, а затем перечислении действий, которые необходимы для ее достижения. Объясните ребенку, что целью является то, чего мы желаем, и, чтобы приблизить желаемое, надо стараться изо всех сил. Например, если вы разругались с другом, а ваша цель — оставаться друзьями, надо извиниться и исправить то, что ему не нравится.

Итак, прежде чем искать пути решения проблемы, необходимо определиться с целью. А до постановки цели надо постараться посмотреть на ситуацию с точки зрения другого человека.

Определив цель, ваш сын или дочка должны сформулировать как можно больше способов ее достижения. Многие дети зацикливаются на одном решении и теряются, когда выясняется, что это тупиковый путь. Ваш ребенок должен разобрать все возможные варианты, которые подойдут ему самому, а также представить способы достижения цели, приемлемые для кого-то другого. Искать решения необходимо в дружественной атмосфере, свободной от негатива и недоумения по поводу «странности» предлагаемых идей. Позже одни неизбежно отсеются из-за их непрактичности, другие — из-за того, что могут породить новые проблемы, а третьи просто потому, что ваш ребенок сам в них разочаровался.

Попрактиковаться в постановке целей и поиске решений поможет следующее упражнение.

### ПОСТАНОВКА ЦЕЛИ

Здесь описаны три проблемы и мнение ребенка о причине возникновения каждой из них. Попросите своего сына или дочку сформулировать цель, которая бы согласовывалась с мыслями персонажа, а также подумать над всевозможными способами ее достижения.

*Проблема:* Бобби поставили четыре за контрольную по математике. Получив проверенную работу, мальчик обнаружил, что учительница поставила неправильную отметку — должна быть пятерка.

Если Бобби думает: «Учительница сделала так нарочно.
Она не хочет, чтобы у меня была пятерка»,
его цель, возможно, такая: ______________________________

__________________________________________

Бобби может достичь данной цели так:

1. __________________________________________
2. __________________________________________
3. __________________________________________
4. __________________________________________

Если Бобби думает: «Она, наверное, ошиблась»,
его цель, возможно, такая: ______________________________

__________________________________________

Бобби может достичь данной цели так:

1. __________________________________________
2. __________________________________________
3. __________________________________________
4. __________________________________________

*Проблема:* Кортни стоит в очереди за обедом, и какая-то девочка влезает перед ней.

Если Кортни думает: «Может, ее подружка заняла ей место, пока она ходила мыть руки»,

ее цель, возможно, такая: ______________________________

______________________________

Кортни может достичь данной цели так: ______________________________

______________________________

1. ______________________________
2. ______________________________
3. ______________________________
4. ______________________________

Если Кортни думает: «Вот нахалка! Думает, что ей все позволено»,

ее цель, возможно, такая: ______________________________

______________________________

Кортни может достичь данной цели так:

1. ______________________________
2. ______________________________
3. ______________________________
4. ______________________________

*Проблема:* Билли, Карен и Пэт играют в игру. Билли выигрывает, а Пэт начинает ругаться, что он сжульничал.

Если Билли думает: «Пэт рассердилась, что проиграла. Она не со зла»,

его цель, возможно, такая: ______________________________

______________________________

Билли может достичь данной цели так:

1. ______________________________
2. ______________________________

3. ______________________________

4. ______________________________

Если Билли думает: «Пэт мерзкая лгунья, она пытается меня оклеветать»,

его цель, возможно, такая: ______________________________

______________________________

Билли может достичь данной цели так:

1. ______________________________
2. ______________________________
3. ______________________________
4. ______________________________

Теперь предложите вашему ребенку описать две проблемы из недавнего прошлого, связанные с каким-то человеком, и заполнить пустые строчки.

*Проблема:* ______________________________

______________________________

Если я подумал: ______________________________

______________________________

моя цель, возможно, такая: ______________________________

______________________________

Я могу достичь данной цели так:

1. ______________________________
2. ______________________________
3. ______________________________
4. ______________________________

Если я подумал: ______________________________

______________________________

моя цель, возможно, такая: ______________________________

______________________________

Я могу достичь данной цели так:

1. ______________________________
2. ______________________________
3. ______________________________
4. ______________________________

*Проблема:* ______________________________

______________________________

Если я подумал: ______________________________

______________________________

моя цель, возможно, такая: ______________________________

______________________________

Я могу достичь данной цели так:

1. ______________________________
2. ______________________________
3. ______________________________
4. ______________________________

Если я подумал: ______________________________

______________________________

моя цель, возможно, такая: ______________________________

______________________________

Я могу достичь данной цели так:

1. ______________________________
2. ______________________________
3. ______________________________
4. ______________________________

**Шаг 4: выбор пути**. Четвертый этап решения проблемы связан с выбором способа действия. Объясните своему ребенку, что после постановки цели и определения всех возможных способов ее достижения он должен выбрать, какой именно способ оптимален для решения проблемы. Выбор поможет сделать сопоставление всех «за» и «против». Аргументы «за» указывают на любые хорошие результаты, к которым приведет конкретный способ действий, а аргументы «против» — на неблагоприятные последствия. Составив список плюсов и минусов, следует подумать о немедленных и долгосрочных последствиях. Как вы будете относиться к своему решению через три дня? Что произойдет через неделю? Разобрать все плюсы и минусы особенно необходимо, когда одна ситуация предполагает две противоположные цели. Например, после обвинений Пэт в том, что Билли жульничает, у мальчика две задачи: остаться с Пэт друзьями и уличить ее во лжи, и ему надо сравнить плюсы и минусы каждой цели, т. е. дружбы и разоблачения лжи. Конечно же, лучше всего выбрать такое решение, которое принесло бы множество плюсов и совсем чуть-чуть минусов.

Далее попросите своего ребенка определить два способа достижения цели, перечислив плюсы и минусы каждого и выбрав лучший. Ознакомьтесь вместе с ним с примером анализа плюсов и минусов, который сделала одна семиклассница в рамках нашей программы. Прежде чем записывать плюсы и минусы на бумаге, она долго думала над последствиями. Занеся все в тетрадь, она поняла, что минусы второго решения не такие ужасные и не такие вероятные, как минусы первого. Затем она смогла решить, как справиться с конфликтной ситуацией.

### ПЛЮСЫ И МИНУСЫ

1. Твои родители отправились к друзьям. Они вернутся поздно. Мама разрешила тебе пригласить подружку. А подружка захотела устроить вечеринку.

*Твоя цель:* ты хочешь сохранить хорошие отношения с подружкой, но не хочешь расстраивать родителей.

*Решение 1:* я приглашу еще парочку подружек, но попрошу их уйти до десяти, чтобы успеть убраться в доме до возвращения родителей, — и они ничего не узнают.

| *Плюсы* | *Минусы* |
|---|---|
| 1. Подружкам это понравится. | 1. Родители все-таки догадаются, и у меня будут большие неприятности. |
| 2. Мы здорово повеселимся. | 2. Я буду чувствовать себя виноватой. |
| 3. Я буду больше нравиться другим, у меня расширится круг общения. Я стану популярнее. | 3. Я не смогу выпроводить всех до десяти, они будут считать меня ботаником, если я попрошу их уйти так рано. |
| 4. Я не хочу быть паинькой. | 4. Я так боюсь попасться, что все время не нахожу себе места. |

*Решение 2:* скажу подружке, что не могу устроить вечеринку, но спрошу у родителей, можно ли будет пригласить друзей в следующий раз, когда они уедут. Мы с подружкой целый вечер будем обсуждать, кого пригласить и как организовать вечер.

| *Плюсы* | *Минусы* |
|---|---|
| 1. У меня не будет неприятностей с родителями. | 1. Родители не дадут разрешения и никакой вечеринки не будет, а я бы могла ее устроить, если бы все сохранила в тайне. |
| 2. Мы с подружкой с удовольствием все распланируем. | 2. Подружка не захочет ко мне прийти, если не будет вечеринки, так что вечером я останусь одна. |
| 3. Мне нравится улаживать дела, не идя против совести. | 3. Подружка скажет ребятам в школе, что я трусиха. |
| 4. У меня получится организовать вечеринку и не попасться. | 4. Подружка придет, но нам будет скучно. |

Теперь разберите с вашим ребенком первую проблему:

1. Ты отправляешься за подарком на день рождения друга. В магазине ты видишь кассету, о которой мечтал. У тебя не хватает денег и на кассету, и на подарок.

*Твоя цель*: ты хочешь купить кассету.

*Решение 1:* ________________________________________

________________________________________________

| *Плюсы* | *Минусы* |
|---|---|
| 1. | 1. |
| 2. | 2. |
| 3. | 3. |
| 4. | 4. |

*Решение 2:* ________________________________________

________________________________________________

| *Плюсы* | *Минусы* |
|---|---|
| 1. | 1. |
| 2. | 2. |
| 3. | 3. |
| 4. | 4. |

Решение ______ лучшее.

Теперь пусть ваш ребенок самостоятельно разберет две проблемы.

2. *Проблема:* ________________________________________

________________________________________________

*Твоя цель:* ________________________________________

________________________________________________

*Решение 1:* ________________________________________

________________________________________________

________________________________________________

| *Плюсы* | *Минусы* |
|---|---|
| 1. | 1. |
| 2. | 2. |
| 3. | 3. |
| 4. | 4. |

*Решение 2:* ______________________________

______________________________

| *Плюсы* | *Минусы* |
|---|---|
| 1. | 1. |
| 2. | 2. |
| 3. | 3. |
| 4. | 4. |

Решение ______ лучшее.

3. *Проблема:* ______________________________

______________________________

*Твоя цель:* ______________________________

______________________________

*Решение 1:* ______________________________

______________________________

| *Плюсы* | *Минусы* |
|---|---|
| 1. | 1. |
| 2. | 2. |
| 3. | 3. |
| 4. | 4. |

*Решение 2:* ______________________________

______________________________

| *Плюсы* | *Минусы* |
|---|---|
| 1. | 1. |
| 2. | 2. |
| 3. | 3. |
| 4. | 4. |

Решение ______ лучшее.

**Шаг 5: что получилось**? Последний этап решения проблемы заключается в проверке результата. Зачастую при тщательном продумывании шагов 1–4 решение не приносит нужного результата. Объясните ребенку, что здесь нельзя сдаваться. Если первый план действий не сработал и результат оказался не таким, как надо, значит, стоит выбрать другое решение и действовать в соответствии с ним.

## Решение проблемы: шаги 1–5

Поупражнявшись отдельно над каждым шагом, проработайте с ребенком весь процесс принятия решений от первого до последнего этапа, вслух разбирая нижеприведенные сценарии. Придерживайтесь основных пунктов. Подсказывайте вашему сыну или дочке, если он или она забыли, какой шаг следующий.

Шаг 1 — притормози: остановись и подумай. Опирайся на здравые мысли, а не на скоропалительные выводы.

Шаг 2 — посмотри на ситуацию другими глазами: встань на место другого.

Шаг 3 — иди к цели: определи ее и составь список возможных путей ее достижения.

Шаг 4 — план действий: каковы плюсы и минусы каждого способа?

Шаг 5 — что получилось? Если решение не сработало, попробуй другое.

1. Мама Рэнди приходит как-то в его комнату и говорит: «Папа хочет, чтобы вы с братом поехали на каникулы к нему. Но я думаю, вам лучше остаться дома. Я ему уже отказала, но он настаивает. В общем, мы решили, что к нему съездишь ты один, а твой брат останется здесь и проведет каникулы со мной. Хотела тебе просто сообщить, что мы решили».
2. По дороге в школу одноклассники пристают к Лоре. Однажды они вырвали у нее тетрадь с уроками и с хохотом убежали. Лора боится рассказать об этом учительнице, потому что одноклассники могут услышать и потом будут обижать ее еще больше. На уроке учительница отчитала Лору за то, что у нее нет домашнего задания, и сказала, что обсудит это с мамой Лоры.
3. Рик подготовил доклад по естествознанию, который он будет представлять перед классом. Доклад посвящен черепахам. Начав выступление, он видит, что из коробки исчезли маленькая черепашка и ее мама. В растерянности мальчик замолкает. Учительница торопит его: «Рик, мы ведь не можем слушать тебя весь день!»
4. Катрина по дороге из школы домой встречает двух девочек из своего класса, которые ей очень нравятся. Они курят. Катрина не знает, что делать. Ей хочется с ними дружить, но ее смущают сигареты. Девочки говорят: «Привет, Катрина! Красивая у тебя куртка! Где купила? Хочешь затянуться?»
5. После урока учитель просит Малколма остаться и сообщает ему, что его оценки по английскому стали хуже. Учитель считает, что он много времени тратит на баскетбол и ему надо уйти из школьной сборной. Учитель грозится попросить тренера исключить Малколма из команды, если тот не уйдет добровольно.

## Социальные навыки

**Грамотный диалог.** Детям со склонностью к депрессии трудно заявить о своих желаниях в четкой и прямолинейной манере. Особенно им сложно, когда они находятся в подавленном настроении и избегают общения или же раздражаются и сердятся. Вместо конструктивных действий они демонстрируют чрезвычайную инертность или враждебность. Неважно, насколько успешно ваш ребенок преодолевает пять этапов решения проблемы, — если он слишком пассивен или агрессивен при реализации решения, он не получит нужного результата. Умение грамотно вести диалог — полезное качество, находящееся посередине между пассивностью и агрессивностью, и именно оно обычно обеспечивает успех.

Шестиклассница Карла — участница нашей программы. Вот как она описывает свое понимание необходимости вести грамотный диалог.

> Моя подружка Дарлин должна была поехать с нами на рафтинг. Мы собирались ночевать в палатках и сплавляться на лодках по бурной реке. Все было распланировано. Мама даже закупила продукты, которые любит Дарлин. И вот за день до похода Дарлин звонит и сообщает, что не поедет с нами, потому что заболела. Я очень расстроилась, потому что с ней мне бы было веселее. Но мы не из-за этого рассорились — а потому что, когда я вернулась, Джина сказала мне, что видела Дарлин на вечеринке у Фрэнни. Она там танцевала и вовсе не казалась больной. Я *так* разозлилась! Хотелось высказать ей все, что я думаю.
>
> Но я вспомнила, о чем мы говорили на наших занятиях. И велела себе успокоиться и притормозить. Лайза научила нас, как надо достойно высказывать свое мнение. В общем, вместо того чтобы ругаться с Дарлин, я постаралась успокоиться. Я все

продумала и позвонила ей по телефону. Рассказала, что меня кое-что разозлило и я хочу с ней поговорить об этом. Сказала, что я очень расстроилась из-за того, что она не смогла с нами поехать, но я на нее не рассердилась из-за того, что она заболела, потому что от нее это не зависело. Потом я сообщила ей о том, что рассказала мне Джина, и призналась, что это меня вывело из себя. Я добавила, что очень радовалась, когда мы все вместе собирались на рафтинг и мои родители очень старались организовать все так, чтобы мы чудесно провели время. Потом я сказала, что меня задело то, что она прикинулась нездоровой, и попросила ее объяснить причину такого поведения. И Дарлин призналась, что не хотела врать, но чувствовала себя слишком глупо и поэтому не сказала истинную причину. Просто она испугалась! Она никогда раньше не занималась рафтингом и боялась, что выпадет из лодки, натолкнется на камни и так далее. Мое настроение сильно улучшилось после разговора с Дарлин. Я ей сказала, что не рассердилась бы, если бы она мне сразу сказала правду. Она пообещала именно так и сделать в следующий раз.

Далее давайте разберем, как выстроить линию объяснения[4]. Сначала предложите своему ребенку разыграть несколько сюжетов, связанных с одной и той же ситуацией. Ребенок собирается в торгово-развлекательный центр со своим другом. В последнюю минуту друг отказывается. Ребенок расстроен. В каждой сценке персонаж по-разному реагирует на неприятное сообщение. Прочитайте вслух каждую сценку.

**Задира Бренда (агрессивность)**

*Ситуация:* Задира Бренда собирается после школы в торгово-развлекательный центр вместе со своим приятелем Джо. Уже много раз до этого, когда они что-то планировали, Джо передумывал в самую последнюю минуту.

*Бренда:* Ну как, поедем на автобусе?

*Джо:* Ой, прости, но мне позвонил Тони, и я собираюсь к нему. Мы будем играть в «Лего». Извини, мне надо идти.

*Бренда:* Ну конечно! Ты всегда так. На тебя никогда нельзя положиться! В следующий раз я договорюсь с кем-нибудь другим, кто держит слово. Ты никудышный друг! Но не думай, что тебе это сойдет с рук! Я тебе еще покажу, вот увидишь!

*Джо:* Ну и пожалуйста! Мне плевать!

Что ваш ребенок думает о том, какими словами Бренда выражает свое недовольство? Обратите его внимание, что она начинает ругаться с Джо. Спросите у ребенка, улучшит ли ситуацию такое поведение.

Теперь разберите сценку с Простофилей Питом.

**Простофиля Пит (пассивность)**

*Та же ситуация:* Простофиля Пит собирается после школы в торгово-развлекательный центр вместе со своим приятелем Джо. Уже много раз до этого, когда они что-то планировали, Джо передумывал в самую последнюю минуту.

*Пит:* Ну как, поедем на автобусе?

*Джо:* Ой, прости, но мне позвонил Тони, и я собираюсь к нему. Мы будем играть в «Лего». Извини, мне надо бежать.

*Пит:* О!

*Джо:* Удачи!

*Пит:* Да... хорошо.

Что ваш ребенок думает об этой сценке? Как реагирует Пит на внезапную смену планов Джо? Помогает ли исправить ситуацию слово «хорошо»? Что произойдет в следующий раз, когда мальчики снова куда-нибудь соберутся? Может быть, Джо опять будет таким же бестактным и снова передумает?

Поинтересуйтесь у своего ребенка, как можно вести себя на месте Задиры Бренды и Простофили Пита. Разберите еще одну сценку.

**Прямолинейная Саманта (грамотный диалог)**

*Та же ситуация:* Саманта собирается после школы в торгово-развлекательный центр вместе со своим приятелем Джо. Уже много раз до этого, когда они что-то планировали, Джо передумывал в самую последнюю минуту.

*Саманта:* Ну как, поедем на автобусе?

*Джо:* Ой, прости, но мне позвонил Тони, и я собираюсь к нему. Мы будем играть в «Лего». Извини, мне надо бежать.

*Саманта:* Джо, я очень расстроилась. Ты все время меняешь планы. Мне это неприятно. Иногда мне кажется, что ты не хочешь проводить со мной время[1].

*Джо:* Прости, я просто не подумал.

*Саманта:* В следующий раз будет гораздо лучше, если ты заранее подумаешь.

*Джо:* Хорошо, постараюсь, чтобы такое больше не повторялось. Может, поедем в центр в эти выходные?

*Саманта:* Хорошая мысль!

Что ваш ребенок думает о реакции Саманты? Как реагирует Саманта на изменение планов Джо? У кого из троих настроение лучше — у Бренды, Пита или Саманты? Кто из них достойнее всего справился с ситуацией?

В речи Саманты присутствуют четыре компонента, которые обеспечивают «состоятельность» ее высказывания, — и важно, чтобы ваш ребенок освоил эти составляющие. Во-первых, *Саманта описывает ситуацию*, которая ее расстроила. Она говорит Джо, что в последнее время он уже неоднократно нарушал их планы. Обратите внимание, в какой форме она это говорит. Она не ругается, не кричит, не плачет. Она не обвиняет Джо. Она просто четко описывает ситуацию такой, как она есть. За время работы над схемой ABC ваш ребенок должен был научиться именно такому подходу, т. е. изложению сухих фактов, без предположений, почему произошло то или это, и выражения собственных эмоций по отношению к ситуации.

Далее, *Саманта говорит о своих чувствах.* Она объясняет, что случившееся ее расстроило. Обратите внимание: она не обвиняет Джо в том, что он ее расстроил. Она просто максимально полно описывает свои ощущения. В ответ на обвинения Джо стал бы защищаться.

Затем *Саманта сообщает о своем желании, чтобы Джо изменил свое поведение.* Она заявляет ему, что хочет, чтобы он придерживался общих планов или извещал ее заблаговременно о том, что передумал. Снова она опирается на конкретику, и Джо понимает, чего именно она от него хочет.

Наконец, *Саманта объясняет, как она отнесется к изменению его поведения.* По ее словам, ей будет приятно, если Джо исполнит ее просьбу. И если Джо хочет сделать ей приятное, то знает, как себя теперь вести.

**Ситуации с объяснением своей позиции.** Теперь вы вместе с ребенком можете поупражняться в выполнении описанных шагов. Перед вами несколько сюжетов. На этот раз уже не нужно заполнять пустые строчки — просто зачитайте каждый пункт вслух, а потом пусть ваш ребенок попробует вести себя как Саманта.

Помните о четырех компонентах:

Шаг 1: опишите ситуацию: только факты.

Шаг 2: расскажите о своих чувствах. Не надо обвинять других в том, что вы чувствуете.

Шаг 3: просите о конкретных и небольших изменениях.

Шаг 4: объясните, как такая перемена в поведении повлияет на ваше настроение.

1. Папа иногда называет тебя «наглецом» и дает другие клички в присутствии твоих друзей, и это тебе не нравится.
2. Мама кричит на тебя из-за каких-то мелочей, которые ты сделал не так. Ты расстраиваешься, когда она кричит, и хочешь, чтобы она без крика объяснила тебе, что именно ты сделал не так.
3. В пятницу вечером ты с другом Джоном собрался в кино. Джон хочет посмотреть фильм, который ты уже видел, и обычно он настаивает на своем, заявляя, что иначе никуда не пойдет. Тебе же кажется, что нужно уступать друг другу.
4. Твой класс будет писать контрольную по обществоведению, и кто-то из ребят просит тебя дать списать. Ты не хочешь, чтобы у тебя списывали. Ты долго готовился к этой контрольной и боишься получить плохую оценку, если учитель решит, что списал как раз ты.
5. Старшеклассник спрашивает тебя, не хочешь ли ты попробовать его напиток. Он называет тебя «цыпленком». Ты не хочешь пить из его банки и недоволен, что он к тебе так обращается.
6. Учительница поставила тебе двойку за контрольную. Ты считаешь, что контрольная была неправильная, потому что включала вопросы, которых, как обещала учительница, там быть не должно. Ты хочешь поговорить с учительницей.
7. Один школьник все время к тебе пристает за обедом. Ты хочешь, чтобы он прекратил хулиганить.
8. Мальчик украл у тебя домашнее задание и выдал за свое. Выведи его на чистую воду.
9. Ты смотришь телевизор, входит папа и переключает канал, не спросив тебя.

Мало кто из детей (да и взрослых) способен пройти все четыре шага без ошибок. Регулярная практика в течение нескольких недель существенно улучшает способность отстаивать свои интересы.

Если ваш ребенок излишне стеснителен или импульсивен, можно задействовать приемы ролевой игры. Используйте любую ситуацию из реальной жизни, и пусть он потренируется вести диалог с вами. Возьмите в качестве примера случай с Карлом.

Четвероклассник Карл учился на одни пятерки и четверки. Однажды он пришел домой с большой обидой на учительницу. Он умный, спокойный, но стеснительный мальчик. Вот что он рассказал бабушке.

*Карл:* Мисс Рейдер несправедлива. Она разрешила Джил сделать всю интересную работу в классе, украсить стенгазету, разрисовать стены. Джил вообще ничего не умеет! Я всегда этим занимался, но мисс Рейдер не разрешает мне с тех пор, как я схватил тройку за диктант. Ненавижу школу!

*Бабушка:* Ненавидишь школу? Погоди, Карл. Я понимаю, что ты расстроен, но мне кажется, ты должен поговорить с мисс Рейдер. Может, ты завтра с ней пообщаешься?

*Карл.* Не хочу... У нее, наверное, не будет времени.

*Бабушка:* Ну, а вдруг все-таки найдется? Давай потренируемся на всякий случай. Я буду мисс Рейдер, и ты мне выскажешь все, что тебе не нравится.

*Карл:* Ладно. Мисс Рейдер, я хочу заниматься украшением стен.

*Бабушка [в роли мисс Рейдер]:* Извини, Карл. Этим уже занимается Джил. Может быть, в следующий раз.

*Карл:* Видишь? Вот так она и скажет. Все равно.

*Бабушка:* Нет, Карл, сдаваться еще рано. Ты не рассказал ей, что тебя мучает. Расскажешь? Просто скажи то, что ты сказал, когда из школы вернулся.

*Карл:* Ладно. Мисс Рейдер, почему вы больше не даете мне расписывать стены? Все время просите Джил, это несправедливо.

*Бабушка [в роли мисс Рейдер]:* Карл, я посчитала, что тебе надо побольше заниматься, ведь в прошлый раз у тебя были проблемы с диктантом.

*Карл:* Но это потому, что мне нездоровилось. У меня нет проблем с диктантами.

*Бабушка [в роли мисс Рейдер]:* Гм. Не уверена. Давай поступим так, Карл. Если следующие два диктанта ты напишешь на пятерку, то будешь расписывать стены и рисовать стенгазету. Тогда я буду знать, что тебе не нужно дополнительно заниматься правописанием.

*Карл:* Ладно. Но, бабуль, а если она так не скажет?

*Бабушка:* Она необязательно произнесет такие слова, Карл, но ты все прекрасно сейчас объяснил. Попробуй то же самое сказать мисс Рейдер — и посмотрим, что получится, хорошо?

Можно набраться смелости и предложить ребенку потренироваться вести диалог на примере того, что он хотел бы изменить дома. Предупредите его, что вы необязательно согласитесь что-то изменить, но все равно выслушаете его. Обрисуйте исходную ситуацию, а потом пусть он приступает к разговору с вами.

**Выстраивание отношений**. Итак, ваш ребенок научился выражать свое мнение прямолинейно, но без обидных формулировок. А что же делать, если его собеседник не согласен с ним? Или если их цели не совпадают? Представим, например, что ваш ребенок проводит целый день вместе со своим другом. Допустим, он хочет пойти в кино, а друг в развлекательный центр. В таких ситуациях надо уметь найти выход, который устроит обе стороны, — иными словами, пойти на компромисс. Прочтите вместе сценку, показывающую, как можно достичь согласия.

### Комендантский час для Джефри

*Джефри:* Мам, сейчас звонил Дэнни, он приглашает меня к себе посмотреть фильмы. Можно я пойду?

*Мама:* Конечно, милый, только позвони мне около восьми, чтобы я тебя забрала. Завтра у нас бабушка завтракает, так что сегодня надо пораньше лечь спать.

*Джефри:* Около восьми?! Никого из моих ровесников не заставляют быть дома в восемь, и Дэнни решит, что я маменькин сынок! Ну и ну, мам, ты никогда не даешь мне хорошо время провести.

*[Джефри убегает к себе в комнату.]*

*Мама [испуганная, медленно подходит к комнате Джефри, стучится]* Джефри, мне кажется, нам надо поговорить.

*Джефри:* Нам не о чем разговаривать. Ты самая жестокая мать на земле!

*Мама:* Джефри Скотт! Если ты хочешь, чтобы к тебе так относились, хорошо. Будешь сидеть здесь весь вечер и никаких тебе фильмов. Или же откроешь дверь, и мы все спокойно обсудим.

*[Джефри открывает дверь.]*

*Мама:* Итак… Сколько, по-твоему, вы будете смотреть кино?

*Джефри:* Ну, каждый фильм, наверное, часа на два, и если мы еще за попкорном пойдем, наверное, до полуночи.

*Мама:* До полуночи?! Ты шутишь. Если ты не выспишься, то будешь ругаться с бабушкой и испортишь весь завтрак. Это некрасиво по отношению к бабушке, да и ко мне тоже, тебе не кажется? А если до десяти? Вы ведь можете и завтра досмотреть оставшееся.

*Джефри:* Думаю, да. Дэнни точно не будет сидеть до полуночи.

Объясните ребенку, что переговоры связаны с поиском компромисса. Во-первых, *необходимо определить разумные пределы того, чего хочется.* Поскольку никто и никогда не получает всего полностью, надо понять, что именно можно получить. Например, Джефри хочет остаться допоздна у Дэнни, но на следующий день ему рано вставать. А поскольку его друг все равно так поздно не засиживается, Джефри, скорее всего, не получит желаемого в любом случае. Пусть ваш ребенок назовет более разумную просьбу со стороны Джефри.

Поняв, что именно он хочет, ребенок должен *попросить об этом.* Напомните ему, что он уже умеет правильно вести диалог, поскольку вы делали такие упражнения.

Следующий шаг заключается в том, чтобы *выслушать, что хочет другой человек.* Объясните ребенку, что слушать другого нужно очень внимательно. Даже если он не согласен со всем сказанным, он может согласиться с какой-то частью. И о том, с чем он согласен, надо обязательно сообщить собеседнику. Попросите вашего сына или дочку рассказать, в чем именно мама пошла навстречу Джефри. Поясните, что она согласна с тем, чтобы Джефри посмотрел оба фильма, но она против того, чтобы он смотрел их допоздна. Она его выслушала и потом сказала, с чем согласна.

После того как обе стороны сообщили друг другу о своих желаниях, они готовы к компромиссу. Чтобы проявить уступчивость, спросите себя: «На что я готов пойти, чтобы найти решение и получить то, что поможет мне чувствовать себя хорошо?» Пусть ваш ребенок опишет компромисс, который предложила мама Джефри.

Научите ребенка заявлять о компромиссе такими фразами: «Я мог бы ______________ если ты ______________». В таких формулировках становится ясно, что он предлагает соглашение.

Теперь снова надо выслушать другого. Собеседник может сразу согласиться, а может и отказаться или предложить другой компромисс. Попросите вашего ребенка пояснить соответствующий эпизод в нашей сценке.

Если невозможно сразу добиться соглашения, нужно *озвучить еще одно предложение.* Предложите вашему сыну или дочке подумать над возможными вариантами. Обратите внимание, что порой, особенно в случаях с родителями и учителями, невозможно достичь компромисса, который был бы приемлем для другого человека. Когда такое происходит, ребенку хотя бы будет легче оттого, что другой человек знает о его интересах и желаниях и попытается найти решение.

**Будьте благоразумны:** умейте договариваться! Попрактикуйтесь с ребенком в тактике переговоров, используя приведенные ниже ситуации. Прочтите их вслух и предложите вашему сыну или дочке начать переговоры. После каждого сюжета обсуждайте манеру вести диалог. Он слишком агрессивен? Чересчур пассивен? Его предложения неразумны? Он внимательно слушал?

Основные принципы ведения переговоров:

Шаг 1: определите, чего вы хотите в рамках достижимого.

Шаг 2: попросите об этом.

Шаг 3: выслушайте пожелания другого человека.

Шаг 4: будьте благоразумны: договаривайтесь. Сделайте предложение.

Шаг 5: продолжайте искать обоюдовыгодный вариант, чтобы компромисс устроил обе стороны.

1. Билл и Ким дружат. Билл хочет пойти на вечеринку к своим приятелям. А Ким против, потому что она там никого не знает и ей не хочется общаться с одними мальчиками.
2. Сандра начала смотреть по телевизору фильм недели. Приходит ее старшая сестра с подружкой и говорит, что они взяли напрокат кассету и хотят ее сейчас посмотреть.
3. Родители Скотта просят его посидеть с младшей сестренкой, потому что их пригласили на обед. А Скотта, в свою очередь, уже пригласил к себе его друг.

4. Мама и Дарлин отправились покупать школьную одежду. В магазине Дарлин видит марку одежды, которая ей очень нравится. Мама отказывается покупать ее, потому что юбка слишком короткая для школы.
5. Салли хочет взять у брата Теда настольный футбол, чтобы поиграть с подружками. Тед не хочет отдавать игру, потому что в прошлый раз Салли оставила ее под дождем.
6. Дарион должен каждую неделю выполнять по дому пять заданий, за которые родители платят ему по два доллара. Этой зимой снег выпадал четыре раза, и Дарион всегда расчищал дорогу, хотя это не входило в его обязанности. Дарион хочет купить новый компакт-диск, а родители говорят ему, что надо для начала накопить на него.
7. Джози каждый вечер репетирует школьную пьесу. В субботу она хочет отправиться с подружкой в торгово-развлекательный центр, но папа ей не разрешает, потому что боится, что она простудится, и еще потому, что из-за своих репетиций она всю неделю очень поздно делала домашнее задание.

## Конфликт между родителями

Мы разобрали, как дети могут решать проблемы, отстаивать свои интересы и выстраивать отношения. Однако даже при наличии таких навыков конфликты из их жизни не исчезнут. Ссоры родителей, ссоры с братьями и сестрами, разборки с друзьями — таких неприятностей не избежать, поэтому данную главу мне бы хотелось завершить советами мамам и папам.

Опыт конфликтных ситуаций необходим для того, чтобы научиться справляться с ними, но постоянные или очень разрушительные конфликты не пойдут на пользу детям[5]. Исследования показали, что от напряженных отношений между родителями в той или иной степени страдают все дети без исключения. Для дошкольников родительские ссоры чреваты нарушениями психологического, поведенческого и эмоционального характера. Малышей расстраивают даже немые видеозаписи, на которых зафиксированы моменты выяснения отношений между взрослыми. Но прятаться от конфликтов нецелесообразно. Между людьми, даже между близкими друзьями или любимыми, случаются разногласия. Это нормальная часть жизни. Исследователи выявили способы, которые помогают сгладить негативный эффект таких трений[6]. Ниже приведено несколько полезных советов.

- Никогда не допускайте физическую агрессию в присутствии ребенка. Сюда относится швыряние предметами или хлопанье дверью. Подобные жесты очень пугают детей.
- Никогда не критикуйте свою вторую половину в присутствии ребенка посредством оценок постоянного и универсального рода (например, «Твой отец ни на что не способен», «Твоя мама — эгоистичная мерзавка»).
- Никогда не наказывайте свою вторую половину молчанием, не думайте, что ребенок этого не заметит. Он переймет эту тактику так же, как и крики.
- Не заставляйте ребенка выбирать между мамой и папой.
- Никогда не начинайте ссору в присутствии ребенка, если вы подозреваете, что не ограничитесь только беседой.
- Выражайте свои чувства по возможности при помощи слов. Ведите грамотный диалог, не допускайте агрессивности.
- Контролируйте гнев. Остановитесь, сделайте паузу, чтобы успокоиться.
- Решайте конфликты и договаривайтесь в присутствии ребенка. Так он поймет, что без конфликтных ситуаций любящим людям не обойтись, но их можно преодолеть.

- Если вы все-таки критикуете своего партнера в присутствии ребенка, подчеркивайте, что проблема не в человеке, а в его поведении в конкретной ситуации (например, «Твой отец всегда раздражается, если много работает», «Я терпеть не могу, когда твоя мама так долго копается»).

Не во все вопросы надо посвящать ребенка. Договоритесь со своей второй половиной, что вы будете оберегать детей от определенных тем, обсуждая их исключительно наедине.

# Часть V

# Дети двадцать первого века

# Глава 14

# Пирамида оптимизма: младенцы, малыши и дошколята

В знойную субботу, когда температура в тени приближалась к сорока градусам, я вышел из дома и включил поливалку на газоне. Вслед за мной вышли моя жена Мэнди с детьми. Пятилетняя Лара и трехлетняя Никки сбросили платьишки и начали с гоготом носиться под струями холодной воды. К веселившимся подполз и одиннадцатимесячный Дэрил.

Когда струя задела его его первый раз, на лице его изобразились растерянность и недоумение, во второй он откровенно испугался, в третий захныкал, а в четвертый — разревелся. Мэнди уменьшила напор воды.

«Вууууууууууууушшшшшш!» — пропела она, склонившись над его ухом и заслонив собой следующую струю воды. Дэрил перестал реветь. «Вууууууууууууушшшшшш!» — пропела она одновременно с еще одной струей. После нескольких таких запевов Дэрил заулыбался. Когда к нему вернулось его обычное бодрое настроение, Мэнди поставила его на ножки и, по-прежнему напевая, протянула его пальчики прямо под струю. При следующем «вуууш» Дэрил уже сам выставил ручку и, когда на нее попали брызги, засмеялся. Потом он попытался схватить струю обеими ручками, радуясь при виде полных ладошек воды. Затем он поковылял прямо в центр зонтика из воды и через минуту с радостным визгом присоединился к сестрам.

Мэнди не просто научила Дэрила испытывать удовольствие — она заложила в его сознание основы оптимизма. Прививать оптимизм младенцам, малышам и дошколятам следует совсем иными методами, чем те, которые использовались в нашей программе предотвращения депрессии. Разница в подходах объясняется очень просто: у маленьких детей еще нет когнитивных навыков фиксирования и опровержения своих собственных мыслей. Однако на основе изучения феномена выученной беспомощности можно выделить три главных принципа воспитания оптимизма у малышей: уверенность в себе, позитивный настрой и стиль объяснения.

Прежде чем говорить о столь деликатном предмете, хотелось бы внести уточнение. Предыдущие тринадцать глав моей книги, посвященные работе с более старшими детьми, опираются на тщательные и крупномасштабные исследования. В отношении совсем маленьких таких исследований не проводилось — так что в данной главе я буду рассуждать более умозрительно, отвлеченно и схематично, чем в предыдущих.

## Чувство контроля над ситуацией

Моей дочке Никки было десять месяцев, когда ей подарили изумительную восьмигранную шкатулку. На каждой стороне было изображено какое-нибудь животное, и когда на это изображение, например на рисунок собаки, нажимали, автоматический голос объявлял:

«Вот тебе собачка!» Способность контролировать данное объявление приводила Никки в восторг. Как она смогла понять, что, нажимая на изображение собаки, вызывает голос? Никки использовала два компонента информации. Во-первых, вероятность объявления каждый раз, когда она нажимала на картинку (вероятность высокая, но не стопроцентная, поскольку игрушка работала нестабильно и надо было надавить на рисунок с силой). Второй компонент информации важен, но легко упускается из виду: что бы случилось, если бы Никки на картинку не нажала? Ничего. Иными словами, вероятность объявления «Вот тебе собачка!» выше, когда Никки нажимает на картинку. То есть когда она *контролирует* объявление. Но если бы «Вот тебе собачка!» звучало и без нажатия, она бы решила, что голос от нее не зависит.

Данный вывод получил наглядное подтверждение, когда игрушка сломалась и периодически издавала возглас «Вот тебе собачка!» совершенно произвольно. Объявление стало *неконтролируемым*, не зависящим от того, сделала ли что-то Никки или не сделала, и она потеряла к шкатулке интерес. Ощущение неконтролируемости ситуации ведет к безволию и депрессии. Сотни экспериментов на тему выученной беспомощности доказывают, что животные и люди, чувствующие непредсказуемость ситуации, легко сдаются. Вероятность и контролируемость, напротив, стимулируют активность и противостояние депрессии. Два типа вероятности — потенциальный результат конкретного действия, противопоставленный потенциальному результату бездействия, — очерчивают границы владения ситуацией и беспомощности. Беспомощность обусловлена непредсказуемостью. Чувство же контроля над ситуацией, наоборот, проистекает из предсказуемой связи действия и результата. В ходе экспериментов с крысами электрический разряд отключался нажатием на кнопку, то есть животное получало контроль над болевым воздействием. Нажимая на картинку с собакой и вызывая звуковое сообщение «Вот тебе собачка!», Никки управляла ситуацией и обретала опыт контроля.

Дети задолго до того, как они научатся говорить, уже очень чувствительны к феномену предсказуемости и непредсказуемости. Когда младенец завладевает каким-то предметом и в результате манипуляций с ним получает определенный результат, то радуется этому предмету и становится более активным. Когда же малыш беспомощен, то есть когда нет предсказуемости результата его действий, он расстраивается или сердится и становится пассивным. Вовсе не звук погремушки вызывает смех у младенца, а тот факт, что *он* трясет погремушкой.

Такие выводы подтверждает классический эксперимент с подвесными конструкциями, проведенный двадцать пять лет назад специалистом по возрастной психологии Джоном Уотсоном из Калифорнийского университета в Беркли. Он на десять минут в день укладывал три группы восьминедельных младенцев на специальные подушки. В группе, ориентированной на контроль над ситуацией, когда ребенок давил головкой на подушку, над его кроваткой начинала вертеться подвесная конструкция. В группе, где проверялся феномен беспомощности, подвесное устройство вертелось столько же, но его вращения не были связаны с действиями ребенка. Надавливание на подушку не давало никакого результата. Третья группа видела только неподвижную подвеску. Дети из первой группы заметно увеличили свою активность, улыбались и гулили, когда подвеска крутилась. Малыши из второй группы сохранили пассивность и не показывали позитивных эмоций, когда сооружение над ними вертелось[1]. Эксперименты повторили с игрушками, с речевым обращением и с незнакомыми людьми, и везде результаты были одинаковы: если ребенок контролировал объект, его активность и радость усиливались, а беспомощность порождала негативные эмоции и пассивность.

Когда моей дочке Аманде было восемь месяцев, я взял ее вместе с семью студентами в ресторан с пиццей и пивом. Она проспала на своем стульчике почти всю трапезу, но проснулась на десерте.

Я разглагольствовал о важности предсказуемости, когда она прервала меня, начав шлепать по столу своими ручками. Чтобы подкрепить свой тезис, я постучал по столу кружкой. Ее лицо оживилось, и она снова зашлепала по столу. В ответ мои студенты застучали столовыми приборами. Аманда дала ответную дробь. Мы все стучали по столу друг другу в ответ в течение минут десяти. Другие посетители заведения, наверное, изумились при виде младенца, захлебывающегося от смеха, который управлял действиями восьми взрослых.

Постепенно приучая нашего сына Дэрила к струям воды, моя жена Мэнди помогла ему обрести определенный контроль над намоканием. Благодаря звуку «Вуууушшш!» струя воды становилась предсказуемой. Беспомощность Дэрила исчезла, и он мог по своей воле приближаться или отодвигаться от воды. Есть немало аналогичных способов помочь ребенку обрести чувство контроля над ситуацией и избавиться от беспомощности в обычных бытовых ситуациях, которые возникают несколько раз за день. Здесь уместно прибегнуть к двум дополняющим друг друга стратегиям: поэтапному знакомству и выбору.

Новая задача зачастую пугает ребенка. Помогите ему решить ее посредством *маленьких посильных шагов*, начав с того, что легко контролировать: установите слабый напор водяной установки или душа, а потом, когда ребенок привыкнет, постепенно увеличивайте напор. Поэтапность, разумеется, зависит от возраста. Понятно, что, опуская восьмимесячного младенца в бассейн, мы не окунаем его в воду сразу, а сначала погружаем на сантиметр, потом на два.

Чем больше *выбор* у ребенка, тем лучше. Как только он дорастет до того, чтобы выражать «да» или «нет», создавайте ему выбор везде, где возможно. Например, не надо запихивать ему в рот еду. Пусть она будет на виду, а вы подождите, пока малыш покажет, что именно он хочет. Спросите его, хочет ли он это (или то), но будьте готовы и к отказу.

Родители могут укрепить у детей чувство контроля во многих повседневных ситуациях.

**Знакомство с миром и активность.** Осваивать новое человек начинает с рождения и продолжает все детство. Знакомство с миром пробуждает потенциал овладения ситуацией, поскольку позитивные ощущения мотивируют на поступки, образуя с ними замкнутую цепь. (Правда, освоение нового может быть связано и с потенциалом физического страха.) Контролируя новый объект и осваивая новый навык, ребенок будет предпринимать все новые и новые действия, расширяя свое умение и добиваясь еще большего успеха. Правда, знакомство с миром может сулить и негативные ощущения, которые тоже образуют замкнутый круг. Если у ребенка что-то не получается, его ощущение контроля над ситуацией ослабеет, и в следующий раз он может вообще не сделать никаких попыток справиться с задачей. Поэтому не оставляйте его надолго в коляске или детском стульчике. Не пеленайте, поскольку пеленки лишают всякой возможности владеть ситуацией, а ваша задача — помочь малышу встать на путь позитивного освоения мира как можно раньше.

У младенца есть свое «пространство» для изучения, которое начинается с кроватки и разрастается до размеров детского манежа. Когда он станет старше, продолжайте расширять его безопасное жизненное пространство. Пусть он изучает домашнюю территорию — ведь чем больше объектов он узнает, тем больше возрастет его умение контролировать ситуацию. Не мешайте и не прерывайте процесс исследования до тех пор, пока он не угрожает безопасности малыша, а в случае угрозы подтолкните его к безопасной альтернативе. Когда ребенок сможет сидеть без посторонней помощи, помогите ему научиться ходить (но соблюдайте правила безопасности). «Ходоки» быстро расширяют подконтрольную им территорию. Создайте множество безобидных преград из подушек и валиков. На улице в качестве препятствий можно использовать естественные пригорки и ямки. Обзаведитесь песочницей и непромокаемой курточкой. Для малышей постарше приобретите трехколесный велосипед, детский автомобиль, санки, попозже велосипед, коньки и ролики.

Игрушки служат инструментом исследования, и выбирать их нужно, исходя из степени знакомства ребенка с ситуацией. Игрушки, которые работают только в ответ на действия ребенка, воспитывают чувство контроля. Кубики и конструкторы, хитрые шкатулки и детские спортивные уголки, книги с героями, которые говорят при нажатии на их изображение, машинки, куклы со сменными платьями, музыкальные инструменты и куклы на шарнирах — все они развивают у малыша чувство контроля. Толстые мелки, смываемые фломастеры, тупые карандаши и даже кетчуп и шоколадный пудинг для детей помогают развивать активность. Игрушки же со сложными мелодиями, которые не зависят от движений ребенка, не вызывают чувства контроля. Плюшевые зверюшки, мягкие игрушки, подвижные предметы, до которых не достанешь, настенные декорации, радио и телевизор не способствуют развитию навыков владения ситуацией.

Компьютер стал революционным прорывом в силу объема и скорости передаваемой информации, но в еще большей степени он ценен для создания ощущения контроля. В отличие от телевизора, радио и кино, компьютеры и видеоигры интерактивны, то есть они учат умению управлять ситуацией. Для все большего числа семей покупка компьютера — такая же хорошая инвестиция, как и репетитор. С помощью резиновой накладки на клавиатуру моя трехлетняя дочь Никки очень любила выбирать по своему усмотрению цвета и формы для Микки-Мауса. Упражняться в контроле над ситуацией двух- и трехлетним малышам помогают манипуляции с компьютерной мышкой. Пятилетней Ларе нравится сооружать на экране механические конструкции разной сложности. Своя игра есть даже для крошки Дэрила: нажав любую клавишу, он получит на экране хохочущие рожицы. В интернете существует и интерактивная версия

«Улицы Сезам», которую обожают Лара с Никки. Пользу, которую несут детские компьютерные программы для развития навыков контроля над ситуацией, нельзя переоценить. Эта индустрия набирает силу столь стремительно, что, когда вы будете читать данную книгу, доступных игр и программ наверняка станет гораздо больше. Вы сможете проверить это самостоятельно, забив в поисковике строку «развивающие игры».

**Кормление и прием пищи.** Кормите ребенка, когда он голоден, а не по расписанию. Когда он уже сможет обозначать свое согласие или отказ, предоставьте ему выбор, но достаточно простой — не надо перегружать его внимание парализующим разнообразием. Как можно раньше приучите его к столовым приборам и еде, которую едят руками. Беспорядок и грязь не так важны, как чувство контроля над ситуацией. Примитивные уроки кулинарии можно начинать уже в раннем возрасте. Даже годовалому малышу под силу попробовать размешать тесто для блинов, а двухлетнему помощнику — слепить что-нибудь из более густого теста. По воскресеньям мы всей семьей делаем пончики: Лара замешивает тесто, отмеряет муку и сахар. Дэрил командует, не слишком ли сладко или солоно, Никки чистит фрукты, а Мэнди укладывает все это на сковородку. Ну а папе, то есть мне, достается роль дегустатора готовых пончиков[2].

Стремитесь всеми способами раздвинуть перед малышами жизненные горизонты. С двух лет приобщайте их к работе в саду и на огороде. Обедая с ребенком вне дома, отдавайте предпочтения кафе и ресторанам самообслуживания — пусть ваши сын или дочка выберут себе еду на свой вкус и оплатят ее. Чувство контроля над ситуацией воспитывают и походы по магазинам. У нас есть любимый супермаркет, в котором Лара с Никки гордо шествуют вдоль прилавков с миниатюрными тележками. Каждая выбирает по три товара, самостоятельно расплачивается на кассе и укладывает свои покупки в багажник машины.

Родители, конечно же, должны ограничивать выбор своих чад, и правильные ограничения имеют не меньшее значение. Я не сторонник вседозволенности. Строго очерченный выбор — первый шаг к тому, чтобы научиться извлекать максимальную пользу из ограниченных возможностей, которые предлагает нам жизнь.

**Подгузники и одежда.** Меняйте подгузники, когда ребенок находится в положении стоя. Это требует от родителей некоторой сноровки, но уменьшает ощущение беспомощности у вашего малыша. Не надо приучать ребенка к горшку раньше времени. Часы, проведенные на горшке под аккомпанемент попреков за отсутствие результата, представляют собой ужасные уроки беспомощности. Пусть ребенок сам выбирает одежду, в которой хочет провести сегодняшний день. Возможно, вас не вдохновит сочетание цветов, но малыш получит дополнительный опыт контроля над ситуацией.

**Социализация и внимание.** Самая важная область, в которой ребенок может чувствовать себя беспомощно или уверенно, — это взаимоотношения с другими людьми. Сначала надо выработать понимание предсказуемости реакции другого. Не давайте малышу долго плакать, если он хочет есть или если он мокрый. Возьмите его на руки как можно быстрее. Первым делом он начинает понимать, что плач приносит облегчение. Старайтесь разговаривать с малышом не только тогда, когда *вам* хочется. *Отвечайте* ему, когда он издает звуки, потом подождите его ответа. Когда в поле его зрения появляется незнакомый человек, следите за взглядом малыша и подводите незнакомца поближе. К новому человеку, который находится под его контролем, малыш будет относиться лучше, чем к тому, кто вторгнется внезапно. Если вы что-то читаете ребенку, поощряйте его восклицания и вопросы и обсуждайте их.

С двух лет можно приучать ребенка к играм во взрослых. Кукольные кухни и всяческие рабочие инструменты предлагают отличные возможности для развития взаимоотношений с другими людьми.

Игры в родителей или в доктора дают суррогатное ощущение контроля, особенно когда дети изображают ссоры. Я часто слышу, как Лара или Никки говорят своим куклам: «А теперь тихо, засыпайте. Если не заснете через пять минут, я очень рассержусь!» или: «Не бойся, моя хорошая, это не больно!» Составьте список дел, в которых старший ребенок может помочь младшему братишке или сестричке и пожилым членам семьи.

## Позитивный настрой

Чувство контроля над ситуацией образует фундамент пирамиды оптимизма, а позитивный настрой формирует следующий слой. Чувство контроля над ситуацией приходит в результате действий, а позитивный настрой связан с чувственной стороной, то есть взрослением в теплой эмоциональной атмосфере. Родители всегда стараются, чтобы ребенок чувствовал себя хорошо, и в наше время торжества позитива данная мотивация достигла новых высот. Как я уже рассказывал в главе 4, у меня старомодные представления о том, что такое чувствовать себя хорошо. Я считаю чувство уверенности в себе удобным инструментом взаимодействия с миром, а не самоцелью. Позитивный настрой я тоже рассматриваю как средство на пути к более важной цели, то есть умению контролировать ситуацию.

Целое поколение родителей приучено воспитывать детей в режиме «безусловного позитивного внимания». Авторство данного понятия принадлежит Карлу Роджерсу, известному в 1950-х годах психологу. Роджерс считал «безусловное позитивное внимание» и «эмпатическое понимание» основными определяющими факторами успешной психотерапии[3]. В 1950-х годах его точка зрения была принята на ура, в том числе и в педагогике. Параллельно современник

Роджерса, видный теоретик бихевиоризма Беррес Фридерик Скиннер объяснял родителям, что наказание не является эффективным методом воспитания. Принципы «никакого наказания» и «безусловное позитивное внимание» быстро сделались главными в воспитании американских детей.

В чем польза и в чем вред данных максим? Польза очевидна. Чем больше ребенок узнает, тем больше он может. Если он боится или не уверен, его способности ограниченны. Он отступает в безопасную зону и остается со скудным набором навыков. Он не пытается использовать шанс. Он не учится и не научается. Недостаток навыков усиливает его подавленность и затормаживает его еще больше. И наоборот, если ребенок доволен и уверен в себе, он использует все возможности и осваивает новое. Опыт улучшает его настрой, что в свою очередь мотивирует на новые поиски и обретение новых навыков.

Позитивные оценки помогают овладевать навыками, потому что они устраняют страх и вдохновляют на новый опыт. Наказание, напротив, преграждает дорогу знанию, так как ребенок начинает бояться и чувствует себя скованно. Я тоже поддерживаю позитивные оценки и отказ от наказания, но *только в той степени, в какой эта тактика помогает освоению навыков.* К сожалению, иногда такие подходы только мешают ребенку научиться контролировать ситуацию.

Недостаток принципа безусловного позитивного внимания заключается в том, что оно не зависит ни от каких действий ребенка. Умение же владеть ситуацией, напротив, обусловлено действиями ребенка и является их непосредственным результатом. Данным различием нельзя пренебрегать. Выученная беспомощность развивается не только тогда, когда неприятные события не поддаются контролю, но и, к сожалению, когда *не поддаются контролю события благоприятные.* Когда человек или животное сталкивается с непредвиденным хорошим явлением — монеты сыплются из автомата вне зависимости от действий человека, пищу дают вне зависимости от действий животного, похвала льется на голову ребенка вне зависимости от реальных успехов, — развивается как раз выученная беспомощность. В случае с благоприятными событиями она именуется «аппетитивной» в противоположность «аверсивной» выученной беспомощности, которая закрепляется плохими событиями, например непредвиденным шоком, шумом. В отличие от реципиентов непредвиденных плохих событий, реципиенты непредвиденных хороших событий не впадают в депрессию, но они тоже становятся пассивными и безучастными. Еще печальнее тот факт, что они не могут осознать свои способности и убедиться в своей состоятельности, поскольку не учатся новому. Например, лабораторная крыса, которая ранее получала еду у любой стенки клетки, позже не может научиться подбегать к правильной стенке, когда еду начинают подавать только с одной стороны клетки.

Когда родители поощряют ребенка, хвалят его независимо от поступков последнего, возникает две опасности. Во-первых, ребенок может стать инертным, поскольку поймет, что его будут хвалить за все, что бы он ни сделал. Это первый симптом аппетитивной выученной беспомощности. Во-вторых, ребенок не сможет вовремя понять, в чем он действительно преуспел.

Итак, концепция безусловного позитивного внимания ставит родителей перед дилеммой. С одной стороны, ободряющие оценки действуют благоприятно. У ребенка улучшается настроение, уходят страх и скованность. Он использует все возможности и активнее изучает мир, что в свою очередь приводит к овладению различными навыками. Таким образом, позитивный настрой опосредованно укрепляет умение контролировать ситуацию. С другой стороны, безусловное позитивное внимание ни от чего не зависит. Ребенок понимает, что родители говорят приятные слова независимо от того, что именно он сделал. Так он обучается пассивности и лишается способности понимать, насколько хороши его действия. Безусловность препятствует освоению навыков.

Решение дилеммы зависит, на мой взгляд, от разновидности позитивного внимания. Любовь, забота, сердечность и волнение должны быть безусловными. Чем их больше, тем теплее атмосфера и тем больше будет защищен ребенок. Чем уверенней он будет себя чувствовать, тем больше будет узнавать и осваивать новый опыт. А вот похвала — это совсем другое. *Хвалить ребенка нужно только за успехи, а не для того, чтобы у него улучшилось настроение.* Дождитесь, когда он усадит свою куклу в игрушечный автомобиль, и только потом аплодируйте. Кроме того, надо *дозировать* похвалу в зависимости от сложности выполненной задачи. Не надо излишне восторгаться куклой в автомобильчике, как будто это немыслимый подвиг. Поберегите самые лестные фразы для более серьезных достижений, например, когда ваш малыш выговорит имя старшей сестры или поймает мячик. Беспричинная же похвала вскоре подорвет его доверие к вам. Вот почему в главе 2 папа Иэна так плохо справился со своей задачей в ситуации с недостроенным космическим кораблем. Если задача не по силам и у ребенка совсем ничего не получается, разбейте ее на более посильные части или же ненавязчиво переключите энергию малыша на что-то другое. Ни в коем случае не нахваливайте за неудачу[4].

С наказанием дело обстоит несколько проще. Наказание, то есть нежелательное событие, обусловленное неугодным действием, весьма эффективно предотвращает ненадлежащее поведение. Возможно, это самый действенный метод в рамках модификации поведения, что доказано сотнями экспериментов[5]. Однако на практике ребенок зачастую не понимает, за что его наказывают, при этом негативный шлейф тянется и за тем, кто наказывает, и за самой ситуацией в целом. Когда такое происходит, ребенок начинает бояться, становится скованным, может избегать родителя, который наказывал, и никак не реагировать на наказание.

Объяснить, почему детям трудно понять причину наказания, можно на примере лабораторных опытов с крысами, в которых задействованы «сигналы безопасности». В ходе эксперимента сигналом служит громкий звук, который включается до неприятного события, в частности, электрического разряда. Звук однозначно сигнализирует опасность, и крыса демонстрирует признаки страха, поскольку понимает, что звук опасен. Когда звука нет, разряд не включается. Отсутствие звука указывает на безопасность, и крыса расслабляется всегда, когда нет звука. Если же сигнал тревоги не включается и животное получает разряд непредсказуемо, оно будет бояться все время. Данный вывод подтверждают многие эксперименты[6].

Очень часто наказание не дает результата, потому что ребенок не понимает сигналов безопасности. Наказывая ребенка, нужно сделать сигнал тревоги — и, следовательно, сигнал безопасности — абсолютно четким. Убедитесь, что ребенок понимает, за что именно его наказывают. Критикуйте не его характер, а конкретный поступок. Плох не сам ребенок (оценка личности, постоянная и универсальная), плох его поступок (оценка внеличная, ситуация конкретная и поправимая).

Никки, которой почти три годика, обстреливает снежками Лару, и та морщится от боли. Реакция Лары заводит Никки еще больше. «Прекрати кидать снежки в Лару, Никки, — кричит Мэнди. — Ты делаешь ей больно!» В Лару летит еще один снежок. «Еще раз бросишь — пойдешь в дом», — предупреждает Мэнди. В Лару летит очередной снежок. Мэнди немедленно уводит протестующую Никки в дом. «Я ведь тебе сказала, что будет, если ты не прекратишь. Не прекратила — пеняй на себя», — спокойно объясняет Мэнди. Никки шумно всхлипывает: «Больше не буду, не буду. Не буду больше».

Обратите внимание на два момента, связанные с сигналами безопасности. Наказание — возвращение в дом — «соразмерно» преступлению. Между ними простая связь, ее понимает даже двухлетка. Кроме того, Мэнди объясняет причину данного наказания: «Ты делаешь Ларе больно!» Так Никки получает базовое представление о сигнале безопасности: если не делать другим больно, будешь в безопасности.

Научить ребенка воспринимать сигналы безопасности очень важно. Неприятности случаются каждый день, и если известно, что нечто плохое должно произойти — мамы утром не будет или канавку нужно засыпать, — то ребенку надо доходчиво объяснить, что его ждет. Нельзя молчать и позволять неприятности свалиться ребенку на голову. Если трехлетнему малышу надо сделать прививку, объясните ему перед посещением врача, что его уколют иголкой и потом будет больно несколько минут. За пару минут до укола напомните, что доктор сейчас его уколет и будет немного больно, но потом все пройдет. Когда ребенка заранее предупреждают о грядущих неприятностях, он понимает: *если предупреждений нет, то он в безопасности и плохие события маловероятны.* Он будет доверять вам. К сожалению, родители не любят предупреждать ребенка об опасности, чтобы избежать мороки — однако долгосрочные последствия такого малодушия гораздо серьезнее.

Отлучаясь вечерами, мы оставляли годовалую дочь Аманду на попечение няни. Когда няня у нас появилась, мы их познакомили, дождались, пока Аманда привыкнет, а потом тихонько выскользнули из дома. Мы были начинающими родителями и не хотели слушать неизбежный в таких случаях протестующий рев. Но наша тактика умолчания не сработала. Мы заметили, что Аманда стала превращаться из спокойной девочки в капризную. Я как раз в то время проводил опыты, связанные с сигналами безопасности, и понял, что мы нарушили основной принцип, не предупредив Аманду о своем уходе. В следующий раз мы провели торжественную церемонию прощания с объятиями и пением «До свиданья, мой друг, до свиданья!», причем няня провожала нас до машины, а мы пообещали вернуться через три часа, помахав на прощанье. Аманда поняла достаточно, чтобы зареветь в знак протеста, но мы все равно уехали и с тех пор придерживались данного ритуала в другие вечера. Вскоре к Аманде вновь вернулось спокойствие.

Атмосфера тепла и заботы, четкие сигналы безопасности, безусловная любовь, но обусловленная хвала и множество хороших событий внесут позитивное настроение в жизнь вашего ребенка. Однако в сознании ребенка благоприятные вещи на удивление легко трансформируются в неприятные мысли. В итоге значение имеет, сколько позитива содержится в его маленькой головке. Сколько хороших и сколько неприятных мыслей приходит за день? По этой теме появилась целая серия революционных исследований. Грег Гарамони и Роберт Шварц, психологи из Питтсбургского университета, решили подсчитать количество первых и вторых. Будучи опытными учеными, они вели подсчет «мыслей» множеством способов: воспоминания, мечты, объяснения ситуаций и так далее. Проведя двадцать семь различных исследований, они обнаружили, что у депрессивных личностей паритет плохих и хороших мыслей — один к одному. А у недепрессивных людей хороших мыслей оказалось почти в два раза больше, чем плохих. Вывод очень простой, но очень важный. Его подтверждают и результаты терапии: депрессивные пациенты, идущие на поправку, приближаются к соотношению 2:1 с изначального 1:1. Те же, у кого улучшений не наблюдается, сохраняют пропорцию 1:1[7].

Как можно помочь ребенку иметь соотношение 2:1 приятных и неприятных мыслей?

**Перед сном.** Последние минуты перед тем, как ребенок засыпает, могут оказаться самыми ценными. Дома мы используем это время, чтобы вспомнить все приятные и неприятные вещи, которые случились за день. С помощью такой игры мы формируем позитивное умонастроение, которое, как мы надеемся, Лара и Никки усвоят и сохранят, когда вырастут.

Свет погашен, и Мэнди сюсюкает с Ларой и Никки.

*Мэнди:* Чем тебе сегодня понравилось заниматься, Ларочка?

*Лара:* Мне понравилось играть и ходить в парк с Леа и Андреа. Понравилось есть печенье в домике. Понравилось плавать и нырять с папочкой. Понравилось, что у меня за обедом своя тарелка.

*Никки:* А мне понравилась клубника с шоколадом.

*Лара:* Мне еще понравилось играть в машинки с Дэрилом. А еще понравилось гулять без платьица, в одних трусиках.

*Никки:* Мне тоже.

*Лара:* Мне понравилось читать слова. Еще мне понравилось, как люди плыли по реке и катались на роликах. Еще мне понравилось, как я ходила с папой в кино и сама платила.

*Мэнди:* А еще что?

*Лара:* Мне понравилось играть с Дэрилом в прятки, а еще с Никки в русалочки в ванной. Мне понравилось играть с папочкой в компьютерную игру.

*Никки:* Мне тоже.

*Мэнди:* А неприятности сегодня были?

*Лара:* Дэрил укусил меня в спину.

*Мэнди:* Да, это больно.

*Лара:* Очень!

*Мэнди:* Ну, он еще маленький. Мы отучим его кусаться. Завтра утром, хорошо?

*Лара:* Хорошо. Мне не понравилось, что у Леа умер кролик, и мне не понравилась история Никки, как Реди [наша собака] съел кролика.

*Мэнди:* Да, гадость.

*Лара:* Ужас.

*Мэнди:* Мне тоже не понравилась история Никки, но она еще маленькая и не понимает. Она придумывает. Грустно, что кролик умер, но он был уже старый и больной. Может, папа Леа купит им нового.

*Лара:* Может.

*Мэнди:* Похоже, у тебя сегодня был хороший день?

*Лара:* Сколько хороших вещей, мамочка?

*Мэнди [задумываясь]:* Пятнадцать, я думаю.

*Лара:* А плохих сколько?

*Мэнди:* Две.

*Лара:* Ого, пятнадцать приятностей за один день! А что мы будем делать завтра?

Последние мысли, с которыми засыпает ребенок, связаны со зрительными образами, и именно вокруг них сплетаются его сны. Тональность снов имеет отношение к депрессии. Депрессивные взрослые и дети во сне видят потери, лишения и неудачи, и, что интересно, когда лекарства прерывают депрессию, то и сны пропадают. Перечисление перед сном всех приятных событий дня создает основу позитивного мышления, не говоря уже о «приятных сновидениях»[8].

## Стиль объяснения

Итак, владение ситуацией — это фундамент детского развития. Позитивный настрой формирует следующий слой, а оптимистичный стиль образует вершину. К двум годам дети начинают формулировать объяснения ситуаций (двухлетняя Никки плачет: «Лара меня обижает!»; за компьютером с хныканьем обращается к папе: «У меня не получается!»). К трем годам ребенок пытается разобраться в причинно-следственной путанице мира. Многие предложения теперь содержат слова «потому что», а многие вопросы начинаются словом «почему?». На днях Никки объясняла мне, что «Принц хотел жениться на Красавице, а не на Спящей Красавице, потому что на Красавице было голубое платье». Когда я ее спросил, почему она хмурится, дочка ответила: «Потому что я хочу есть». В некотором смысле стиль, то есть определенный тон тех или иных объяснений, и формируется из такой путаницы различных причин, в разультате чего восприятие становится либо пессимистичным, либо оптимистичным. Исследователям еще предстоит определить, когда именно зарождается стиль. Лично я считаю, что это врожденный навык, который проявляется еще в дошкольные годы.

Именно в этом возрасте родители могут приложить усилия к тому, чтобы этот стиль был оптимистичным. С дошколятами невозможно заниматься отслеживанием и опровержением автоматических мыслей, в отличие от ребят постарше, поскольку они не «метакогнитивны» — то есть еще не могут анализировать то, что думают. В отсутствие собственного стиля объяснения малыши перенимают его у других. Как мы уже отмечали в главе 8, они бессознательно впитывают манеру родителей. То, как вы разговариваете и спорите с окружающими, в какой форме критикуете самого ребенка, немедленно берется ими на вооружение. Еще мы заметили, что дети перенимают стиль персонажей книг, фильмов и мультфильмов.

Эту уникальную способность к подражанию мы с Мэнди используем, чтобы обучать наших детей азам оптимистичного стиля. Когда Никки расстроена, мы переносим ситуацию на Флопси, сказочную девочку-кролика, которая всегда находит случившемуся оптимистичные объяснения.

Несколько месяцев назад Лара начала заниматься балетом. Никки было трудно это пережить, потому что она тоже хотела танцевать, но была слишком маленькая для таких занятий. Быть «слишком маленькой» — обстоятельство, как известно, временное, потому что дети растут. История с Флопси, которую мы рассказали Никки, заметно ее утешила.

> Флопси проснулась очень рано. Светило солнце, и она выпрыгнула из постели, чтобы посмотреть в окно. Тут она вспомнила, что сегодня четверг. По четвергам ее старшая сестра ходит на занятия балетом, а Флопси приходится ждать на улице. Флопси тоже ужасно хотелось танцевать. Это так здорово — все маленькие танцующие девочки-кролики такие миленькие!
>
> «Сегодня выступление, — сказала мама. — Давайте посмотрим, что вы сегодня наденете». У Флопси и ее сестры были специальные пачки. Флопси выбрала голубую — ее любимый цвет.
>
> Когда они приехали в школу, все маленькие девочки-кролики уже нарядились в специальные костюмы. Мама с Флопси сели в зрительном зале и смотрели, как сестра Флопси прыгает и крутится. Флопси не могла этого вынести. Она начала плакать, а потом выбежала из зала.
>
> Мама пошла вслед за Флопси, обняла ее и поцеловала: «Понимаю, как тебе тяжело, Флопси. Ведь ты тоже хочешь быть балериной, верно?»
>
> Флопси кивнула: «А почему я не могу, мамочка?»

«Ты еще пока мала, Флопси. Чтобы заниматься, тебе должно быть четыре года, а тебе только два с половиной», — сказала мама. Флопси снова заплакала.

«Понимаю, — успокаивала ее мама. — Давай мы купим тебе голубые чешки, и ты позанимаешься с сестрой после ее урока. Если мисс Эллис увидит, как хорошо ты танцуешь, она возьмет тебя к себе в класс в сентябре, когда тебе будет только три. Ждать ведь недолго, верно?»

Флопси решила, что это замечательная идея. Мисс Эллис согласилась, и настроение Флопси стало гораздо лучше.

# Глава 15

# Пределы оптимизма

Вы теперь, возможно, считаете меня оголтелым защитником оптимизма. Я таковым не являюсь, поскольку знаю, что оптимизм — это палка о двух концах. Плюсы от него очевидны: он помогает бороться с депрессией, когда случаются неизбежные несчастья и трагедии. Он помогает многого достичь — в школе, на спортивной площадке, а потом и на работе. Оптимизм держит человека в более крепкой физической форме и, возможно, продлевает жизнь. С этими преимуществами никто не спорит. Однако есть одна вещь, которая у пессимистов получается лучше, чем у оптимистов.

Они четче представляют себе реальность.

Это обескураживающее наблюдение нельзя обойти стороной, оно стало поводом для жарких споров. Все началось с невинного эксперимента в конце 1970-х годов, который проводили мои аспиранты Лорен Эллой и Лин Абрамсон. Они позволяли студентам в различной степени контролировать вспышку света. Некоторые превосходно владели ситуацией: вспышка появлялась всякий раз, когда они нажимали кнопку, и никогда ее не было, если кнопку не нажимали. Другие студенты ничего не контролировали: вспышка возникала независимо от нажатия или ненажатия кнопки; они были беспомощны.

Потом студентов попросили как можно точнее определить степень их контроля над ситуацией. Студенты с депрессивной симптоматикой были очень точны в своих ощущениях. Студенты же без симптомов депрессии нас изумили. Они правильно оценивали степень своего контроля, когда действительно контролировали вспышку, однако и в беспомощном состоянии полагали, что в большой мере контролируют происходящее.

Люди с симптомами депрессии осознавали правду. А свободные от депрессии индивиды потакали иллюзиям о собственных возможностях контролировать ситуацию, тогда как на самом деле были беспомощны. Данные результаты взбудоражили меня тогда и будоражат сейчас. Когда двадцать пять лет назад я начинал работать психотерапевтом, мне хотелось стать проводником счастья и реальности. Но, похоже, реальность и счастье не дружат.

Доказательств депрессивного реализма предостаточно[1]: депрессивные люди адекватно оценивают свои способности; нормальные же люди считают себя гораздо более умелыми, чем видят их другие (80 процентов американцев верят, что они мастера общения). Нормальные люди держат в памяти больше хороших событий, чем их на самом деле было, и забывают больше плохих. Депрессивные люди точны с оценкой и тех, и других. У нормальных людей искаженные представления об успехах и неудачах: если их хвалят, они считают похвалу заслуженной; неудачи же предпочитают списывать на окружающих и обстоятельства и преуменьшать их значение. В отличие от них, депрессивные люди справедливы в своих оценках как успехов, так и неудач.

Перечисленные выводы поражают, но требуют критического к себе отношения. Исследования, выявившие феномен депрессивного реализма, не включали в себя людей с глубокой депрессией. Сравнивались студенты, имеющие некоторые симптомы депрессии, со студентами, у которых таких симптомов было совсем немного.

Между тем большинство психотерапевтов сходятся в том, что у глубоко депрессивных личностей обычно искаженное восприятие действительности. Такие люди слишком сильно винят себя в проблемах, считают, что не могут их контролировать, хотя на деле имеют некоторый контроль над ситуацией; они помнят только жесткую критику и совершенно не помнят комплиментов в свой адрес. Психотерапевты, работающие с суицидальными пациентами, стараются снизить риски самоубийства путем опровержения крайне пессимистичных мыслей о том, что жизнь не может стать лучше и навсегда останется такой же ужасной, как кажется сейчас. Такую беспросветную безнадежность обычно удается успешно преодолевать, поскольку со временем жизнь пациентов, которые проходят лечение, действительно улучшается.

Споры вокруг депрессивного реализма продолжаются. Возможно, небольшая депрессия заставляет нас стать менее эгоистичными и посмотреть на вещи более трезво. При серьезных же формах депрессии люди впадают в другую крайность: эгоизм уступает место саморазрушению. И здесь можно сделать еще один вывод: последствия ложных суждений, обусловленных серьезной депрессией, гораздо опаснее, чем преувеличенная и приукрашенная картина действительности, которую мы, теша себя, рисуем, не будучи людьми депрессивными.

**Адекватный оптимизм**. В свете подобных выводов позвольте мне объяснить, почему я считаю описанные в данной книге навыки жизненно важными и почему каждый ребенок должен овладеть соответствующими техниками. Вам уже ясно, что именно я понимаю под оптимизмом. Напомню, что оптимизмом не является. Оптимизм — это не самовнушение приятных мыслей. Пустые лозунги «Я особенный», «Я нравлюсь другим» и «Моя жизнь становится все лучше и лучше», вероятно, на время поднимут настроение, но не помогут достичь целей. Оптимизм также не связан с обвинениями в адрес других людей, когда что-то не заладилось. Увиливание от ответственности за проблемы только усугубит их. Оптимизм — это не отрицание и не способ любой ценой избежать уныния и злости. Негативные эмоции тоже обогащают жизнь — они представляют собой здоровую реакцию на ситуацию, заставляют нас что-то понять или разобраться с явлениями, которые нас расстраивают.

Прививая своему ребенку оптимистичный взгляд на жизнь, вы учите его понимать себя, открывать свой внутренний мир и мир вокруг. Вы формируете у него активную жизненную позицию, которая не позволит покорно подчиняться обстоятельствам. Может быть, он и не откажется целиком от катастрофичных мыслей, но, по крайней мере, сможет объективно оценить их адекватность. Он вооружен перед лицом напастей и способен бороться.

Полностью осознавая противоречия между оптимизмом и реализмом, в данной книге я неуклонно старался пропагандировать обучение именно адекватному взгляду на мир. Оптимизм, не основанный на точности оценок, легковесен по своей сути и нежизнеспособен. Тактика опровержения и трезвой оценки работает, только если выдержала испытание реальностью.

В отличие от проповедников оголтелого оптимизма и заклинаний «ты особенный» я стараюсь приучать детей к реалистичному отношению к самим себе. Адекватному оптимизму можно научить, даже когда везде пропагандируют оптимизм с иллюзиями самоуспокоения. Причин для расстройства всегда хватает. Ребенок пропускает мяч в самом конце игры, и его команда проигрывает. Проигрыш предопределен множеством факторов: партнер сделал слишком трудную подачу, судья ошибся, в самом конце матча пошел дождь, малыш слишком поздно среагировал на мяч и так далее. Он же концентрирует внимание только на одной причине и начинает ее преувеличивать: «Я развернулся слишком поздно, я ни на что не гожусь». Адекватный подход заставил бы его рассмотреть и другие причины, и тогда бы ребенок понял, что его вывод «я ни на что не гожусь» вовсе не вытекает из фактов. Обучение оптимизму тождественно обучению адекватности, и так происходит практически всегда.

Надо ли волноваться, что ребенок-оптимист не сможет распознать настоящие проблемы, появившиеся на горизонте? Я вовсе не призываю надевать на детей шоры, позволяющие им игнорировать ненависть и зависть, жадность и страдания. Не хотелось бы мне, чтобы целое поколение при взгляде на загрязненные реки и умирающую рыбу автоматически думало: «Природа исцелит себя сама, не стоит беспокоиться». Я не в восторге от перспективы, когда благополучная молодежь равнодушно относится к чужой бедности и безнадежности, считая что «все само собой наладится».

Адекватный оптимизм никогда не попадет в силки самообмана, преувеличения, паникерства и нигилизма и ни в коем случае не означает бездействия перед лицом страданий и несправедливости. Оптимизм сам по себе не заменит хорошего воспитания, следования моральным ценностям, целеустремленности, чувства справедливости. Оптимизм является просто средством, но средством очень действенным. При наличии правильной этики и целеустремленности он побуждает человека к личным достижениям и способствует торжеству социальной справедливости.

# Послесловие

# Оптимизм и его перспективы

Программа воспитания оптимизма у детей, изложенная в данной книге, была воплощена в жизнь уже одиннадцать раз и зарекомендовала себя как действенный метод предотвращения депрессии. В восьми случаях итоги получились такие же, как у нас. Исходя из своего опыта могу сказать, что положительный результат в восьми из одиннадцати случаев можно считать весьма хорошим.

Кроме того, в Пенсильванском университете прошли исследования еще по нескольким направлениям:

- Мы больше узнали о том, сколько длится эффект программы предотвращения депрессии. Без повторных занятий программа защищает от депрессии на два года. На третий год эффект слабеет (Гилхэм и Рейвич, 1999).
- Применяя программу первый раз, мы задействовали в качестве преподавателей психологов с клиническим опытом. Затем мы разработали двухнедельный семинар для учителей средней школы, которые смогли вести занятия столь же эффективно, как и практикующие психологи.

- Мы разработали полномасштабную программу обучения родителей, которая повторяет программу для учителей. Родители сначала учатся применять практики оптимизма в собственной жизни, а потом осваивают методику обучения своих детей.

Я верю и надеюсь, что моя работа станет началом конца общемировой эпидемии депрессии.

*Мартин Селигман*

# Примечания

## Глава 1. Долговая расписка

1. По экспериментам, связанным с беспомощностью, см. также: M. Seligman (1993), *Helplessness' On depression, development, and death* (San Francisco — Freeman); S. F Maier and M. Seligman (1976), Learned helplessness — Theory and evidence, *Journal of Experimental Psychology General, 105, 3–46.* См. также M. Seligman (1990), *Learned optimism* (New York — Knopf), глава 2; *Behaviour Research and Therapy* (1980), *18*, 459–512; P. Sweeney, K. Anderson, S. Bailey (1986), Attributional style in depression: A meta-analytic review, *Journal of Personality and Social Psychology, 50*, 974–991; C. Robins (1988), Attributions and depression — Why is the literature so inconsistent' *Journal of Personality and Social Psychology, 54*, 880–889 и H. Tenen and S. Herzberger (1986), Attributional Style Questionnaire, J. Keyser and R. C. Sweetland (eds.), *Test Critiques, 4*, 20–30.
2. Обзор литературы по теме всесторонней иммунизации от беспомощности см. в работах Seligman, *Helplessness,* и Peterson, Maier, Seligman, *Learned helplessness.*

## Глава 2. От первых шагов до первого свидания

1. P. Lewinsohn, P. Rohde, J. Seeley, S. Fischer (1993), Age-cohort changes in the lifetime occurrence of depression and other mental disorders, *journal of Abnormal Psychology, 102,* 110–120; C. Garrison, C. Addy, K. Jackson, et al. (1992), Major depressive disorder and dysthymia in young adolescents, *American Journal of Epidemiology, 135,* 792–802.

## Глава 4. Повышение самооценки

1. См. Lilian Katz, All about me (1993), *American Federation of Teachers,* summer, 18–23. Цитата «*все, что мы делаем,* зависит от чувства уверенности в себе» взята из статьи Санди Макдональд: Sandy MacDonald (1986), Political priority #1: Teaching kids to like themselves, *New Options,* April 28, p. 27.
2. William James (1890), *Principles of psychology* (New York: Henry Holt).
3. S. Coopersmith (1967), *The antecedents of self-esteem* (San Francisco: Freeman); Morris Rosenberg ([1965], *Society and the adolescent self-image* [Princeton: Princeton University Press]). См. также работы Альфреда Адлера, Д. Х. Мида, Карен Хорни, Эрика Фромма и Карла Роджерса.
4. N. Branden (1992), *The power of self-esteem* (Deerfield Beach, Fla.: Health Communications).
5. *Toward a state of esteem* (1990) (Sacramento: California Department of Education).
6. G. Natriello, A. Pallas, E. McDill, J. McPartland (1988), An examination of the assumption and evidence for alternative dropout prevention programs in high school, в *Center for Social Organization of Schools report,* report 365 (Baltimore: Johns Hopkins University); J. Catterall, D. Stern (1986), The effects of alternative school programs on high school completion and labor market outcomes, *Educational Evaluation and Policy Analysis, 8,* 77–86; D. Muha, C. Cole (1990–91), Dropout prevention and group counseling: A review of the literature, *High School journal, 74,* 76–80; и C. Pearson, M. Banerji (1993), Effects of a ninth grade dropout prevention program on student academic achievement, school attendance, and dropout rate, *Journal of Experimental Education, 61,* 247–256.
7. R. Baumeister (1993), *Self-esteem: The puzzle of low self-regard* (New York: Plenum).

## Глава 5. Эпидемия депрессии

1. Lewinsohn, Rohde, Seeley, Fischer, Age-cohort changes; Garrison, Addy, Jackson, et al., Major depressive disorder.
2. Вместе со студенткой Шиной Сетхи мы пришли к выводу, что религиозность, вера и религиозный фундаментализм связаны

с сильным оптимизмом; см. S. Sethi, M. Seligman (1993), Optimism and fundamentalism, *Psychological Science, 4, 256–259.*

3. Изучение феномена потока в последние годы является одним из самых интересных направлений позитивной психологии. Понятие потока уводит нас за пределы пустых категорий счастья, благополучия, радости и уверенности в себе. См. M. Csikszentmihalyi (1990), *Flow: The psychology of optimal experience* (New York: Harper and Row).

## Глава 7. Как измерить оптимизм

1. M. Seligman, N. J. Kaslow, L. B. Alloy, C. Peterson, R. Tanenbaum, L. Y. Abramson [1984], Attributional style and depressive symptoms among children, *Journal of Abnormal Psychology, 93,* 235–238.
2. S. Nolen-Hoeksema, J. Girgus, M. Seligman [1992], Predictors and consequences of depression in children, *Journal of Abnormal Psychology, 101,* 405–422).
3. Nolen-Hoeksema, Girgus, Seligman, Predictors and consequences.
4. Шкала оценок для определения уровня депрессии ребенка является измененной версией теста «Центр эпидемиологических исследований — ребенок с депрессией» (ЦЭИ-РД/S-DC). См. M. Weissman, H. Orvaschel, N. Padian, Children's symptom and social functioning: Self-report scales, *Journal of Nervous and Mental Disease, 168,* 736–740.

## Глава 8. Откуда берется оптимизм

1. Об исследовании IQ см. T. Bouchard, D. Lykken, M. McGue, N. Segal, A. Tellegen [1990], Sources of human psychological differences: The Minnesota study of twins reared apart, *Science, 250,* 223–228. Об исследовании телепросмотров см. R. Plomin, R. Corley, J. DeFries, D. Fulker (1990), Individual differences in television viewing in early childhood: Nature as well as nurture, *Psychological Science, 1,* 371–377. Об исследовании религиозности см. N. Waller, B. Kojetin, T. Bouchard, D. Lykken, A. Tellegen (1990), Genetic and environmental influences on religious interests, attitudes, and values, *Psychological Science, 1,* 138–142. Об исследовании разводов см. M. McGue, D. Lykken (1992), Genetic

influence on risk of divorce, *Psychological Science, 3,* 368–373. О прочих факторах, влияющие на формирование личности, см. T. Bouchard, M. McGue (1990), Genetic and rearing environmental influences on adult personality: An analysis of adopted twins reared apart, *Journal of Personality, 58,* 263–292.

2. P. Schulman, D. Keith, M. Seligman (1993), Is optimism heritable? A study of twins, *Behaviour Research and Therapy, 6,* 569–574.
3. N. Pedersen, G. McClearn, R. Plomin, J. Nesselroade, J. Berg, U. DeFaire (1991), The Swedish adoption/twin study of aging: An update, *Acta Geneticae Medicae et Gemellologiae, 40,* 7–20; и R. Plomin, M. Scheier, C. Bergeman, N. Pedersen, J. Nesselroade, G. McClearn (1992), Optimism, pessimism and mental health: A twin/adoption analysis, *Personality and Individual Differences, 13,* 921–930.
4. Seligman, Kaslow, Alloy, Peterson, Tanenbaum, Abramson, Attributional style. Образцом и главным опекуном ребенка почти всегда выступает мать, поэтому ребенок чаще всего перенимает именно стиль объяснения матери.
5. См. C. S. Dweck, B. Licht (1980), Learned helplessness and intellectual achievement, в J, Garber, M. Seligman (Eds.), *Human helplessness: Theory and applications* (New York: Academic Press, 197–222).
6. J. Barber, P. Badgio, S. Auerbach-Barber, P. Crits-Cristoph, M. Seligman, S. Nolen-Hoeksema, P. Schulman, H. Zullow (1995), Gender differences in explanatory style: Achievement versus affiliation situations, Unpublished manuscript, University of Pennsylvania.
7. K. Arnold (1987), Values and vocations: The career aspirations of academically gifted females in the first five years after high school, Paper presented at the American Educational Research Association annual meeting, Washington, D.C., April 24.
8. John McPhee (1968) *A roomful of Hovings and other profiles* (New York: Farrar, Straus, and Giroux).
9. G. Brown, T. Harris (1978), *Social origins of depression* (London: Tavistock). Научная литература подтверждает вывод о том, что смерть матери усиливает склонность к депрессии во взрослом возрасте. Однако в целом она незначительна и не усиливается со смертью отца.

10. V. Wolfe, C. Gentile, D. Wolfe (1989), The impact of sexual abuse on children: A PTSD formulation, *Behavior Therapy, 20,* 215–228; и G. Stern (1990),The effect of childhood sexual abuse on adult attnbutional style, *Dissertation Abstracts International, 51,* 1007.
11. Seligman, *Learned optimism,* 145–149; D. Pledge (1992), Marital separation/divorce: A review of individual responses to a major life stressor, *Journal of Divorce and Remarriage, 17,* 151–181; L. Siegel, N. Griffin (1984), Correlates of depressive symptoms in adolescents, *Journal of Youth and Adolescence, 13,* 475–487.
12. W. Sloat (1987), About Men: Snakeskin, *New York Times Magazine,* January 25, p. 60.

## Глава 10. Как избавить ребенка от автоматического пессимизма

1. Обзор литературы по медикаментозной терапии и психотерапии депрессии см. Seligman *What you can change and what you can't* (New York: Knopf, 1994).
   См. также I. Elkin, M. Shea, J. Watkins, S. Imber, et al. (1989), National Institute of Mental Health Treatment of Depression Collaborative Research Program: General effectiveness of treatments, *Archives of General Psychiatry, 46,* 971–982; S. Hollon, R. DeRubeis, M. Evans (1990), Combined cognitive therapy and pharmacotherapy in the treatment of depression, в D. Manning and A. Frances (Eds.), *Combination drug and psychotherapy in depression* (Washington, D.C.: American Psychiatric Press).
   Последние исследования на тему рецидива см. M. Shea, I. Elkin, S. Imber, et al. (1992), Course of depressive symptoms over follow-up, *Archives of General Psychiatry, 49,* 782–787; и M. D. Evans, S. D. Hollon, R. J. DeRubeis, J. M. Piasecki, M. J. Garvey, W. M. Grove, V. B. Tuason (1992), Differential relapse following cognitive therapy, pharmacotherapy, and combined cognitive-pharmacotherapy for depression, *Archives of General Psychiatry, 49,* 802–808.
2. Albert Ellis (1962), *Reason and emotion in psychotherapy* (New York: Lyle Stuart). Aaron T. Beck (1967) *Cassic Depression* (New York: Hoeber). Упражнения в данной главе и последующих двух главах взяты из программной работы Аарона Бека и Альберта Эллиса.

## Глава 11. Как изменить стиль объяснения

1. Мы обнаружили, что критерий универсальности, с которым мы обычно знакомим взрослых, не так просто разъяснить детям. По этой причине в ходе программы предотвращения депрессии и в настоящей главе мы останавливаемся только на критерии постоянства и персонализации.

## Глава 13. Как развить социальные навыки вашего ребенка

1. Подробнее о цикличных отношениях между агрессивным поведением, отторжением сверстниками и депрессией см.: W. F. Panak, J. Garber (1992), Role of aggression, rejection, and attributions in the prediction of depression in children, *Development and Fsychopathology, 4,* 145–165.
2. K. Dodge (1986), A social information processing model of social competence in children, в M. Perlmutter (Ed.), *Cognitive perspectives on children's social and behavioral development* (Hillsdale, N.J.: Erlbaum); K. A. Dodge, C. L. Frame (1982), Social cognitive biases and deficits in aggressive boys, *Child Development, 53,* 620–635; K. Dodge, G. Pettit, C. McClaskey, M. Brown (1986), Social competence in children, *Monographs of the Society for Research in Child Development, 51;* B. A. Richard, K. A. Dodge (1982), Social maladjustment and problem-solving in school-aged children, *Journal of Consulting and Clinical Psychology, 50* (2), 226–233; N. L. Quiggle, J. Garber, W. F. Panak, K. A. Dodge (1992), Social information processing in aggressive and depressed children, *Child Development, 63,* 1305–1320.
3. G. Spivack, J. Platt, M. Shure (1976), *The problem solving approach to adjustment* (San Francisco: Jossey-Bass); D. H. Meichenbaum, J. Goodman (1971), Training impulsive children to talk to themselves, *journal of Abnormal Psychology, 77,* 115–126; B. W. Camp, G. E. Blom, F. Hebert, W. J. van Doonnck (1977), Think Aloud: A program for developing self-control in young aggressive boys, *journal of Abnormal Child Psychology, 5,* 157–169; A. E. Kazdin, T. C. Siegel, D. Bass (1992), Cognitive problem-solving skills training and parent management training in the treatment of antisocial behavior in children, *journal of Consulting and Clinical Psychology, 60,*

733–747; J. E. Lochman, J. F. Curry (1986), Effects of social problem-solving training and self-instruction training with aggressive boys, *journal of Consulting and Clinical Psychology, 15,* 159–164; J. E. Lochman, P. R. Burch, J. F. Curry, L. B. Lampron (1984), Treatment and generalization effects of cognitive-behavioral and goal-setting interventions with aggressive boys, *Journal of Consulting and Clinical Psychology, 52,* 915–916; и P. Yu, G. E. Harris, B. L. Solovitz, J. L. Franklin (1986), A social problem-solving intervention for children at high risk for later psychopathology, *journal of Child Clinical Psychology, 15,* 30–40.

4. Данные методы развития чувства уверенности в себе разработаны на основе модели для взрослых, см. S. A. Bower, G. H. Bower (1976), *Asserting yourself: A practical guide for positive change* (Reading, Mass.: Addison-Wesley).
5. О влиянии конфликтов родителей на детскую адаптацию см. R. E. Emery (1982), Interparental conflict and the children of discord and divorce, *Psychology Bulletin, 92,* 310–330; и J. H. Grych, F. D. Fincham (1990), Marital conflict and children's adjustment: A cognitive-contextual framework, *Psychology Bulletin, 108,* 267–290.
6. E. M. Cummings, D. Vogel, J. S. Cummings, M. El-Sheikh (1989), Children's responses to different forms of expression of anger between adults, *Child Development, 60,* 1392–1404; E. M. Cummings, K. S. Simpson, A. Wilson (1993), Children's responses to interadult anger as a function of information about resolution, *Developmental Psychology, 29,* 978–985; и E. M. Cummings, M. Ballard, M. El-Sheikh, M. Lake (1991), Resolution and children's responses to interadult anger, *Developmental Psychology, 27,* 462–470.

## Глава 14. Пирамида оптимизма: младенцы, малыши и дошколята

1. J. Watson (1967), Memory and «contingency analysis» in infant learning, *Merrill-Palmer Quarterly, 13,* 55–76; M. Lewis, M. Sullivan, J. Brooks-Gunn (1985), Emotional behaviour during the learning of a contingency in early infancy, *British Journal of Developmental Psychology, 3,* 307–316; M. Gunnar, K. Leighton, R. Peleaux (1984), Effects of temporal predictability on the reactions of one-year-olds to potentially frightening toys,

*Developmental Psychology, 20,* 449–458; и M. Levitt (1980), Contingent feedback, familiarization, and infant affect: How a stranger becomes a friend, *Developmental Psychology, 16,* 425–432; D. Messer, M. McCarthy, S. McQuiston, et al. (1986), Relation between mastery behavior in infancy and competence in early childhood, *Developmental Psychology, 22,* 366–372; и L. Mayes, E. Zigler (1992), An observational study of the affective concomitants of mastery in infants, *Child Psychology and Psychiatry, 4,* 659–667.

2. Angela Wilkes (1989), *My first cook book* (New York: Knopf).
3. C. Rogers (1957), The necessary and sufficient conditions of therapeutic personality change, *Journal of Consulting Psychology, 21,* 95–103; C. Ellinwood (1989), The young child in person-centered family therapy, *Person-Centered Review, 4,* 256–262; S. Magura (1982), Clients view outcomes of child protective services, *Social Casework, 63,* 522–531.
4. Deborah Stipek (1993), *Motivation to learn: From theory to practice* (Boston: Allyn and Bacon), полезный перечень советов насчет того, как правильно хвалить, см. на с. 55.
5. B. Campbell, R. Church (1969), *Punishment and aversive behavior* (New York: Appleton-Century-Crofts).
6. M. Seligman (1968), Chronic fear produced by unpredictable shock, *Journal of Comparative and Physiological Psychology, 66,* 402–411.
7. R. Schwartz, G. Garamoni (1989), Cognitive balance and psycho-pathology: Evaluation of an information processing model of positive and negative states of mind, *Clinical Psychology Review, 9,* 271–294; и G. Garamoni, C. Reynolds, M. Thase, E. Frank (1992), Shifts in affective balance during cognitive therapy of major depression, *Journal of Consulting and Clinical Psychology, 60,* 260–266.
8. G. Vogel (1975), A review of REM sleep deprivation, *Archives of General Psychiatry, 32, 96–97.*

## Глава 15. Пределы оптимизма

1. L. B. Alloy, L. Y. Abramson (1979), Judgment of contingency in depressed and nondepressed students: Sadder but wiser, *Journal of Experimental Psychology: General, 108,* 441–485; P. Lewinsohn, W. Mischel, W. Chaplin,

R. Barton (1980), Social competence and depression: The role of illusory self-perceptions, *Journal of Abnormal Psychology, 89,* 203–212; R. DeMonbreun, E. Craighead (1977), Distortion of perception and recall of positive and neutral feedback in depression, *Cognitive Therapy and Research, 1,* 311–329. Об отклонениях у недепрессивных людей см. C. Peterson, M. Seligman (1984), Causal explanations as a risk factor for depression: Theory and evidence, *Psychological Review, 91,* 347–374. О реализме как факторе риска развития депрессии см. L. Alloy, C. Clements (1992), Illusion of control: Invulnerability to negative affect and depressive symptoms after laboratory and natural stressors, *Journal of Abnormal Psychology, 101,* 234–245.

# Благодарности

Программа предотвращения депрессии и данная книга не получились бы без помощи множества людей. Прежде всего мне бы хотелось поблагодарить Карен Рейвич, Лайзу Джейкокс и Джейн Гилхэм. Книга стала результатом их труда и желания избавить детей от депрессии. Карен адаптировала курс для детей из бедных кварталов, Джейн подготовила вариацию для обучения родителей; совместно они разработали когнитивный компонент программы, Лайза занималась компонентом решения социальных проблем. Втроем они обучили множество взрослых, которые потом занимались с детьми.

Я хочу выразить признательность ребятам и их родителям за участие в нашем исследовании. Они прожили с нами часть своей жизни, и мы многое узнали в ходе многолетнего общения с этими семьями. Без их преданности и заинтересованности наша работа была бы невозможна.

Благодарю за понимание и помощь руководство школ, учителей, родителей, которые с энтузиазмом работали в рамках нашей программы. Наш первый проект был осуществлен в учебном округе Абингтона, где доктор Льюис Хеберт вместе с доктором Эми Сичел помогли нам запустить программу предотвращения депрессии.

Доктор Хеберт ушел в августе 1993 года, но мы помним его вдумчивость и принципиальность.

Главный школьный инспектор Брюс Ковальский и доктор Мэри Горняк помогли реализовать несколько проектов в учебном округе Виссахикона. Именно здесь был апробирован обучающий курс для родителей. Данные проекты не смогли бы состояться без искренней поддержки всех директоров школ, их помощников и кураторов. Я особенно благодарен Нилу Эвансу, Гари Банди, Клаудии Лайлс, доктору Лорен Аткисон, Дейлу Стауферу, Остину Снайдеру и Джуди Гильяно. Мне также хочется поблагодарить Джоан Вест за помощь в организации последующего наблюдения за детьми.

В 1992 году мы запустили программу для бедных кварталов на базе одной из средних школ Западной Филадельфии. Проект бы не состоялся без помощи доктора Иры Гаркавы, Кори Бауман и Центра связей с общественностью Пенсильванского университета. Директор школы Чарльз Дальфонсо и Кори Бауман всегда были готовы предложить интересные решения множества задач.

Сейчас мы тестируем программу в учебном округе Аппер-Дарби. Эндрю Шатте, студент Пенсильванского университета, приехал из Австралии, чтобы изучать проблему депрессии, и присоединился к нашей команде. Вместе с Карен Рейвич он составил сорокачасовую программу для учителей, которым предстоит обучать детей основам оптимизма. Барбара Шафер, Марта Менц и Джозеф Галли связались с нами после прочтения книги «Оптимизм, которому можно научиться» (*Learned Optimism*). Они горели желанием включить нашу программу в образовательные курсы своих учебных районов. Карен Рейвич и Эндрю Шатте обучали методике преподавания практик предотвращения депрессии педагогов из средних школ Беверли-Хиллз и Дрексел-Хилл. Эти учителя — Кэти Кроуфорд, Холли Фарнезе, Гэй Маршал, Фейт Маттисон, Барбара Мендел и Бренда Вогель — первыми стали внедрять нашу программу в своих школах.

Их увлеченность, поддержка и жизнерадостность обеспечили успех курса. Я также хочу поблагодарить Мела Бродского, Эдда Спира и Кэролин Фелкер, которые также активно помогали нам в своих школах. Наконец, кураторы, социальные работники, школьные психологи, особенно доктор Кэрол Робертс, Рэт Риттер и Дейв Оконнел сделали все, чтобы программа прошла как можно успешнее.

Хочу выразить признательность своим коллегам, которые помогли разобраться с теоретическими и методологическими вопросами. В частности, я очень благодарен Джонатану Бэрону, Тайрону Кэннону, Роберту Дерубейсу и Джону Сабини из Пенсильванского университета, а также Стиву Холлону и Джуди Гарбер из Университета Вандербильта, которые помогали советами и делились своими мыслями на протяжении всего исследования. Грегори Бьюкенен, Эмили Басс, Эстебан Кардемил, Пол Грант, Мелисса Хант, Эйлин Линч, Эндрю Шатте, Дебора Стернс и Эндрю Тирка помогали вычитывать черновики статей, обсуждать вопросы оформления и собирать данные в период после проведения курса.

С 1989 года и по настоящее время нам посчастливилось работать в коллективе преданных делу энтузиастов-аспирантов Пенсильванского университета, которые помогали на каждом этапе исследования в Абингтоне, Виссахиконе, Филадельфии и Аппе-Дарби.

Наши четыре художника, Сьюзан Янг, Кевин Колтон, Лайза Джейкобс и Мариос Куфариос, создали рисунки даже для самых сложных сюжетов — благодаря их творческим усилиям от рабочих тетрадей нельзя оторвать глаз. Множество неравнодушных людей помогали нам придумывать игры и сценарии, чтобы сделать программу увлекательной: Петрина Александер, Джуди Аткин, Тара Бэндман, Ришона Бек, Моника Бишоп, Дебора Браун, Дейдре Бирнс, Барри Карти, Дебора Кларк, Кевил Колтон, Рик Дагруса, Дэрион Данжу, Эллисон Финк, Джед Фишбек, Майкл Фридмен, Валери Коломб, Хайди Гренке, Карен Гримм, Скотт Харрис, Эмми Джозеф-Мозли, Ювал Кац, Денел

Кейстер, Кирк Киклайтер, Джейн Кляйн, Кэролайн Коффлер, Мариос Куфариос, Робин Лессер, Вон Мэнки, Дженет Миллер, Каплан Мобрей, Джульетт Навара, Стефании Ньюман, Джимми Плат, Дэниель Рэбинер, Дэниел Рихтер, Айрис Розенберг, Эндрю Рожмярек, Ким Сейперстейн, Ракиба Сили, Хелен Стейн, Джессика Стейтелр, Кристин Сантос Томпсон, Кэролайн Тайсот, Лайза Уоррен, Стейси Рабл, Сьюзан Янг и Джош Зоя.

Петер Шульман, мой координатор проекта, и мои секретари Эллис Макмаон и Кэрол Максорли помогали нам в решении стольких вопросов, что их просто невозможно перечислить. Особую благодарность хочу выразить своему бывшему секретарю Терри Сильвер, которая работала со мной с самого начала проекта. Терри участвовала в создании игр, ролевых игр и «персонажей», посредством которых мы доносили до детей и взрослых идеи оптимизма.

Я также благодарю всех, кто проводил занятия в различных учебных округах. Доктор Кимберли Райт Кессиди вела группы в Виссахиконе и Аппер-Дарби и вместе с доктором Лесли Рескорла вдохновила нас на обучение аспирантов Колледжа Брин-Мор, чтобы те вели занятия в Аппер-Дарби. Энн-Мари Борнман, Кэтрин Дальсгард, Ребекка Стетсон и Линн Зубернис занимались ребятами в Аппер-Дарби. Кирк Киклайтер сотрудничал с Карен Рейвич в учебном округе Филадельфии. Сьюзан Мур вела несколько детских групп, а Дженет Миллер, Джульетт Навара и Джейн Кляйн совместно вели семинары для родителей в Виссахиконе. Их помощь неоценима.

Работа с издательством Houghton Mifflin в лице моего любимого редактора Гейла Уинстона, а также Джона Стерлинга, Лори Глейзер, Тины Полман и въедливого литературного редактора Кристофера Кина стала неиссякаемым источником удовольствия и оптимизма. Мой неизменный агент Ричард Пайн работал над форматом книги, вычитывал каждое слово во всех редакциях текста, подставлял плечо в трудные минуты и кричал от радости, когда все получалось. Мое исследование в течение двадцати пяти лет поддерживает Национальный институт психического здоровья. Доктор Питер Мюрер и доктор Джек Мейзер из НИПЗ — настоящие друзья и соратники.

Наконец, я благодарю свою супругу и пятерых детей. Моя жена Мэнди Маккарти Селигман воодушевила меня (вопреки моей инерции и чувству, что я «исписался») засесть за эту книгу, которая стала последней частью трилогии. Она и моя старшая дочь Аманда читали каждую главу и высказывали свои замечания. Трое моих малышей — Лара, Никки и Дэрил — также вдохновляли меня на работу над книгой. Именно детям (а каждый ребенок — это целый сложный мир) я и посвящаю свою книгу.

*Мартин Селигман*
*Винневуд, Пенсильвания*
*3 апреля 1995 года*

# Максимально полезные книги от издательства «Манн, Иванов и Фербер»

# Об издательстве

## Как все начиналось

Мы стартовали в июне 2005 года с двумя книгами. Первой стала «Клиенты на всю жизнь» Карла Сьюэлла, второй — «Маркетинг на 100%: ремикс». «Доброжелатели» сразу же завертели пальцами у виска: зачем вы выходите на этот рынок? Вам же придется бороться с большими и сильными конкурентами!

Отвечаем. Мы создали издательство, чтобы перестать переживать по поводу того, что отличные книги по бизнесу не попадают к российским читателям (или попадают, но не ко всем и зачастую в недостойном виде). Весь наш опыт общения с другими издательствами привел нас к мысли о том, что эти книги будет проще выпустить самим.

И с самого начала мы решили, что это будет самое необычное издательство деловой литературы — начиная с названия (мы дали ему наши три фамилии и готовы отвечать за все, что мы делаем) и заканчивая самими книгами.

## Как мы работаем

— Мы издаем только те книги, которые считаем самыми полезными и самыми лучшими в своей области.

— Мы тщательно отбираем книги, тщательно их переводим, редактируем, публикуем и активно продвигаем (подробнее о том, как это делается, вы можете прочитать на сайте нашего издательства mann-ivanov-ferber.ru в разделе «Как мы издаем книги»).

— Дизайн для наших первых книг мы заказывали у Артемия Лебедева. Это дорого, но красиво и очень профессионально. Сейчас мы делаем обложки с другими дизайнерами, но планка, поднятая Лебедевым, как нам кажется, не опускается.

Мы знаем: наши книги помогают делать вашу карьеру быстрее, а бизнес — лучше.

Для этого мы и работаем.

С уважением,
*Игорь Манн, Михаил Иванов, Михаил Фербер*

# Предложите нам книгу!

Когда я не умел читать на английском бегло, я часто думал: «Как много я пропускаю! Какое количество книг выходит на английском языке и как ничтожно мало издается на русском!»

Потом я научился читать на английском, но проблемы мои не закончились. Я не умел читать на немецком, японском, китайском, итальянском, французском языках... И мимо меня проходило (и проходит) огромное количество хороших деловых книг, изданных на этих и других языках. И точно так же они проходят мимо вас — я не думаю, что среди нас много полиглотов.

Потом вышла моя книга «Маркетинг на 100%», где в одном из приложений были опубликованы рецензии на более чем 60 лучших, на мой взгляд, книг из тех 300, которые я прочитал на английском. Издательства деловой литературы начали издавать их одну за другой — и ни слова благодарности, ни устно, ни письменно.

Теперь я сам немного издатель. Поэтому хочу обратиться к таким же активным читателям, как я. Предложите нам хорошую книгу для издания или переиздания!

## Мы вам твердо обещаем три вещи

— Во-первых, если книга стоящая — деловая и максимально полезная, то мы обязательно издадим или переиздадим ее (если права на нее свободны).

— Во-вторых, мы обязательно укажем в самой книге и на ее странице на нашем сайте, кем она была рекомендована. Читатели должны знать, кому они обязаны тем, что у них в руках отличная книга.

— В-третьих, мы подарим вам три экземпляра этой книги, и один будет с нашими словами благодарности.

Мы внимательно читаем все письма. Если предложенная вами книга заинтересует нас, мы обязательно свяжемся с вами.

И если вы хотите проверить твердость наших обещаний, то заполните, пожалуйста, специальную форму на нашем сайте mann-ivanov-ferber.ru.

Мы ждем!

*Игорь Манн*

# Где купить наши книги

## Специальное предложение для компаний

Если вы хотите купить сразу более 20 книг, например для своих сотрудников или в подарок партнерам, мы готовы обсудить с вами специальные условия работы. Для этого обращайтесь к нашему менеджеру по корпоративным продажам: +7 (495) 792-43-72, b2b@mann-ivanov-ferber.ru

## Книготорговым организациям

Если вы оптовый покупатель, обратитесь, пожалуйста, к нашему партнеру — торговому дому «Эксмо», который осуществляет поставки во все книготорговые организации.

142701, Московская обл., Ленинский р-н, г. Видное,
Белокаменное ш., д. 1; +7 (495) 411-50-74, reception@eksmo-sale.ru

*Санкт-Петербург*
ООО «СЗКО», 193029, г. Санкт-Петербург,
пр-т Обуховской Обороны, д. 84, лит. «Е»; +7 (812) 365-46-03 / 04,
server@szko.ru

*Нижний Новгород*
Филиал ТД «Эксмо» в Нижнем Новгороде
603074, г. Нижний Новгород, ул. Маршала Воронова, д. 3;
+7 (831) 272-36-70, 243-00-20, 275-30-02, reception@eksmonn.ru

*Ростов-на-Дону*
ООО «РДЦ Ростов-на-Дону», 344091, г. Ростов-на-Дону,
пр-т Стачки, д. 243а; +7 (863) 220-1934, 218-4821, 218-4822,
info@rnd.eksmo.ru

*Самара*
ООО «РДЦ Самара», 443052, г. Самара, пр-т Кирова, д. 75/1, лит. «Е»;
+7 (846) 269-66-70 (71…79), RDC@samara.eksmo.ru

*Екатеринбург*
ООО «РДЦ Екатеринбург», 620007, г. Екатеринбург,
ул. Прибалтийская, д. 24а; +7 (343) 378-49-45 (46…49)

*Новосибирск*
ООО «РДЦ Новосибирск», 630105, г. Новосибирск, ул. Линейная, д. 114;
+7 (383) 289-91-42; eksmo-nsk@yandex.ru

*Хабаровск*
Филиал ООО «РДЦ Новосибирск» в Хабаровске,
680000, г. Хабаровск, пер. Дзержинского, д. 24, лит. «Б», оф. 1;
+7 (4212) 21-83-81, eksmo-khv@mail.ru

*Казахстан*
ООО «РДЦ Алматы», 050039, г. Алматы, ул. Домбровского, д. 3а;
+7 (727) 251-58-12, 251-59-90 (91, 92, 99), RDC-Almaty@mail.ru

# Мы в социальных сетях!

Присоединяйтесь к нам в Facebook и «ВКонтакте»!
Все самое интересное из первых рук:

facebook.com/mifbooks

vk.com/mifbooks

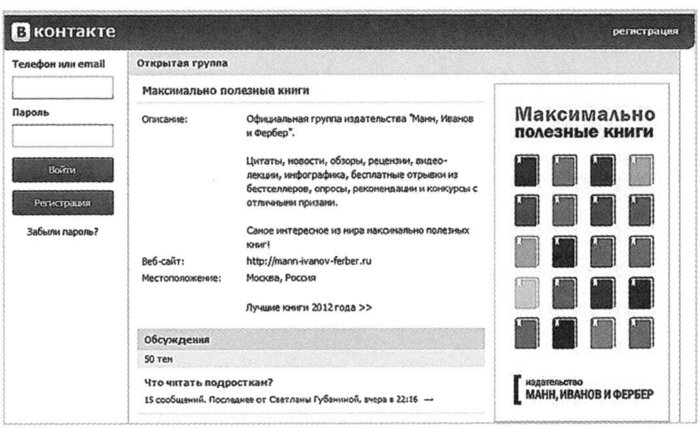

# Помоги издательству!

Нам как издателям обязательно нужно знать, нравится ли вам эта книга. Поэтому мы просим помощи в ее оценке. Более того, ваших комментариев ждут тысячи тех, кто хотел бы узнать, стоит ли она прочтения.

Если книга вам понравилась, не пожалейте пары минут — оставьте отзыв на Ozon.ru. Расскажите, что интересного и полезного в ней нашли именно вы.

Если у вас есть замечания и комментарии к содержанию, переводу, редактуре и корректуре, то просим написать на be_better@m-i-f.ru, так мы быстрее сможем исправить недочеты.

# Ваш книжный клуб

В любой компании есть необходимость учить сотрудников, мотивировать их, общаться друг с другом на интеллектуальные темы, генерировать новые идеи для улучшения и развития бизнеса, а также тренировать их ораторские навыки.

Все эти задачи прекрасно решает книжный клуб. Причем практически бесплатно (цена равна всего лишь стоимости книг). Организовать его очень просто, не нужно никакой специальной подготовки, а времени его заседания будут занимать всего лишь час или два в месяц.

Вот как может работать ваш книжный клуб (схема успешно опробована Игорем Манном в агентстве недвижимости МИАН и некоторыми другими компаниями, например хабаровской «Адвантикой»).

1. Подсчитайте, сколько сотрудников примут в нем участие (оптимальное количество — 7–12). Предположим, их десять вместе с вами.
2. Купите десять самых интересных новинок деловой литературы либо предоставьте участникам выбрать их самим. (Важно: книги должны быть на достаточно широкие темы: маркетинг, мотивация, управление, биографии, личностное развитие.)
3. Раздайте каждому по книге (одну оставьте себе). Сообщите, что через месяц каждый должен не более чем за пять минут рассказать, о чем прочитанная книга и какие полезные идеи из нее можно внедрить в вашей компании. Лучше, если для этого будет использоваться презентация в PowerPoint. Вот примерный расклад слайдов.

Первый. Картинка обложки, где ясно видны название и автор, комментарий, кто и когда читал книгу.

Второй. О чем эта книга? Сколько в ней страниц? Какова оценка по пятибалльной шкале? Кому в компании ее стоит прочитать — обязательно и желательно?

Третий. Основная идея книги (лучше выразить ее на одном слайде).

Четвертый (самый важный). Идеи для внедрения и фамилии сотрудников, которым предлагаете реализовать эти идеи.

Пять минут презентации на каждую книгу, и за час каждый из десяти участников получает:

— обзор девяти книг (прекрасное общее развитие);

— неформальное общение с коллегами;

— идеи для своего направления и развития компании;

— фан (надеемся, докладчики будут стараться рассказывать интересно и весело);

— еще одну книгу, уже для следующего заседания книжного клуба (их лучше купить и распределить между участниками заранее).

Чтобы отдача от книжного клуба была максимальной, учтите два важных момента.

1. Ведущий. Он следит за тем, чтобы докладчики не превышали пятиминутный лимит, регулирует порядок выступления, модерирует вопросы и ответы, фиксирует идеи.

2. Применение идей. Чтобы идеи быстро реализовывались, нужно создать специальный файл, желательно с общим доступом, и просматривать его как минимум ежемесячно. Особо ценные идеи (а такие будут обязательно) сразу записывайте в «горячие» задачи.

Попробуйте и вы. Спустя некоторое время вы обнаружите, что ваши сотрудники стали еще более начитанными, идеи больше не пропадают бесследно, показатели компании улучшаются, а корпоративная культура меняется к лучшему.

*Для новых идей*

*Для новых идей*

*Для новых идей*

*Для новых идей*

*Для новых идей*

Мартин **Селигман**

**Ребенок-оптимист**

**Проверенная программа формирования характера**

*Программа разработана совместно*
*с Карен Рейвич, Лайзой Джейкокс и Джейн Гилхэм*

Главный редактор *Артем Степанов*
Ответственный редактор *Анастасия Потапова*
Литературный редактор *Лейла Мамедова*
Арт-директор *Алексей Богомолов*
Дизайн *Андрей Васильев*
Верстка *Екатерина Матусовская*
Корректоры *Мария Молчанова, Надежда Болотина*

Подписано в печать 03.02.2015.
Формат 70×90 1/16. Гарнитура Greta Text Pro.
Бумага офсетная. Печать офсетная.
Усл. печ. л. 25,67.
Доп. тираж 1500 экз. Заказ 776

ООО «Манн, Иванов и Фербер»,
mann-ivanov-ferber.ru
facebook.com/mifbooks
vk.com/mifbooks

Отпечатано в ОАО «Первая Образцовая типография»,
филиал «Ульяновский Дом печати»,
432980, г. Ульяновск, ул. Гончарова, д. 14
www.uldp.ru